Silvia Krömmelbein • Roland Bieräugel •
Oliver Nüchter • Wolfgang Glatzer •
Alfons Schmid
Einstellungen zum Sozialstaat

Reihe:
Sozialpolitik und Sozialstruktur

Herausgebergremium:
Wolfgang Glatzer
Irene Becker
Diether Döring
Ingwer Ebsen
Roland Eisen
Josef Esser
Rainer Forst
Thomas Gerlinger
Richard Hauser
Silvia Krömmelbein
Hans-Jürgen Puhle

Band 1

Silvia Krömmelbein • Roland Bieräugel •
Oliver Nüchter • Wolfgang Glatzer •
Alfons Schmid

Einstellungen zum Sozialstaat

Repräsentative Querschnittsuntersuchungen
zu grundsätzlichen gesundheits- und
sozialpolitischen Einstellungen in der
Bevölkerung Deutschlands 2005

Barbara Budrich Publishers
Opladen & Farmington Hills 2007

Bibliografische Informationen der Deutschen Nationalbibliothek
Die Deutsche Nationalbibliothek verzeichnet diese Publikation in der Deutschen
Nationalbibliografie; detaillierte bibliografische Daten sind im Internet über
http://dnb.d-nb.de abrufbar.

Gedruckt auf säurefreiem und alterungsbeständigem Papier.

Alle Rechte vorbehalten.
© 2007 Verlag Barbara Budrich, Opladen & Farmington Hills
www.budrich-verlag.de

ISBN   978-3-86649-078-9

Das Werk einschließlich aller seiner Teile ist urheberrechtlich geschützt. Jede Verwertung außerhalb der engen Grenzen des Urheberrechtsgesetzes ist ohne Zustimmung des Verlages unzulässig und strafbar. Das gilt insbesondere für Vervielfältigungen, Übersetzungen, Mikroverfilmungen und die Einspeicherung und Verarbeitung in elektronischen Systemen.

Umschlaggestaltung: disegno visuelle kommunikation, Wuppertal – www.disenjo.de
Druck: paper&tinta, Warschau
Printed in Europe

Vorwort

Der Sozialstaat in Deutschland ist vor allem aufgrund der demografischen Alterung, der strukturellen Arbeitslosigkeit, der Kosten der Wiedervereinigung sowie der zunehmenden Globalisierung unter Druck geraten. Daraus ergibt sich die Notwendigkeit einer nachhaltigen Reform der sozialen Sicherungssysteme. Unter demokratischen Verhältnissen kann ein angemessener Umbau des Sozialstaats nur gelingen, wenn er die Unterstützung der Bevölkerung erhält.

Die Bedingungen, Möglichkeiten und Grenzen für eine akzeptanzorientierte Reform der sozialen Sicherung und ihrer Teilsysteme werden in dem Projekt „Regelmäßige repräsentative Querschnittsuntersuchung zu grundsätzlichen gesundheits- und sozialpolitischen Einstellungen in der Bevölkerung nebst begleitenden Trendanalysen" untersucht, das vom Bundesministerium für Gesundheit und Soziale Sicherung – nunmehr: Bundesministerium für Arbeit und Soziales – in Auftrag gegeben wurde. Es erstreckt sich auf den Zeitraum von 2005 bis 2008 und beinhaltet vier repräsentative Bevölkerungsumfragen und jeweils drei jährliche Trendanalysen auf der Basis von themenbezogenen Gruppendiskussionen. In der Kombination der verwendeten Untersuchungsansätze ergeben sich einander ergänzende Informationen über die Einstellungen der Bürger und Bürgerinnen zum Sozialstaat und seiner Teilsysteme sowie über mögliche Perspektiven sozialpolitischer Reformen.

Mit der Studie „Einstellungen zum Sozialstaat" liegt der erste Bericht über die jährlichen repräsentativen Querschnittsanalysen – hier für das Jahr 2005 – vor. Vorausgegangen sind bereits zwei Untersuchungen auf der Grundlage von Gruppendiskussionen, die aktuelle Meinungstrends in den Bereichen Gesundheit und Pflege betreffen. Die vorliegende Studie enthält die Ergebnisse einer repräsentativen telefonischen Befragung von insgesamt 5025 Personen in Ost- und Westdeutschland über ihre Einstellungen zu den sozialen Sicherungssystemen sowie über strukturelle und kulturelle Einflussfaktoren auf diese Einstellungen.

Der Bericht wurde hauptsächlich von Dr. Silvia Krömmelbein, Oliver Nüchter, M.A. und Dipl.-Soz Roland Bieräugel mit Unterstützung der übrigen Projektmitarbeiter, Dr. Jens Becker und Dipl.-Soz. Geraldine Hallein Benze, ausgearbeitet. Die Feldarbeit wurde von aproxima erbracht.

Bedanken möchten wir uns bei unserem Beratungsstab, der aus Prof. Dr. Richard Hauser, Dr. Heinz-Herbert Noll und Prof. Dr. Wolfgang Zapf besteht, deren jahrzehntelange Erfahrung in der Mikroanalyse von Gesellschaftspolitik sehr hilfreich ist. Ferner gilt unser Dank Dr. Ulrich Rosar für seine Anregungen bei methodischen Problemstellungen. Nicht zuletzt möchten wir uns für die Betreuung des Projekts durch die Bundesministerien für Arbeit und Soziales (BMAS) sowie Gesundheit (BMG) bedanken.

Frankfurt am Main; November 2006 Wolfgang Glatzer
 Alfons Schmid

Inhaltsverzeichnis

Vorwort 5

Tabellenverzeichnis 11

Abbildungsverzeichnis 13

Einleitung 15

1   Normative Grundlagen und Funktionen des Sozialstaats 19
    1.1   Soziale Gerechtigkeit und Sozialstaat 21
    1.2   Entwicklungen des Sozialstaats 24
    1.3   Auswirkungen des sozialstaatlichen Wandels 26

2   Analytisches Konzept 29
    2.1   Begriffliche Bestimmung sozialstaatlicher Einstellungen. ... 29
    2.2   Dimensionen der Einstellungen zum Sozialstaat 31
    2.3   Einflüsse auf die Einstellungen zum Sozialstaat 34
          2.3.1   Sozioökonomische Lage 36
          2.3.2   Soziodemografische Merkmale 37
          2.3.3   Subjektive Lebensqualität 40
          2.3.4   Normative Grundorientierungen und Wahrnehmung
                  sozialer Ungleichheit 40
    2.4   Entwicklung sozialstaatlicher Einstellungen 43

3   Methodisches Vorgehen 45
    3.1   Fragebogenentwicklung 45
    3.2   Datenerhebung 47
    3.3   Auswertung der Daten 51

4   Gerechtigkeit und soziale Ungleichheit 61
    4.1   Entwicklung der sozialen Gerechtigkeit 63
    4.2   Gerechtigkeit der Verteilungsnormen 64
    4.3   Verteilungsergebnisse 74

	4.3.1 Struktur der Einkommensverteilung	74
	4.3.2 Interessenkonflikte	76
4.4	Bewertung der eigenen sozialen Lage	79
	4.4.1 Subjektive Verteilungsgerechtigkeit	79
	4.4.2 Wirtschaftliche Lage und Entwicklung	81
	4.4.3 Subjektives Wohlbefinden	82
4.5	Zusammenfassung	88

5 Akteure und Ziele des Sozialstaats … 91
5.1 Zuständigkeit für die soziale Sicherung … 92
5.2 Zielsetzungen und Intensität des Sozialstaats … 96
5.3 Gründe sozialstaatlicher Einstellungen … 101
5.4 Zusammenfassung … 111

6 Kosten und Finanzierungsstrukturen … 113
6.1 Finanzielle Belastungen und Finanzierungsbereitschaft … 114
6.2 Akzeptanz bestehender Finanzierungs-Leistungsmodelle … 118
6.3 Akzeptanz von Reformen und Reformzielen … 119
    6.3.1 Reformen des Gesundheitswesens … 120
    6.3.2 Reformen der bisherigen Sozialhilfe / Arbeitslosenhilfe … 123
6.4 Gründe sozialstaatlicher Einstellungen … 125
6.5 Zusammenfassung … 133

7 Leistungen des Sozialstaats und Vertrauen … 135
7.1 Beurteilung der Leistungen der sozialen Sicherung … 137
    7.1.1 Zufriedenheit mit dem Netz der sozialen Sicherung … 137
    7.1.2 Realisierungsgrad sozialstaatlicher Grundwerte … 139
    7.1.3 Gesundheitswesen und Absicherung bei Erwerbslosigkeit … 143
7.2 Vertrauen der Bürger in die Sozialversicherungen … 146
    7.2.1 Vertrauen in die einzelnen Sicherungssysteme … 147
    7.2.2 Erwartungen an die Leistungen des Gesundheitswesens … 149
    7.2.3 Erwartungen an Sozialhilfe und Grundsicherung für Arbeitsuchende … 151
    7.2.4 Globales Vertrauen in die sozialstaatliche Steuerungskompetenz … 153
7.3 Gründe sozialstaatlicher Einstellungen … 154
7.4 Zusammenfassung … 165

8 Liberal-aktivierende versus egalitär-versorgende Sozialpolitik ... 167

9 Zusammenfassung und Fazit ... 173
9.1 Individualistische versus egalitäre Verteilungsgerechtigkeit .. 174
9.2 Hohe Wohlfahrtsansprüche – aber begrenzte Finanzierungsbereitschaft ... 175
9.3 Konturen einer Vertrauenskrise?. ... 177
9.4 Differenz und Angleichung zwischen Ost- und Westdeutschland ... 178
9.5 Befürworter und Kritiker des Sozialstaats ... 180
9.6 Fazit. ... 182

10 Literatur ... 185

11 Anhang ... 193

Die Autorinnen und Autoren ... 207

Tabellenverzeichnis

Tab. 1: Fehlertoleranzen der Stichprobe 48
Tab. 2: Ausschöpfungsstatistik 49
Tab. 3: Sozialstaatliche Einstellungen 54
Tab. 4: Einflussfaktoren 58
Tab. 5: Zustimmung zu Verteilungsregeln nach Region und Alter . . . 69
Tab. 6: Verantwortung des Einzelnen für die soziale Sicherung
in Zukunft 95
Tab. 7: Ziele, für die der Staat mehr oder weniger ausgeben sollte . . . 99
Tab. 8: Bivariate Auswertung von Eigenverantwortung und
Staatsausgaben 103
Tab. 9: Multivariate Auswertung von Eigenverantwortung und
Staatsausgaben 109
Tab. 10: Bereitschaft zur Zahlung höherer Krankenversicherungs-
beiträge 116
Tab. 11: Akzeptanz von Eigenleistungen im Gesundheitswesen 117
Tab. 12: Akzeptanz von Leistungskürzungen in der
Krankenversicherung 121
Tab. 13: Gestaltung der Grundsicherung für Arbeitsuchende 124
Tab. 14: Bivariate Auswertung von höheren Abgaben und
Eigenbeteiligung 126
Tab. 15: Multivariate Auswertung von höheren Abgaben und
Eigenbeteiligung 131
Tab. 16: Realisierung sozialer Sicherung nach Region und Alter 140
Tab. 17: Bivariate Auswertung von sozialer Sicherheit und Vertrauen . . 157
Tab. 18: Multivariate Auswertung von sozialer Sicherheit und
Vertrauen 163
Tab. 19: Faktoren konträrer sozialstaatlicher Deutungsmuster 168
Tab. 20: Bestimmungsfaktoren sozialstaatlicher Deutungsmuster
in Ost- und West 170

Abbildungsverzeichnis

Abb. 1: Untersuchungsdesign 42
Abb. 2: Entwicklung der sozialen Gerechtigkeit in Deutschland 64
Abb. 3: Gerechte Verteilungsprinzipien 67
Abb. 4: Egalitaristische Gerechtigkeitsvorstellungen 69
Abb. 5: Individualistische Gerechtigkeitsvorstellungen 71
Abb. 6: Fatalistische Gerechtigkeitsvorstellungen 73
Abb. 7: Einkommensunterschiede in Deutschland 75
Abb. 8: Gerechte Verteilung des Wohlstands 75
Abb. 9: Wahrnehmung von Konflikten 77
Abb. 10: Erhalt des gerechten Anteils 80
Abb. 11: Selbsteinstufung in Bevölkerungsschicht 81
Abb. 12: Einschätzung der eigenen wirtschaftlichen Lage 82
Abb. 13: Zufriedenheit mit einzelnen Lebensbereichen 83
Abb. 14: Bedeutung einzelner Lebensbereiche 85
Abb. 15: Entwicklung der Bedeutung einzelner Lebensbereiche 86
Abb. 16: Zeitreihe für ausgewählte Anomiesymptome 88
Abb. 17: Verantwortung für die soziale Sicherung 93
Abb. 18: Bedeutung von Sozialstaatszielen 98
Abb. 19: Bewertung der Steuern und Sozialabgaben 115
Abb. 20: Gerechtigkeit des Solidarprinzips der
Krankenversicherung 118
Abb. 21: Gerechtigkeit des Bedarfsprinzips der Sozialhilfe 119
Abb. 22: Erfolge der Reformen der Gesetzlichen
Krankenversicherung 121
Abb. 23: Reformvorschläge zur Finanzierung der
Krankenversicherung 122
Abb. 24: Zufriedenheit mit der sozialen Sicherung 138
Abb. 25: Realisierung grundlegender demokratischer Werte 140
Abb. 26: Entwicklung der wahrgenommenen Realisierung
sozialstaatlicher Werte 142
Abb. 27: Entwicklung des wahrgenommenen Realisierung
von Freiheit und Chancengleichheit 142
Abb. 28: Bewertung der aktuellen Absicherung durch die
Gesetzliche Krankenversicherung 144
Abb. 29: Bewertung der aktuellen Leistungen der Sozialhilfe 145
Abb. 30: Bewertung der aktuellen Leistungen der Grundsicherung
für Arbeitsuchende 146
Abb. 31: Derzeitiges Vertrauen in Einzelsysteme sozialer
Sicherung 148

Abb. 32: Zukünftige Absicherung durch die Gesetzliche
Krankenversicherung.........................150
Abb. 33: Eigene Absicherung im Krankheitsfall in Zukunft.......151
Abb. 34: Zukünftige Absicherung durch die Sozialhilfe.........152
Abb. 35: Zukünftige Absicherung bei längerer Arbeitslosigkeit.....152
Abb. 36: Problemlösungsfähigkeit des politischen Systems........154

Einleitung

> Der Sozialstaat ist in den 90er Jahren, ausgelöst durch hohe Arbeitslosigkeit, geringes Wirtschaftswachstum, Kosten der Wiedervereinigung und demografischen Wandel, in die Krise geraten. Um diese zu bewältigen, waren und sind Reformen in den sozialen Sicherungssystemen notwendig. Doch wie werden diese Veränderungen von der Bevölkerung wahrgenommen und gedeutet? Die Einstellungen der Bürgerinnen und Bürger zum Sozialstaat, die Gründe und Entstehungskontexte für Annahmen und Sichtweisen stehen im Zentrum dieser Studie.

Die soziale Sicherung gehört zu den konstitutiven Bausteinen von Demokratie und sozialer Marktwirtschaft. Sie trägt wesentlich dazu bei, dass soziale Risiken wie Krankheit, Arbeitslosigkeit, Alter oder Notlagen nicht zu einem sozialen Absturz in Armut und zur gesellschaftlichen Exklusion führen. Durch den sukzessiven Ausbau der Sicherungssysteme ist nahezu die gesamte Bevölkerung in das sozialpolitische Leistungs- und Belastungsgefüge einbezogen (vgl. Bäcker et al. 2000). Ein Umbau der sozialen Sicherungssysteme betrifft somit die Lebensqualität großer Teile der Bevölkerung.

Dabei greifen sozialpolitische Interventionen in die gesellschaftlichen Verhältnisse und marktwirtschaftlichen Verteilungsergebnisse korrigierend ein und verfolgen damit zwei basale Zielrichtungen: die Verbesserung der wirtschaftlichen Lage und Stellung sozial schwacher Bevölkerungsgruppen sowie die Absicherung existenzgefährdender Risiken zur Förderung der individuellen Persönlichkeitsentwicklung, der Herstellung von sozialer Sicherheit, Gerechtigkeit und Gleichheit (vgl. Lampert/Althammer 2004: 4). Sozialpolitik beruht somit auch auf Werten und Normen der Gestaltung gesellschaftlicher Verhältnisse, so dass für die Akzeptanz der institutionalisierten Verteilungsarrangements stets auch Fragen der Gerechtigkeit und ihrer Maßstäbe eine zentrale Rolle zukommt.

Insbesondere in den 90er Jahren ist aufgrund der anhaltend hohen Arbeitslosigkeit, des vergleichsweise geringen Wirtschaftswachstums, den Kosten der deutschen Einheit und der demografischen Veränderungen die expandierende, auf Verteilung von zusätzlichem Wohlstand gerichtete Sozialpolitik zum Erliegen gekommen, während die Verteilung von Lasten und Kosten stärker ins Zentrum rückt (vgl. Liebig/Lengfeld/Mau 2004; Pierson 2001). Darüber entstehen neue Verteilungskonflikte, weil partikulare Interessen des individuellen Wohlstands sowie kollektive Deutungs- und Legitimationsmuster, die sich auf das Sozialstaatsprinzip Deutschlands und seine gesellschaftlichen Funktionen richten, davon betroffen sein können.

Einerseits führen die Reformen der sozialen Sicherung, die ihre langfristige Stabilität gewährleisten sollen, dazu, dass bisherige Standards abgesenkt werden, so beispielsweise in der gesetzlichen Rentenversicherung. Die „Teilprivatisierung" der Risikovorsorge ist für die Bürgerinnen und Bürger mit materiellen Aufwendungen und Einschränkungen verbunden, deren Wirkungen auf die Lebensqualität noch nicht absehbar sind. Andererseits verändern sich die Gerechtigkeitsmaßstäbe, mit denen sozialstaatliche Leistungen legitimiert werden. So geht die Finanzierungskrise des Sozialstaats mit einer Kritik seiner Leistungen einher. Er wird nicht mehr unumstritten als positive Voraussetzung eines funktionierenden Wirtschaftsprozesses und als Garant für die materielle Wohlfahrt und Autonomie des Einzelnen betrachtet (Vgl. Bäcker et al. 2000). Vielmehr geraten die Kosten des Sozialstaats als Belastung einer wettbewerbsfähigen Produktion in den Blick. Zudem trage er nicht zu einer Veränderung der Situation hilfebedürftiger Menschen bei, sondern leiste einer „Abhängigkeitsmentalität" Vorschub. Darüber entstehen neue Leitbilder sozialstaatlicher Handlungsmuster, die unter den Begriffen „schlanker" bzw. „aktivierender" Staat zusammengefasst worden sind (vgl. Blanke/Plaß 2005; Heinze et al. 2005). Gerechtigkeitskonzepte wie die Teilhabegerechtigkeit, verstanden als Stärkung der Ressourcen und Eigenverantwortung für eine selbstbestimmte Lebensführung des Einzelnen, oder die produktivistische Gerechtigkeit, die dem gesamtgesellschaftlichen Nutzen wirtschaftlichen Wachstums Priorität einräumt, erhalten einen größeren Stellenwert (vgl. Nolte 2005: 21; Leisering 2004).[1]

Angesichts dieser Veränderungen stellt sich die Frage, wie die Bevölkerung diesen Umbruch wahrnimmt und deutet. Insbesondere in gesellschaftlichen Umbruchsituationen können sich Konflikte und Widersprüche zwischen den bisherigen, in Institutionen der Verteilung von Ressourcen und Lebenschancen verankerten und biografisch geronnenen sozialen Gerechtigkeitsvorstellungen und den veränderten Verteilungsregeln und -prozessen entwickeln. Materielle Einschränkungen, die anhaltende Diskussion über die Zukunft des Sozialstaats sowie die – wenn auch umstrittene – Redefinition sozialstaatlicher Legitimitätsmuster können zu einer Verunsicherung in der Bevölkerung führen und die Akzeptanz sowie das Vertrauen in die sozialen Sicherungssysteme nachhaltig belasten.

Vor diesem Hintergrund widmet sich diese Studie der Ermittlung der Einstellungen der Bürgerinnen und Bürger zum öffentlichen Gesundheitswesen und zu den sozialen Sicherungssystemen sowie ihren Ursachen und Entste-

---

1 Der Begriff der Teilhabegerechtigkeit ist jedoch umstritten und insgesamt noch eher vage. Damit werden sowohl Vorstellungen der Forderung und Förderung von mehr Eigenverantwortung, der Unterstützung bestimmter Personengruppen als auch universalistische Gerechtigkeitsvorstellungen einer Garantie der Teilhabe aller am gesellschaftlichen Leben, beispielsweise durch ein Grundeinkommen jenseits des Arbeitsmarktes, verbunden (vgl. Opielka 2004).

Einleitung

hungskontexten. Es werden sowohl globale Einschätzungen des Sozialstaats als auch Einstellungen zu einzelnen Sicherungssystemen erhoben. Dies umfasst nicht nur sozialstaatliche Aufgaben, Strukturmerkmale und Reformkonzepte im engeren Sinne, sondern auch normative Deutungsmuster der Sozialstaatlichkeit sowie Aspekte der subjektiv wahrgenommenen Lebensqualität. Zu klären ist, welche Rolle die Systeme sozialer Sicherung im Bewusstsein der Menschen für die soziale Integration und ihre eigene gesellschaftliche Verortung spielen und welche Art und welcher Umfang sozialstaatlicher Steuerung akzeptiert, gewünscht oder abgelehnt wird. Damit kann festgestellt werden, welchen Sozialstaat die Bürgerinnen und Bürger wollen. Dabei sind die folgenden Kernfragen für die Untersuchung leitend:

1. Welche soziale Gerechtigkeitsvorstellungen herrschen vor und wie verändern sich die Legitimitätsmuster sozialer Ungleichheit sowie die Wahrnehmung der eigenen sozialen Lage und Position?
2. Welche Erwartungen haben die Bürgerinnen und Bürger an die staatliche Sozialpolitik und würden sie eine in Zukunft größere private Vorsorge sozialer Risiken und eine Einkürzung sozialer Leistungen akzeptieren? Welchen sozialpolitischen Grundprinzipien und Zielen räumen sie Priorität ein?
3. Wie beurteilen die Bürgerinnen und Bürger vor diesem Hintergrund unterschiedliche Finanzierungs-/Leistungsmodelle sowie Reformrichtungen und Reformmaßnahmen?
4. Wie schätzen sie die gegenwärtigen Leistungen der sozialen Sicherung ein und welches Vertrauen bringen sie den Sicherungssystemen entgegen?
5. Welche strukturellen und kulturellen Kontexte beeinflussen die Einstellungen zum Sozialstaat und lassen sich Polarisierungen in der Akzeptanz eines „liberal-aktivierenden" oder eines „egalitär-versorgenden Sozialstaats" erkennen?

Die Studie untergliedert sich in neun Abschnitte. Zunächst werden die in der Einleitung bereits angesprochenen normativen Grundlagen und Funktionen des Sozialstaats dargelegt. Diese bilden die Basis der Erfahrungen und Auseinandersetzungen der Bürgerinnen und Bürger mit der institutionellen Struktur des Sozialstaats und strukturieren das Konzept der Untersuchung (1). Anschließend erfolgt die Darstellung des analytischen Konzepts. Dies beinhaltet die Erklärung dessen, was unter Einstellungen zum Sozialstaat verstanden werden soll und welche Faktoren für die Genese relevant sind (2). Es folgt die Darlegung der Erhebungs- und Auswertungsmethoden (3).

Im Anschluss an diese theoretischen und konzeptionellen Grundlagen werden die Einstellungen der Bevölkerung zur sozialen Ungleichheit und zum Sozialstaat dargestellt sowie die Entwicklung der Einstellungen sowie Gründe für diese Einstellungen analysiert. Leitend hierfür ist die Frage, inwiefern die Bevölkerung in ihren Erwartungen und Deutungen Maß nimmt an der Phase expansiver und versorgender Sozialpolitik oder ob sie aufgrund der

Krise und Reform des Sozialstaats stärker an negativen Effekten der Kosten sozialer Sicherung orientiert ist und inwiefern Reformen und Reformansätze auf Akzeptanz stoßen.

Wir beginnen mit den Einstellungen zur Legitimität sozialer Ungleichheit, die einerseits als Resultat der subjektiven Verarbeitung und Deutung wirtschaftlicher und sozialstaatlicher Entwicklungen zu sehen sind, andererseits die Einstellungen zum Sozialstaat maßgeblich beeinflussen dürften (4). Einen Schwerpunkt bilden die Vorstellungen über die Legitimität sozialer Ungleichheit und die eigene soziale Partizipation. Die Analyse der Veränderung von Gerechtigkeitsvorstellungen, insbesondere seit der Reformpolitik der 90er Jahre, gibt Aufschluss darüber, ob sich ein grundlegender kultureller Wandel abzeichnet. Ferner werden die Unterschiede zwischen Ost- und Westdeutschland analysiert, da zu erwarten ist, dass sich Sozialisationseffekte, die auf den Erfahrungen mit der umfassenderen Daseinsvorsorge durch den Staat und dem geringeren Ausmaß an sozialer Ungleichheit in der DDR beruhen, am stärksten in den Vorstellungen über Verteilungsgerechtigkeit zeigen werden.

Die darauffolgenden drei Abschnitte (5,6,7) umfassen die Deskription der Einstellungen zum Sozialstaat im engeren Sinne, beginnend mit den Auffassungen über Zuständigkeiten und Ziele der sozialen Sicherung (5), Finanzierungsstrukturen und Reformrichtungen (6) und den Bewertungen der Leistungen des Sozialstaats sowie des Vertrauens (7). Die Analyse erfolgt jeweils in drei Schritten. Zunächst werden die Einstellungen der Bevölkerung sowie relevante Unterschiede zwischen den alten und neuen Bundesländern beschrieben und die Entwicklung einzelner Einstellungsdimensionen untersucht. Anschließend überprüfen wir bivariat für zentrale Einstellungsdimensionen, welchen Einfluss die sozioökonomische Lage, spezifische Sozialisationserfahrungen (soziodemografische Faktoren), Gerechtigkeitsvorstellungen, die Informiertheit und die subjektiv wahrgenommene Lebensqualität hierauf haben. In einem dritten Schritt wird anhand eines multiplen Regressionsmodells überprüft, welche Erklärungskraft den verschiedenen Bestimmungsfaktoren zukommt, wenn ihr Einfluss wechselseitig kontrolliert wird. Der letzte Abschnitt (8) analysiert zusammenfassend die Bestimmungsfaktoren einer eher egalitär-versorgenden oder liberal-aktivierenden Sichtweise. Der Bericht endet mit einer Zusammenfassung der Ergebnisse und einem Fazit (9).

1 Normative Grundlagen und Funktionen des Sozialstaats

> Der Sozialstaat wurde sukzessive zu einem Instrument der Herstellung von mehr Sicherheit, Gleichheit und Gerechtigkeit ausgebaut. Die Dimension der sozialen Gerechtigkeit ist in der Sozialstaatsklausel des Grundgesetzes verankert. Der deutsche Sozialstaat sichert Status und Lebensstandard ab, um Armut zu vermeiden, d. h. die Leistungen der sozialen Sicherungssysteme (vor allem Rente und Arbeitslosengeld) orientieren sich an dem zuvor erreichten sozioökonomischen Status. Die Sozialleistungen sind oftmals beitragsfinanziert und die Sozialversicherung richtet sich vornehmlich an der erwerbstätigen Bevölkerung aus, ist also lohnarbeitszentriert.
>
> Staatliche Arrangements der sozialen Sicherung generieren kulturelle Normen und Gerechtigkeitsvorstellungen, die sich auf die Wahrnehmung sozialer Ungleichheit auswirken. Im beginnenden 21. Jahrhundert steht der Sozialstaat vor neuen Herausforderungen innergesellschaftlicher und weltwirtschaftlicher Art. Der daraus folgende, notwendige Umbau von sozialen Sicherungssystemen führt dazu, dass Menschen ihre bisherigen Gerechtigkeitsvorstellungen hinterfragen und anpassen müssen. Ein wesentliches Element dieses Umbaus besteht in einer stärker „aktivierenden" Sozial- und Arbeitsmarktpolitik und der Förderung von Eigeninitiative.

Der Sozialstaat, dessen Anfänge unter Bismarck eine politische Reaktion auf die „soziale Frage" im Kontext der Modernisierung und Industrialisierung sowie auf das Erstarken der Arbeiterbewegung und Sozialdemokratie waren, diente zu Beginn vor allem der Funktionalität der ökonomischen Verhältnisse sowie der Herrschaftssicherung (vgl. Lampert/Althammer 2004: 64ff.; Kaufmann 2003). Er wurde sukzessive zu einem Instrument der Herstellung von mehr Sicherheit, Gleichheit und Gerechtigkeit ausgebaut, das in die marktwirtschaftlichen Verteilungsergebnisse und Lebensverhältnisse der Menschen gestaltend eingreift. Jenseits nationaler und historischer Differenzen der konkreten Ausgestaltung besteht der Kern sozialstaatlicher Arrangements darin, die wirtschaftliche und soziale Stellung von relativ schwachen Bevölkerungsgruppen im Sinne der gesellschaftlichen Grundziele zu verbessern und die Bürgerinnen und Bürger gegen bestimmte Lebensrisiken abzusichern (Lampert/Althammer 2004: 4; Alber 2002: 636; Alber 2001).[2]

---

2 In einer weiten Definition umfasst der Sozialstaat weiterreichende Aufgaben. Neben den Sozialversicherungssystemen – Kranken-, Pflege-, Unfall-, Renten- und Arbeitslosenversicherung – und der Sozialhilfepolitik sind auch die Arbeitnehmerschutzpolitik, Mitbestimmung, Arbeitsmarkt-, Familien-, Alten- und Jugend-, Bildungs- oder Wohnungspolitik Ak-

Insgesamt werden dem Sozialstaat drei zentrale Funktionen zugeschrieben: die Marktregulierung, die Wohlfahrtsproduktion und die Legitimation (vgl. Lessenich 2000: 61ff.). Konstitutiv ist zunächst die Trennung zwischen Wirtschaftprozessen und staatlicher Politik beziehungsweise der Freiheit und Autonomie der Subjekte und ihrer wirtschaftlichen Beziehungen. Die staatliche Regulierung der Verteilung von Einkommen und der Chancen der Partizipation am gesellschaftlichen Reichtum stellt demnach eine Ergänzung und Korrektur der markwirtschaftlichen Wohlfahrtsproduktion dar, die auch in Gegensatz zu profitorientierten Kalkülen geraten kann. Umgekehrt ist sie zugleich eine wesentliche Bedingung für die Stabilität, Entwicklungsfähigkeit und Akzeptanz marktwirtschaftlicher Gesellschaften (vgl. Bäcker et al. 2000: 23). Dabei übernimmt der Staat Verantwortung für die soziale Wohlfahrt seiner Bürgerinnen und Bürger gemäß den zentralen sozialen Ziel- und Wertedimensionen der Realisierung sozioökonomischer Sicherheit und Gleichheit sowie der Ermöglichung einer selbstbestimmten Lebensführung. Darüber hinaus trägt er zur Entschärfung und Begrenzung politischer Konflikte und Auseinandersetzungen, zur Sicherung des sozialen Friedens, bei (vgl. Kaufmann 2003; Mau 2004). Dies dient wiederum der Legitimation der Herrschaft und generiert einen Konsens kollektiver Verantwortung. Somit spielen für die Entstehung und Entwicklung von Wohlfahrtsstaaten stets auch Fragen sozialer Gerechtigkeit eine zentrale Rolle. Sie betreffen sowohl den Aspekt, welche Verantwortung der Staat für sozial Schwache übernehmen muss und soll, als auch die Frage, mit welchen Verteilungsprinzipien sozialen Mängeln und Risiken begegnet werden kann und wer welchen Beitrag dafür zu leisten hat. Grundsätzlich ist die Dimension der sozialen Gerechtigkeit für die Bundesrepublik in der Sozialstaatsklausel des Grundgesetzes verankert, die vom Bundesverfassungsgericht mehrfach als staatliche Pflicht ausgelegt wurde, „für einen Ausgleich der sozialen Gegensätze und damit für eine gerechte Sozialordnung zu sorgen" (BverfG 18.7.1967; vgl. Leisering 2004: 29). Mit diesem „Solidarvertrag" zwischen sozial Stärkeren und Schwächeren ist jedoch noch nicht entschieden, was eine gerechte Sozialordnung ist und wie der Ausgleich von Interessen beschaffen sein soll beziehungsweise welche wohlfahrtsstaatlichen Arrangements von den Menschen als gerecht wahrgenommen werden. Dennoch kann festgehalten werden, dass für die Akzeptanz und Legitimation des Sozialstaats die Gerechtigkeitsvorstellungen der Gesellschaftsmitglieder von maßgeblicher Bedeutung sind, da sie Auskunft darüber geben, inwiefern

---

tionsfelder des Sozialstaats (zur Definition von Sozialstaat und Wohlfahrtsstaat siehe auch Butterwegge 2001: 11ff.). Wir gebrauchen die beiden Begriffe im Folgenden synonym und folgen damit dem angloamerikanischen Sprachgebrauch von Wohlfahrtsstaat (vgl. Alber 1989).

Verteilungsergebnisse und Verteilungsregeln von Leistungen und Lasten (vgl. Liebig/Lengfeld/Mau 2004) für angemessen gehalten oder als Verstoß gegen berechtigte Interessen und Ansprüche gedeutet werden. Jenseits einer auszumachenden Vielfalt von Gleichheits- oder Gerechtigkeitsvorstellungen beziehen sie sich auf gesellschaftliche Ziele, auf die Mittel, mit denen diese erreicht werden können sowie auf die Bewertung der Ergebnisse und die Verteilung der Lasten und Beiträge, die von den Einzelnen hierfür zu entrichten sind (vgl. Glatzer 2005: 1; Mau 2002: 145).

1.1 Soziale Gerechtigkeit und Sozialstaat

Die Institutionalisierung gesellschaftlicher Solidarität umfasst unterschiedliche wohlfahrtsstaatliche Modelle und beruht auf Leitbildern sozialer Gerechtigkeit (vgl. zum folgenden auch Mau 2004; Liebig/Lengfeld/Mau 2004; Nolte 2005; Leisering 2004; Berger 2005; Becker/Hauser 2004). Gemeinsam ist allen wohlfahrtsstaatlichen Arrangements, dass sie auf der Trennung von Markt und Staat beruhen, jedoch in die Freiheit des Privateigentums regulierend eingreifen (zum Beispiel Arbeitsschutz), die primäre Einkommensverteilung durch eine sekundäre korrigieren (Transfereinkommen über Steuern und Beiträge) und die Reproduktion der Gesellschaft durch Einrichtungen und Dienstleistungen in den Bereichen Bildung, Gesundheit und Sozialwesen unterstützen (vgl. Kaufmann 2005: 300). Unterschiede existieren im Umfang der Eingriffe in die Produktionssphäre, im Umfang und der Finanzierungsweise von Transfereinkommen sowie hinsichtlich der Trägerschaft, staatlichen Finanzierung und Steuerung des Sozialsektors. Trotz zahlreicher Gemeinsamkeiten hat sich kein einheitliches „Wohlfahrtsstaatsmodell" herausgebildet, vielmehr beeinflussen die kulturellen, sozialen und politischen Strukturen der Nationen die jeweiligen sozialstaatlichen Entwicklungspfade. So werden in verschiedenen Gesellschaften auch unterschiedliche Formen von sozialer Ungleichheit akzeptiert oder kritisiert und verschiedene Gerechtigkeitskonzepte hervorgehoben (vgl. Glatzer 2005). Grob lassen sich vier Konzepte unterscheiden: Bedarfs-, Leistungs- und Teilhabegerechtigkeit sowie produktivistische Gerechtigkeit (vgl. Leisering 2004; Opielka 2004). Während Bedarfsgerechtigkeit ausdrückt, dass der Erhalt von Ressourcen sich nach sozialen, staatlich definierten Bedarfen richtet, umfasst Leistungsgerechtigkeit die Legitimität einer nach der individuellen Leistung bemessenen Zuteilung oder Partizipation am gesellschaftlichen Reichtum. Produktivistische Gerechtigkeit bezeichnet das über marktwirtschaftliche Prozesse (oder auch über sozialstaatliche Intervention) erreichbare kollektive Wohlstandsniveau und unter Teilhabegerechtigkeit versteht man die Partizipation verschiedener gesellschaftlicher Gruppen am Wohlstand nach Gleichstellungsnormen, die sich auf die Ressourcen einer selbstbestimmten Lebensführung beziehen. Es bestehen jedoch Überschneidungen in der Auslegung dieser Prinzipien (vgl. Leisering 2004).

Folgt man Esping-Andersens (1990) „drei Welten des Wohlfahrtskapitalismus", dann können Wohlfahrtsstaaten danach unterschieden werden, inwiefern sie die Verteilung von Ressourcen jenseits der marktlich vermittelten Position beeinflussen. Er unterscheidet idealtypisch einen sozialdemokratischen, einen konservativen und einen liberalen Wohlfahrtsstaat, die mit unterschiedlichen Gerechtigkeitsbildern verknüpft sind (vgl. zu folgendem Mau 2004).

Das Gerechtigkeitsleitbild des sozialdemokratischen Modells (zum Beispiel in Schweden oder Dänemark) ist am stärksten auf die Herstellung von Gleichheit beziehungsweise auf die Reduktion von Ungleichheit gerichtet, da sich die Leistungen des Sozialstaats am Bürgerstatus orientieren, während die Finanzierung einkommensabhängig bleibt. In diesem Modell wird der Staat als zentrale Regulierungsinstanz für die „Strukturen sozialer Ungleichheit" betrachtet und der Adressatenkreis ist die gesamte Bevölkerung. Die Reduktion von sozialer Ungleichheit durch Umverteilung lässt sich hier als ein immanentes Ziel bestimmen. Zudem sind die Leistungsansprüche an Bürgerrechte gebunden, das heißt sie begründen sich durch die Zugehörigkeit zur Gesellschaft, die in einem bestimmten Maß zur Teilhabe am gesellschaftlichen Leben berechtigt. Entsprechend werden die Leistungen eher über Steuern und nicht über Beiträge finanziert. Damit orientiert sich das sozialdemokratische Modell am ehesten an einer bestimmten Form von Teilhabegerechtigkeit und an egalitaristischen Gerechtigkeitsvorstellungen (vgl. Esping-Andersen 1998; Lessenich 1994; Schmid 2002).

Demgegenüber spielt das Ziel der Umverteilung in „konservativen Wohlfahrtsstaaten" wie Deutschland oder Frankreich eine untergeordnete Rolle. In diesen Staaten erhält das Ziel der Status- oder Lebensstandardsicherung eine größere Bedeutung, das heißt die Leistungen der sozialen Sicherungssysteme (vor allem Rente und Arbeitslosengeld) orientieren sich an dem zuvor erreichten sozioökonomischen Status. Entsprechende Sozialleistungen sind beitragsfinanziert und die Sozialversicherung richtet sich vornehmlich an der erwerbstätigen Bevölkerung aus, ist also lohnarbeitszentriert. Im Vordergrund – und hier zeigt sich die geschlechterspezifische Komponente dieses Regulationsmodus – steht der zumeist männliche Hauptenährer einer Kleinfamilie, der üblicherweise in einem „Normalarbeitsverhältnis" beschäftigt ist (vgl. Gerhard 2003: 267f.). Statuserhaltend wirkt dieses Modell in dem Sinne, dass sich die Versicherungsansprüche am bisherigen Einkommen orientieren und somit nur geringe Umverteilungseffekte zwischen den Versichertengruppen erzielt werden. Die Verantwortung für die soziale Sicherung im Alter oder bei Arbeitslosigkeit obliegt zum einen dem Individuum und seiner sozialstrukturellen Positionierung in der Erwerbsgesellschaft, zum anderen aber auch dem Staat, der die sozialen Sicherungssysteme verpflichtend einrichtet, Beiträge und Leistungen reguliert. Das Gerechtigkeitsmodell des konservativen Wohlfahrtsstaates lässt sich eher als Beitrags- beziehungsweise als Leistungsgerechtigkeit bezeichnen.

1.1 Soziale Gerechtigkeit und Sozialstaat

Im Vergleich dazu ist der liberale Sozialstaatstyp, der am ehesten dem US-amerikanischen Modell ähnelt, marktzentriert. Das Gerechtigkeitsleitbild bezieht sich hier auf die Leistungsgerechtigkeit, die der Markt selbst herstellt, sowie auf produktivistische Gerechtigkeitsvorstellungen. Demnach wird der größtmögliche Wohlstand auch für die schwächsten Gesellschaftsmitglieder durch die Marktwirtschaft erzielt. Der Markt und die dabei zustande kommenden Ungleichheiten werden als gerecht angesehen, insofern jeder die gleichen Chancen zum Erwerb von Einkommen vorfindet und die Strukturen sozialer Ungleichheit lediglich die gerechte Verteilung gemäß der Leistungen der Menschen widerspiegeln. Der Staat greift nur ein, wenn die Regulierung über den Markt scheitert. Er selbst strebt weder eine Leistungsgerechtigkeit noch eine Ergebnisgerechtigkeit durch Umverteilung an. Nur eine eingeschränkte Bedarfsgerechtigkeit wird als legitim angesehen, die auf die Vermeidung von Armut zielt. Der Empfang staatlicher Leistungen ist an eine Bedürftigkeitsprüfung gebunden; zugleich wird die Stärkung der Eigenverantwortung der Hilfeempfänger als komplementäres Ziel der Unterstützungsleistungen betrachtet. Die Rolle des Staates für die Verteilung der Ressourcen wird somit gering geschätzt und die Verantwortung für die individuelle Wohlfahrt obliegt vor allem den Subjekten selbst.

Diese Typologie weist in der Realität vielfältige Überschneidungen auf. So gehört das Ziel der Armutsvermeidung zu allen drei Wohlfahrtstypen. Ferner werden die einzelnen Sicherungssysteme innerhalb einer Gesellschaft nach unterschiedlichen Prinzipien reguliert. So beruht der bundesdeutsche Sozialstaat schon immer auf unterschiedlichen Gerechtigkeitsprinzipien – der Leistungsgerechtigkeit des Marktes und der Sicherungssysteme sowie der Ergebnis- und Teilhabegerechtigkeit bezogen auf die Vermeidung von Armut oder die Bereitstellung von Gesundheitsleistungen. Dennoch generieren die staatlichen Arrangements der sozialen Sicherung bestimmte kulturelle Normen und Gerechtigkeitsvorstellungen, die sich auf die Wahrnehmung und Deutung sozialer Ungleichheit und sozialstaatlicher Leistungen auswirken.[3] Der Umbau von sozialen Sicherungssystemen wirft somit die Frage auf, ob damit bisherige in Institutionen verankerte Gerechtigkeitsnormen redefiniert werden und inwiefern solche Veränderungen (beziehungsweise unter welchen Bedingungen) mit den bisherigen Gerechtigkeitsvorstellungen der Menschen vereinbar sind, ob diese an veränderte Verteilungsarrangements angepasst

---

3 Einen wichtigen Hinweis bietet ein aktueller Beitrag von Noll/Roberts, die anhand eines Vergleichs zwischen Kanada und Deutschland den Zusammenhang zwischen Einstellungen zum Wohlfahrtsstaat und unterschiedlichen Wohlfahrtsregimen bzw. Nationalstaatstraditionen untersuchten. Hierbei unterscheiden sie analytisch zwischen einem „nord-amerikanischen" und „europäischen" Modell sozialer Ungleichheit. Während ersteres Chancengleichheit und fairen Wettbewerb betone, hebe letzteres Umverteilung und Staatsintervention hervor. Die Untersuchung ergab, dass entsprechend diesem Modell die Kanadier verhältnismäßig eher zu meritokratisch-liberalen, die Deutschen mehr zu egalitär-etatistischen Haltungen neigen (vgl. Noll/Roberts 2003: 184f.).

werden oder als ein Verstoß gegen berechtigte Anliegen und Erwartungen wahrgenommen werden.

1.2 Entwicklungen des Sozialstaats

Die Expansion sozialpolitischer Leistungen, die vor allem nach dem 2. Weltkrieg einsetzte, ist inzwischen zum Erliegen gekommen. Begonnen hat die „Krise des Sozialstaats" bereits mit dem Ende „des Traums der immerwährenden Prosperität" (vgl. Lutz 1984) in den siebziger Jahren. Das entstehende Ungleichgewicht zwischen Beitragszahlern und Leistungsempfängern führte zu einer Mischung aus Leistungskürzungen und Beitragserhöhungen, wobei der sozialstaatliche Konsens davon unberührt blieb. In einigen Bereichen, wie der Kinder- und Jugendhilfe, wurden einzelne Leistungen ausgeweitet, mit der Pflegeversicherung Mitte der 90er Jahre sogar eine fünfte Säule der Sozialversicherungen eingeführt und bestimmte Personengruppen wie Frauen (zum Beispiel Anrechnung von Kindererziehungszeiten bei der Rente) oder Familien mit Kindern (zum Beispiel Steuer- und Kindergeldreform) vergleichsweise besser gestellt. Zudem spielte die Sozialpolitik eine wesentliche Rolle für die Gestaltung und Regulierung der deutschen Einheit, die auch zur Finanzierungskrise des Sozialstaats beigetragen hat.

Ende des 20. und im beginnenden 21. Jahrhundert sind die europäischen Sozialstaaten neuen internen und externen Herausforderungen ausgesetzt, die zu einem Wandel und Umbau der Systeme sozialer Sicherung, zu Konsolidierungs- und Rückführungspolitiken geführt haben. Entwicklungen der Erwerbsarbeit, demografische Alterungsprozesse, die Zunahme relativer Armut sowie die Singularisierung der Lebensformen verschärfen die konjunkturell und strukturell bedingte Diskrepanz zwischen steigenden Kosten der sozialen Sicherung und sinkenden Einnahmen. Globalisierungstendenzen und weltwirtschaftliche Probleme bilden den externen Hintergrund für eine Problemkonstellation, die viele Länder in ähnlicher Weise betrifft (vgl. Alber 2002; Altvater/Mahnkopf 2002; Becker et al. 2001: 31ff.; Döring 1999).

So kündigt sich nun ein paradigmatischer Wechsel an, der mit der „Einkürzung des Sozialstaats" einhergeht (vgl. Pierson 2001) und das Verhältnis von Staat, Markt und Individuen in den verschiedenen Wohlfahrtsregimes betrifft. Im Kern wird die Frage, wer für die Wohlfahrt und die Absicherung von Risiken zuständig ist, neu gestaltet und es werden die bisherigen Maßstäbe und Adressaten sozialer Gerechtigkeit „redefiniert" (vgl. Leisering 2004). Esping-Andersen spricht diesbezüglich von einer Annäherung des konservativen und sozialdemokratischen Modells an das liberale Modell (vgl. Esping-Andersen et al. 2002). Andere Autoren konstatieren einen Wandel vom Sicherheitsstaat zum nationalen Wettbewerbsstaat (vgl. Cerny 1990; Hirsch 1995) oder betonen die Reduzierung sozialstaatlicher Transfers zugunsten einer Stärkung des zivilgesellschaftlichen Dritten Sektors sowie der Aktivierung der Einzelnen (vgl. Giddens 1999: 95ff.).

Ein wesentliches Element dieses Umbaus besteht in einer stärker „aktivierenden" Sozial- und Arbeitsmarktpolitik und der Förderung von Eigeninitiative. Anstelle dekommodifizierender wohlfahrtstaatlicher Sicherungsnetze, die die Bürgerinnen und Bürger vor Marktrisiken schützen, zielen staatliche Arbeitsmarkt- und Sozialpolitiken vermehrt darauf ab, die Arbeitskraft dem Markt zuzuführen (vgl. Jessop 2002: 154ff.). Der Wohlfahrtsstaat entwickelt sich zum sozialinvestiven Staat, der auf Chancengleichheit, die Förderung von Beschäftigungsfähigkeit und die Bildung von „Humanvermögen" setzt, woraus sich unter anderem veränderte sozialpolitische Schwerpunktsetzungen (zum Beispiel Bildung, Förderung der Familien) ergeben (vgl. auch Allmendinger/Leibfried 2003; Prisching 2001; Streeck 1998; Nolte 2005).[4] Investive Sozialpolitik zielt darauf ab, in „Humankapital" zu investieren, um weniger sozialstaatliche Bedarfe zu generieren. Sie ist stärker präventiv und an dem Ideal der Teilhabegerechtigkeit, der Förderung individueller Ressourcen, ausgerichtet.[5]

Einerseits werden – nach wie vor – die Leistungen des Sozialstaats für die gesellschaftliche Stabilität und den sozialen Frieden, seine Funktionalität für den ökonomischen Strukturwandel, die Aufrechterhaltung von Qualifikationen und Beschäftigungsfähigkeit der Wirtschaftssubjekte, die Vermeidung von Armut und sozialer Ausgrenzung sowie auch positive Beschäftigungseffekte betont. Andererseits sind Verschiebungen in und Auseinandersetzungen zwischen den verschiedenen Gerechtigkeitsprinzipien zu beobachten. So hebt Leisering hervor, dass der Konflikt in die deutsche Sozialpolitik zurückgekehrt ist, weil der normative Grundkonsens ins Wanken gerät und Spannungen zwischen den Gerechtigkeitsparadigmen von Bedarfs-, Leistungs-, und Teilhabegerechtigkeit sowie produktivistischer Gerechtigkeit entstehen (vgl. Leisering 2004). Da zunehmend der Markt als zentrale Instanz der Wohlfahrtsproduktion gesehen und die Kosten staatlicher Sozialpolitik hervorgehoben werden, geraten die normativen Legitimationsmuster von „Wohlfahrtspolitik" in die Defensive. Kosten und Leistungen des Sozialstaats werden zunehmend auch daran gemessen, inwiefern sie negative Effekte auf die wirtschaftliche Konjunktur (zum Beispiel durch Lohnnebenkosten) sowie auf gesellschaftspolitische Grundeinstellungen (zum Beispiel Abhängigkeit, Hilflosigkeit) und insbesondere auf das Arbeitsmarkt- und Erwerbsverhalten (zum Beispiel Mitnahmeeffekte) der

---

4   Zur Konzeption und Definition investiver Sozialpolitik vgl. Ebsen 2004: S. 2ff.
5   Beispiele für eine präventive und aktivierende Sozialpolitik finden sich aktuell sowohl im Gesundheitswesen (Stichwort: Stärkung der Beteiligungsrechte von Patienten, gesundheitspräventiver Ansatz), im Bereich der Alterssicherung und -betreuung (Stichwort: Aktives Altern), im Bildungsbereich (Stichwort: Lebenslanges Lernen) und in der Arbeitsmarktpolitik (Stichwort: Fördern und Fordern, Employability und Unternehmergeist).

Bürgerinnen und Bürger haben. Zugleich entstehen veränderte Gerechtigkeitsvorstellungen, die sich auf neue Adressaten wie „Generationen" oder „Familien" beziehen oder mit der Bezeichnung Teilhabegerechtigkeit auf tatsächliche oder diskursiv veränderte Maßstäbe von Gerechtigkeit verweisen (vgl. ebd.; Hauser 2004).

Im Zentrum des Umbaus des Sozialstaats sowie der öffentlichen und wissenschaftlichen Diskurse über seine Gerechtigkeitsprinzipien stehen somit einerseits die Restrukturierung des Verhältnisses von Markt, Staat und Zivilgesellschaft, insbesondere die Stärkung der aktivierenden und investiven Komponente und die Förderung von Eigeninitiative und Risikoübernahme auf Seiten der Bürgerinnen und Bürger; andererseits Fragen der Bewahrung, Erneuerung oder Erosion des sozialstaatlichen Konsenses und seiner sozialintegrativen Funktion für die politische und gesellschaftliche Stabilität der Gesellschaft.

1.3 Auswirkungen des sozialstaatlichen Wandels

Das Finanzierungsproblem, die Kritik am Sozialstaat sowie Art und Richtung der bisherigen Reformen werfen neue Fragen der Verteilungsgerechtigkeit auf. So sind sozialpolitische Entscheidungen und Reformen heute mit dem Problem befasst, ob und in welchem Ausmaß sie die politische und soziale Integration durch soziale Sicherheit und relative Gleichheit betonen sollen und inwiefern eine stärker investive und aktivierende Sozialpolitik auch zu einer Verschärfung der sozialen Ungleichheit sowie zu gesellschaftlichen Konflikten und politischen Spannungen führt. Diesbezüglich weist Mau unter Bezugnahme auf Pierson (1994) darauf hin, dass die „Einkürzung des Sozialstaates" ein schwieriger politischer Prozess ist (vgl. Mau 2004). Die Politik steht vor einer Art Quadratur des Kreises: nämlich den Sozialstaat auf seine Kernleistungen zu konzentrieren und trotz der Einschränkungen die Unterstützung der Bevölkerung nicht zu verlieren. Die in den vergangenen Jahrzehnten erzeugten Einstellungen zum Sozialstaat waren in aller Regel auf Erhaltung und Erweiterung hin orientiert, während am Beginn des neuen Jahrhunderts nachhaltige Einschränkungen hinzunehmen sind. Dies betrifft aufgrund der Qualität und Quantität bisheriger wohlfahrtsstaatlicher Leistungen einerseits die Lebenslagen einer Vielzahl von Menschen, andererseits die kulturell erzeugten normativen Deutungsmuster und Gerechtigkeitsvorstellungen, die sich entlang der bisher geltenden Standards und Arrangements sozialer Sicherung entwickelt haben. Dies könnte einem naheliegenden Szenario zufolge zu einer Unzufriedenheit in der Bevölkerung, zu einem ständigem Protestverhalten, zur regierungskritischen Veränderung politischer Präferenzen und eventuell zur programmierten Abwahl der jeweiligen Regierungen führen, die über Ein-

1.3 Auswirkungen des sozialstaatlichen Wandels

schränkungen beschließen. Einem zweiten Szenario zufolge könnten Proteste gegen sozialstaatliche Reformen ein vorübergehendes Phänomen sein, das auf bestimmte Personengruppen beschränkt bleibt und insgesamt von der Einsicht in die Notwendigkeit abgelöst wird, dass gerade bestimmte sozialstaatliche Einschränkungen die langfristige Aufrechterhaltung des Sozialstaats im Kern ermöglichen. In diesem Szenario ist zugleich ein Wandel bislang dominierender normativer Grundorientierungen und Gerechtigkeitsvorstellungen erwartbar, deren Auswirkungen auf Politik und Gesellschaft bislang offen sind. Die Untersuchung zu den sozialstaatlichen Einstellungen der Bundesbürger/innen sollte die jeweiligen Entwicklungen frühzeitig erkennen lassen.

2 Analytisches Konzept

> Einstellungen sind Haltungen zu und Bewertungen von Sachverhalten und Gegenständen, die einen inneren Begründungszusammenhang aufweisen und über einen längeren Zeitraum hinaus gültig sind. Die Einstellungen der Bevölkerung zum Sozialstaat sind lebenslaufabhängig und werden durch aktuelle Entwicklungen und Erfahrungen geprägt. Die Wahrnehmung des Einstellungswandels kann nur langfristig erfolgen.
>
> In der Studie werden affektive und kognitive Einstellungen zum Sozialstaat erfasst, die für politische Unzufriedenheiten oder Protestverhalten maßgeblich sein können. Es werden die Einstellungsdimensionen Akteure, Ziele, Kosten, Ergebnisse und Instrumente berücksichtigt.
>
> Ausgehend von theoretischen Überlegungen werden vier Bestimmungsfaktoren zur Erklärung der sozialstaatlichen Einstellungen berücksichtigt: die sozioökonomische Lage (Einkommen und beruflicher/sozialer Status), die soziodemografischen Merkmale (regionale Zugehörigkeit, Alter, Geschlecht, Bildung und Haushaltsstruktur), die subjektive Lebensqualität (Wahrnehmung und Bewertung der eigenen Lebensumstände, Zufriedenheit mit u. a. sozialer Sicherheit und Arbeit, generelle Ängste und emotionale Verfasstheiten) und die normativen Grundorientierungen sowie die Wahrnehmung sozialer Ungleichheit.

Zur Ermittlung der Einstellungen der Bevölkerung zum Sozialstaat und den sie erklärenden Einflüssen ist es zunächst erforderlich, beide Seiten zu spezifizieren. Wir legen im Folgenden dar, was unter Einstellungen zum Sozialstaat verstanden werden soll und welche Einstellungsdimensionen in dieser Untersuchung berücksichtigt werden. Anschließend beschreiben wir die Bestimmungsfaktoren, die zur Erklärung dieser Einstellungen beitragen können.

2.1 Begriffliche Bestimmung sozialstaatlicher Einstellungen

Einstellungen sind Haltungen zu und Bewertungen von Sachverhalten und Gegenständen, die einen inneren Begründungszusammenhang aufweisen und über einen längeren Zeitraum hinaus subjektive Gültigkeit haben. Sie enthalten affektive (Fühlen), kognitive (Denken) und konative (Verhalten) Komponenten, wobei das Verhalten wiederum durch affektive und kognitive Komponenten beeinflusst, aber nicht vollständig erklärbar ist (vgl. Hartmann/Wakenhut

1995: 13ff.). In dieser Studie können keine Aussagen über das Verhalten der Bürgerinnen und Bürger getroffen werden. Es ist lediglich möglich, bestimmte kognitive Bedingungen zu eruieren, die auch für politische Unzufriedenheiten oder Protestverhalten maßgeblich sein können.

Die zu erfassenden kognitiven und affektiven Komponenten der Einstellungen zum Sozialstaat lassen sich jedoch nicht scharf voneinander trennen. Zum einen beruhen affektive Einstellungen auf biografisch erworbenem Wissen und sind als Resultat einer aktiven und reflexiven Auseinandersetzung des Subjekts mit seiner Umwelt zu verstehen, die zu einer „Selbstverständlichkeit" geworden sind, so dass sie ohne erneute Reflexion ausgelöst werden können. Sie setzen somit bestimmte kognitive Strukturen der Beurteilung und Deutung voraus. Zum anderen enthält die kognitive Dimension nicht nur objektives Faktenwissen, sondern subjektives Wissen, das Informationen deutet und in einen größeren Sinnzusammenhang stellt, der für wahr befunden wird.[6] Dieses subjektive Wissen, das hier im Vordergrund steht, ist bereits Resultat eines Bewertungsprozesses, in den Werte und Normen, psychische Prädispositionen sowie Interessen und Intentionen Eingang gefunden haben. Wesentlich ist, dass Einstellungen beide Dimensionen umfassen und es gerade darauf ankommt, das subjektive Wissen, jene grundlegenden und auch latenten Wissensbestände zu eruieren, die bestimmte Haltungen gegenüber dem Einstellungsobjekt konstituieren, ohne einen normativen Wissensbegriff zugrunde zu legen. Einerseits sind diese Einstellungen die Grundlage dafür, wie Menschen den Sozialstaat wahrnehmen; sie prägen das Erkenntnisinteresse und Informationsverhalten wie umgekehrt Informationen und Erkenntnisse auch wiederum die Einstellungen beeinflussen können.

Sozialstaatliche Einstellungen im Besonderen umfassen grundsätzlich zwei Perspektiven: das durch die Sozialstaatlichkeit hergestellte Verhältnis von Staat und Gesellschaft sowie die staatlichen Aktivitäten, die der Herstellung und Förderung von sozialer Sicherung und Gleichheit dienen. Der Sozialstaat greift als Vermittler in die Prozesse und Resultate der konkurrenzorientierten kapitalistischen Produktionsweise ein und konstituiert darüber ein spezifisches Verhältnis zwischen Gesellschaft und Staat, so dass sich die „soziale Aufgabe des Staates (...) als Einwirken auf gesellschaftliche Verhältnisse" verwirklicht (vgl. Kaufmann 2005: 132). Aus diesem Grund werden Einstellungen über gerechte Verteilungsnormen als Einflussgröße der Bewertung sozialstaatlicher Aktivitäten betrachtet und sie spielen eine zentrale Rolle, wenn es darum geht, grundlegende Deutungsmuster der Sozialstaatlichkeit zu identifizieren.

In einem engeren Sinne wird das Einstellungsobjekt, der Sozialstaat, als der Bereich staatlicher Aktivitäten aufgefasst, der auf die Realisierung von sozialer Sicherheit und sozioökonomischer Gleichheit zielt (Flora/Alber/Kohl

---

6 Für Definitionen zum Wissensbegriff vgl. zum Beispiel Wirth 1997: 94ff.; Foray/Lundvall 1996: 21f.; Wersig 1996; Berger/Luckmann 1982.

1977: 323; Andreß/Heien/Hofäcker 2001: 18f.). Damit wird ein Konzept zu Grunde gelegt, das nicht per se ein bestimmtes Niveau sozialstaatlicher Intervention definitorisch festschreibt, sondern die Breite und Unterschiedlichkeit von Maßnahmen sozialstaatlicher Absicherung berücksichtigt. Während soziale Sicherheit somit das Kontinuum zwischen einer basalen Armutsabsicherung zur Gewährleistung einer selbstbestimmten Lebensführung aller Gesellschaftsmitglieder und der Sicherung erreichter Lebensstandards umfasst, bezieht sich Gleichheit sowohl auf die Herstellung gleicher Zugangs- und Erwerbschancen als auch auf die (gleiche) Verteilung von Gütern und Ressourcen. Dabei kann erwartet werden, dass sich die Einstellungen zum Sozialstaat grundsätzlich danach unterscheiden werden, welches Maß an Sicherheit und welches Maß an Gleichheit durch staatliche Sozialpolitik verfolgt und erzielt werden soll.

2.2 Dimensionen der Einstellungen zum Sozialstaat

In Anlehnung an die theoretischen Arbeiten des Projekts „Wohlfahrtsstaatliche Maßnahmen und Einstellungen der Bürger" (vgl. Andreß/Heien/Hofäcker 2001; Heien 1998) unterscheiden wir zwischen den Dimensionen Akteure, Ziele, Kosten, Ergebnisse und Instrumente. Die Strukturierung der Einstellungen zum Sozialstaat folgt der für politische Problemlösungs- und Entscheidungsprozesse relevanten Unterscheidung in die Fragen: wer ist zuständig, was soll erreicht werden, wie soll es erreicht werden, welche Ergebnisse werden erzielt und wie wird es finanziert (vgl. auch Roller 1992). Sie umfasst sowohl globale Einstellungen, die sich auf den Sozialstaat insgesamt beziehen, als auch spezifische Einstellungen zu den einzelnen Sicherungssystemen.

1) Akteure: Welche Zuständigkeit wird dem Staat, dem Individuum und der Zivilgesellschaft für die soziale Sicherung und die sozioökonomische Struktur zugewiesen?
2) Ziele: Welche sozialen Zustände sollen durch Sozialpolitik erzielt werden und in welchen Teilbereichen sollen staatliche Ausgaben ausgeweitet oder gesenkt werden?
3) Kosten: Wie sollen die sozialen Leistungen finanziert werden? Wie ist die individuelle Finanzierungsbereitschaft? Welche Leistungs-Finanzierungsmodelle stoßen auf Akzeptanz?
4) Ergebnisse: Wie werden die sozialstaatlichen Leistungen qualitativ bewertet? Wie zufrieden sind die Bürgerinnen und Bürger mit den verschiedenen Sicherungssystemen? Welches Vertrauen bringen sie dem Sozialstaat entgegen?
5) Instrumente: Wie werden die einzelnen Sicherungssysteme bewertet?

1) Relevante *Akteure* des Wohlfahrtsstaats sind der Staat, der Markt beziehungsweise Unternehmen, private Haushalte sowie intermediäre Organisationen (vgl. Möhle 2001: 22ff.). Ermittelt werden die Vorstellungen der Bürgerinnen und Bürger über die Zuständigkeit und Verantwortung, die diesen Akteuren für die soziale Sicherung zugemessen wird. Gerade angesichts der Deregulierungs- und Liberalisierungstendenzen in den Wohlfahrtsstaaten sind neben der staatlichen Zuständigkeit weitere Akteure zu berücksichtigen, die eine stärkere Delegation und Zuschreibung von Verantwortung für die soziale Absicherung erfahren (Einzelne, Gesellschaft) oder auch als zu entlastende Gruppe aus der Verantwortung ein Stück weit entlassen werden (Unternehmen). Grundlegende Unterschiede sozialstaatlicher Einstellungen sind zwischen dem gewünschten Maß an staatlicher Zuständigkeit (Extensität) und der Akzeptanz von Eigenverantwortung zu erwarten (vgl. Roller 1992: 41ff.; Bacher/Stelzer-Orthofer 1997: 166f.). Aufgrund der hohen Bedeutung des Konzepts der Eigenverantwortung differenzieren wir dieses – und nicht die staatliche Zuständigkeit[7] – in die Bereiche Gesundheit, Alter, Arbeitslosigkeit, Pflege und Erwerbsunfähigkeit aus, um Unterschiede der Bereitschaft zur privaten Absicherung von Risiken zu erfassen.

2) Der Bereich *Ziele* thematisiert die Frage, welche sozialen Zustände aus Sicht der Bevölkerung erreicht und in welchem Umfang diese verfolgt werden sollen. Zum einen ermitteln wir die Bedeutung und Priorität basaler sozialstaatlicher Ziele aus Sicht der Menschen. Hierfür berücksichtigen wir verschiedene Zieldimensionen von Sicherheit und Gleichheit. Soziale Sicherheit umfasst neben dem Beitrag des Sozialstaats zur Harmonisierung sozialer und politischer Konflikte unterschiedliche Sicherungsniveaus der Vermeidung von Armut und der Sicherung von Lebensstandards. Gleichheit bezieht sich demgegenüber auf die Herstellung von gleichen Zugangs- und Erwerbschancen sowie auf die Reduktion von Einkommensdifferenzen. Dabei werden ansatzweise die angelegten Gerechtigkeitsmaßstäbe deutlich, das heißt die Bedeutung von Ergebnis-, Bedarfs- und Leistungsgerechtigkeit. Zum anderen wird die Akzeptanz von Einschränkungen staatlicher Sozialpolitik anhand der gewünschten Erhöhung oder Kürzung von Ausgaben (Intensität) für verschiedene Teilbereiche der sozialen Sicherung untersucht.

3) Der Bereich *Kosten* umfasst die Einstellungen zur Finanzierung sozialer Leistungen. Dieser Aspekt ist angesichts der „Krise des Sozialstaats" und des Perspektivenwandels der Gerechtigkeitsdiskurse, die stärker produktivistische Gerechtigkeitsvorstellungen ins Zentrum rücken, von besonderer Relevanz. So können sich wünschenswerte Zielzustände relativieren, wenn die Finanzierung

---

7 Dies trägt der Überlegung Rechnung, dass die erwartete Zuständigkeit des Staates für die Realisierung von Sicherung und Gleichheit (Extentensität) eine Voraussetzung für den gewünschten Umfang des staatlichen Handelns (Intensität) ist (vgl. Roller 1992) und zudem nicht grundlegend zwischen den Einzelsystemen der sozialen Sicherung variiert (vgl. Andreß/Heien/Hofäcker 2001).

von sozialen Leistungen als Belastung der allgemeinen Wohlstandsproduktion oder der individuellen Wohlfahrt wahrgenommen wird. Ermittelt werden die Finanzierungsbereitschaft über die Zustimmung und Ablehnung von höheren Beiträgen und Steuern global sowie spezifisch, das heißt bezogen auf einzelne Sicherungssysteme. Darüber hinaus steht im Zentrum, wie Reformvorschläge und Reformmodelle beurteilt werden. Ergänzend werden Fehlentwicklungen als negative externe Effekte in Form des „Missbrauchs von sozialen Leistungen" berücksichtigt.

4) Unter *Ergebnisse* betrachten wir Bewertungen der Leistungen des Sozialstaates sowie das Vertrauen in seine Institutionen. Die Erfolgsbewertung umfasst den Realisierungsgrad von sozialpolitischen Zielen: die Realisierung von sozioökonomischer Sicherheit und Gleichheit sowie die Einschätzung der Güte der sozialen Absicherung in einzelnen Bereichen auf einer individuellen und gesellschaftlichen Ebene. Zudem wird das Vertrauen der Menschen in den Sozialstaat anhand von Indikatoren gemessen, die das grundlegende Vertrauen in die staatliche Problemlösungskompetenz betreffen (globales Vertrauen), das spezifische Vertrauen in einzelne Sicherungssysteme anzeigen und das Ausmaß des Vertrauens in das zukünftige Leistungsniveau der Sicherungssysteme widerspiegeln. Die Kategorie des Vertrauens bezieht sich auf einzelne Teilsysteme sowie auf das Gesamtsystem und kann als eine Bedingung für die Akzeptanz und Unterstützung von Reformbemühungen angesehen werden.

5) Unter Instrumenten verstehen wir zum einen die dauerhaft eingerichteten Institutionen des Sozialstaats. Dies sind vor allem die Teilbereiche der sozialen Sicherung, die in unserer Untersuchung im Vordergrund stehen. Dabei beschränken wir uns auf die Sozialversicherungssysteme Rente, Pflege, Gesundheit, Unfall sowie die Umverteilungspolitik zur sozialen Mindestsicherung (Sozialhilfeleistungen). Die Auswahl begründet sich zum einen aus den Prioritäten des Auftraggebers. Zum anderen wurden, mit Ausnahme der Arbeitslosenversicherung, alle zentralen Versicherungssysteme und der für die Grundsicherung zentrale Bereich der Sozialhilfe einbezogen, durch den – aufgrund der Zusammenlegung von Sozialhilfe für Erwerbsfähige und der Arbeitslosenhilfe im Rahmen der Hartz IV Reformen – auch die Absicherung bei längerfristiger Arbeitslosigkeit berücksichtigt wird. Den Schwerpunkt in dieser Untersuchung (2005) bilden das Gesundheitswesen sowie die Sozialhilfe bzw. das Arbeitslosengeld II. Zum anderen umfassen Instrumente unterhalb dieser Ebenen auch einzelne Programme, Maßnahmen oder Akteure. Da sich basale Einstellungen an den Bewertungen der dauerhaft eingerichteten Institutionen deutlicher ablesen lassen als hinsichtlich einzelner Programme, wurde auf diese Aspekte in der quantitativen Querschnittserhebung verzichtet.[8]

---

8 Berücksichtigung findet diese Dimension in den jährlichen Trendanalysen, in denen auch Einstellungen zu einzelnen Maßnahmen oder Akteuren erhoben werden.

Die Einstellungsdimension der *Instrumente* liegt nicht auf der gleichen Ebene wie die oben benannten Teilbereiche, da sie wiederum Ansichten über die Akteure, die Ziele, Ergebnisse und Kosten zu einzelnen Sicherungssystemen enthält. Sie stellt vielmehr die Ebene der spezifischen Einstellungen im Unterschied zu globalen Bewertungen des Sozialstaats dar. Im Zentrum der Untersuchung der spezifischen Einstellungen stehen die gewünschte Intensität staatlicher Sozialpolitik, das Vertrauen in die Systeme der sozialen Sicherung, die Bewertung der Leistungen sowie von Finanzierungsstrukturen und Reformrichtungen. Ergänzend wird die Informiertheit anhand einzelner Aspekte (Faktenwissen) der gesetzlichen Krankenversicherung und der Sozialhilfe ermittelt.

2.3 Einflüsse auf die Einstellungen zum Sozialstaat

Die Genese sozialstaatlicher Einstellungen ist von verschiedenen Faktoren abhängig. Zur Analyse der Bestimmungsgründe, warum welche Einstellungen auftreten, kann an die bisherige sozialstaatliche Einstellungsforschung (vgl. Andreß/Heien/Hofäcker 2001), an die Befunde der Forschungen zur sozialen Ungleichheit in Deutschland (vgl. Hauser 1996; Hauser/Stein 2001; Hradil 2001; Noll/Christoph 2004; Berger/Schmidt 2004; Böhnke 2004), die Arbeiten der Lebensqualitätsforschung (vgl. Glatzer/Zapf 1984; Zapf/Habich 1996; Zapf 2001; Bulmahn 2002) sowie an aktuelle Ansätze der soziologischen Gerechtigkeitsforschung (vgl. Liebig/Lengfeld/Mau 2004; Liebig/Lengfeld 2002) angeknüpft werden.

Grundsätzlich lassen sich Einstellungen aus dem spezifischen Interesse und der Nutzenorientierung der Menschen sowie aufgrund von deutungsrelevanten Normen und Werten erklären, die wiederum in Wechselwirkung zueinander stehen. Im Zentrum der Erklärung stehen somit kulturtheoretische und strukturtheoretische Ansätze.

Kulturtheoretische Ansätze basieren auf dem Sozialisationstheorem, das die Vermittlung und den Aufbau von Normen und Werten der Menschen ins Zentrum rückt und somit auf eine kognitive Erklärungsebene abzielt (vgl. Andreß/Heien/Hofäcker 2001; Mau 1997; Wegener/Liebig 1998). Zentraler Maßstab der Wahrnehmung und Deutung des Sozialstaats sind Wertorientierungen, wobei hier insbesondere die Vorstellungen von Verteilungsgerechtigkeit relevant sind, die sich danach unterscheiden, in welchem Maß die Werte Gleichheit, Sicherheit und Freiheit betont werden und welche Vorstellungen über gerechte Verteilungsmechanismen und Zuständigkeiten existieren. Die Vermittlung von Normen und Werten findet wiederum auf verschiedenen Ebenen statt. Ohne auf den prozessualen Charakter und die Verschachtelung unterschiedlicher Erfahrungsebenen von Gesellschaft, Institutionen, Organisationen, Gemeinschaften, Familien usw. näher einzugehen (vgl. Hurrelmann 2001), lassen sich grob eine Makro- und eine Mikroebene der Sozialisation unterscheiden. Auf der Makroebene dominieren Einflüsse der institutionellen Struktur des Sozialstaats. Demnach bedingt die nationale Zugehörigkeit zu einem bestimmten sozialstaatlichen Verteilungsarrangement aufgrund der alltäglichen Erfahrungen und der aktiven Aneignung vorherrschender Legitimationsmuster die Einstellungen der Menschen zum Sozialstaat (Meulemann 1998: 7ff.; Mau 1997). So existieren nachweisliche nationale Unterschiede in den Vorstellungen über gerechte Verteilungsergebnisse und Verteilungsmechanismen, die mit der liberalen oder etatistischen Ausprägung der jeweiligen sozialstaatlichen Arrangements verknüpft sind. Zwar kann davon ausgegangen werden, dass sozialstaatliche Einstellungen keine ausgesprochene Homogenität aufweisen, weil diese Dimension nur eine einstellungsrelevante Größe darstellt (vgl. Mau 1997). Jenseits der Binnendifferenzierungen lässt sich der Einfluss sozialstaatlicher Strukturen jedoch anhand dominanter Einstellungsmuster und deren Entwicklung aufzeigen. Kulturelle Sozialisationsprozesse sind hier vor allem hinsichtlich der Unterschiede zwischen Ost- und Westdeutschland von Relevanz, da sich die sozialstaatlichen Arrangements der sozialen Marktwirtschaft von der sozialistischen Planwirtschaft stark unterschieden haben.

Davon sind auf einer Mikroebene gruppenspezifische Sozialisationsprozesse innerhalb einer Gesellschaft zu unterscheiden, die zur Binnendifferenzierung von Normen und Werten führen. Hervorzuheben sind hierbei insbesondere geschlechterbezogene, generationenspezifische sowie bildungsabhängige und berufliche Sozialisationsprozesse.[9] So können Unterschiede der Einstellungen zum Sozialstaat zwischen Männern und Frauen auf der Vermittlung rollenspezifischer Werte und Orientierungen beruhen, die Erfahrungen der Generationen differieren aufgrund der jeweiligen wirtschaftlichen, sozialen und politischen Verhältnisse, die den Lebenslauf in besonderer Weise geprägt haben. Schließlich können sozialstaatliche Einstellungen auch durch Bildung und berufliche Sozialisationsprozesse bedingt sein, mit denen bestimmte Ausprägungen von kognitiver Flexibilität sowie von Selbststeuerungskompetenzen und Kontrollbewusstsein verbunden werden (vgl. Heinz 1995; Hurrelmann 2001; Krömmelbein 2004: 93ff.).

Demgegenüber basieren *sozialstrukturelle Erklärungen* auf dem Interesse und der Nutzenorientierung des Einzelnen. Gemäß des Rational Choice Ansatzes wird angenommen, dass die Menschen interessengeleitet denken und handeln, sich bewusst und zielorientiert auf die Bedingungen und Restriktionen ihrer Lebenswelt beziehen (vgl. Turner 1991; Andreß/Heien/Hofäcker 2001). Ihre Wahlentscheidungen sind an den Kosten und dem Nutzen orientiert, den

---

9 Dies stellt jedoch nur einen Ausschnitt sozialisationsrelevanter Erfahrungen dar. So bleiben beispielsweise familiäre Erziehungsstile, Kommunikationsbeziehungen oder Erfahrungen mit verschiedenen Institutionen der Erziehung ausgeklammert.

eine Alternative im Vergleich zu anderen bietet. Damit rückt die sozioökonomische Lage ins Zentrum der Analyse, die unterschiedliche Bedürftigkeiten und Interessen an den Leistungen des Sozialstaats konstituiert. Die sozioökonomische Lage und das spezifische Interesse an sozialen Leistungen des Sozialstaats variiert jedoch auch wiederum mit bestimmten sozialen Positionen wie Alter, Geschlecht oder Bildung, weil auch damit bestimmte Bedarfe oder Risiken verbunden sind, so zum Beispiel das Risiko von Arbeitslosigkeit in Abhängigkeit von der Bildung oder die in der Regel schlechtere Absicherung von Frauen durch die gesetzliche Rentenversicherung aufgrund von diskontinuierlicheren Berufsverläufen.

Bislang bliebe damit ein Bereich ausgeklammert, der in der Sozialstrukturanalyse und der Lebensqualitätsforschung große Bedeutung erlangt hat: *die Wahrnehmung und Bewertung der eigenen Lebensqualität* (Glatzer/Zapf 1984). Die subjektive Einschätzung der eigenen Lage fällt nicht in allen Fällen mit der objektiven Lebenslage zusammen, weil sie von den eigenen Erwartungen, Ansprüchen und Wertorientierungen abhängig ist. Da die subjektive Bewertung der eigenen Lebensqualität darüber Aufschluss gibt, welche Differenzen zwischen Erwartungen und Realität gesehen werden, ist davon auszugehen, dass sie auch eine große Rolle hinsichtlich der Beurteilung sozialstaatlicher Erfordernisse und Leistungen spielen wird. Neben den objektiven Lebensbedingungen sind somit subjektive Zufriedenheitsmaße zu berücksichtigen.

Basierend auf diesen theoretischen Vorüberlegungen berücksichtigen wir vier Erklärungsdimensionen sozialstaatlicher Einstellungen: soziodemografische Faktoren, die sozioökonomische Lage und das subjektive Wohlbefinden sowie Vorstellungen über die Legitimität sozialer Ungleichheit. Die jeweiligen Indikatoren der einstellungsrelevanten Bereiche lassen sich dabei nicht trennscharf auf kulturelle oder strukturelle Prozesse zurückführen. So kann beispielsweise der Einfluss von Bildung oder Geschlecht sowohl einen Sozialisationseffekt anzeigen als auch aufgrund der damit verbundenen sozioökonomischen Lage wirksam sein. Gerechtigkeitsvorstellungen wie auch das subjektive Wohlbefinden sind zugleich als intervenierende Variablen aufzufassen, die ihrerseits durch kulturelle Faktoren als auch durch die sozioökonomische Lage bestimmt sein können. Die einstellungsrelevanten Bereiche stehen somit in Teilen in einem Bedingungsverhältnis zueinander. Zu analysieren sind folglich die direkten Effekte sowie die Wechselbeziehungen dieser Einflussfaktoren auf die Genese sozialstaatlicher Einstellungen. Die einzelnen Indikatoren zu diesen Bereichen sowie die Hypothesen, die sich daraus ergeben, werden im Folgenden näher bestimmt.

2.3.1 Sozioökonomische Lage

Aus strukturtheoretischer Sicht beeinflussen der Nutzen, den jemand aus wohlfahrtsstaatlichen Leistungen bezieht, und die Kosten, die für die Leistungen aufzubringen sind, die Einstellungen zum Sozialstaat. Es kann somit die Annahme formuliert werden, dass sich diese gemäß der vertikalen Position in der Sozialstruktur unterscheiden werden, die mit dem Haushaltseinkommen und dem beruflichen/sozialen Status erfasst wird. Zum einen bedingt der sozioökonomische Status grundlegende Differenzen in der Akzeptanz bestehender Ungleichheiten und ihrer Ordnung, zum anderen unterschiedliche Bedarfe an Leistungen. Es ist somit zu erwarten, dass sich die Einstellungen zwischen den „Konsumenten" und den „Nettozahlern" sozialer Leistungen ausdifferenzieren. Als „Konsumenten" werden diejenigen angesehen, die in besonderem Maß auf die Leistungen des Wohlfahrtsstaates angewiesen sind: Personen, die existenzsichernde sozialstaatliche Leistungen beziehen, sowie jene, die ein besonders hohes Risiko haben, auf diese Absicherung in Zukunft angewiesen zu sein, also vor allem Arbeitslose, Bezieher niedriger Einkommen, Personen mit geringer Bildung (deren Risiko langfristig arbeitslos zu werden höher ist), bestimmte ethnische Minderheiten oder (junge) Familien mit Kindern (vgl. Heien 1998: 30).[10] Demgegenüber stehen die Personen („Nettozahler"), die weniger von den Leistungen profitieren, aber höhere Beiträge und Steuern für die Bereitstellung der Leistungen entrichten, also vor allem Personen mit höherem Einkommen und höherer Bildung, deren sozioökonomische Lage und Zugangschancen zum Erwerb von Einkommen gut sind.[11] Dabei ist anzunehmen, dass diejenigen, die stärker auf die Leistungen des Sozialstaats angewiesen sind, eher einen intensiven und versorgenden Sozialstaat präferieren, während privilegierte Schichten eher Kürzungen und eine größere finanzielle Eigenverantwortung akzeptieren. Es kann ferner vermutet werden, dass davon auch das Vertrauen in den Sozialstaat und die Politik beeinflusst wird, da die „Gewinner" der bestehenden wirtschaftlichen und politischen Ordnung eher darauf vertrauen dürften, dass ihre Statusposition auch in Zukunft gesichert bleibt.

2.3.2 Soziodemografische Merkmale

Hinsichtlich der soziodemografischen Merkmale berücksichtigen wir die regionale Zugehörigkeit, das Alter, das Geschlecht, die Bildung und die Familienstruktur. Damit können jeweils sozialisatorische wie auch strukturelle Effekte verknüpft sein.

Die *regionale Zugehörigkeit* dürfte einen besonderen kulturellen Einfluss auf sozialstaatliche Deutungsmuster haben, da sich die Verteilungsarrangements in Ost- und Westdeutschland vor der Wiedervereinigung stark unter-

---

10 Auf ethnische Minderheiten kann aufgrund der Datenlage nicht eingegangen werden.
11 Nicht berücksichtigt werden im bisherigen Untersuchungskonzept jene Personen, die im Bereich der sozialen Dienstleistungen beschäftigt sind und deren Arbeitsbedingungen wie Beschäftigungsperspektiven von einer intensiven Wohlfahrtspolitik abhängen.

schieden haben. So hatte das sozialistische Modell der ehemaligen DDR die Trennung zwischen Wirtschafts- und Sozialpolitik aufgehoben. Die staatliche Steuerung der Ökonomie wurde als Sozialökonomie gefasst, die politische, ökonomische und soziale Gesichtspunkte gleichermaßen einbezog und die Preisbildung, Art und Umfang der zu produzierenden Güter, die Wirtschaftsbeziehungen zwischen einzelnen Betrieben, den zu erwirtschaftenden Gewinn sowie das Lohn- und Prämiensystem umfasste (vgl. Vortmann 1989: 325f.; Pollack 1990). Ökonomie war somit Bestandteil einer Gesellschaftspolitik zur „Versorgung" der Bevölkerung, der Angleichung sozialer Unterschiede und der Entwicklung des sozialistischen Systems. Hinzu kommen die Erfahrungen der Wiedervereinigung, die für die ostdeutsche Bevölkerung ein hohes Maß an Umorientierung bedeuteten (Krömmelbein 1996). Dies betrifft den massiven Stellenabbau und die Prozesse der Deindustrialisierung sowie die zunächst enttäuschten Hoffnungen auf Partizipation am westdeutschen Reichtum als auch die einseitige Anpassung der Institutionen des Ostens an die des Westens, so dass eine Identitätsbildung qua gemeinsamer Gestaltung der neuen Ordnung erschwert war (Rosar 1998), wenngleich die Ausweitung des Systems der sozialen Sicherung auf die neuen Bundesländer auch wesentlich zur Stabilisierung und Förderung der Wiedervereinigung beider Länder beigetragen hat. Aus diesen Gründen ist zu vermuten, dass sich die Einstellungen der ostdeutschen Bevölkerung von denen der westdeutschen insbesondere hinsichtlich der Rolle des Staates und der gerechten Verteilung des Reichtums unterscheiden dürften. Zugleich ist jedoch mit einer zunehmenden Angleichung zu rechnen (vgl. Wegener/Liebig 1998), da inzwischen die jüngere Generation das überkommene System zunehmend weniger aus eigener Anschauung und Erfahrung kennt. Auch umgekehrt kann mit der Angleichung westlicher an östliche Einstellungen gerechnet werden, weil manche Wohlfahrts- und Sicherheitsversprechen des Sozialstaats relativiert wurden.

Es ist ferner zu vermuten, dass sich die Einstellungen gemäß *des Alters* der Befragten unterscheiden werden. Da sich langfristig wirksame sozialpolitische Einstellungen und Erwartungen aufgrund der Erfahrungen mit der institutionalisierten Sozialstaatlichkeit ausbilden, kann einerseits erwartet werden, dass Ältere in stärkerem Maß an einem expansiven Sozialstaat festhalten und die Notwendigkeit und Funktionalität des Sozialstaats für die Gesellschaft stärker betonen. Dies lässt sich im Osten auf die kulturellen Prägungen durch die sozialistische Planwirtschaft zurückführen. Im Westen erklärt sich diese Annahme dadurch, dass die Älteren die Phase der sozialstaatlichen Expansion als Fortschritt erfahren und davon profitiert haben. Es ist jedoch auch denkbar, dass Ältere den Reformen positiver gegenüberstehen, weil zum einen die Wiedervereinigung vor allem für die Rentner/-innen positiv verlaufen ist, ältere Bürgerinnen und Bürger von zukünftigen Einschnitten und den gegenwärtigen Kosten weniger betroffen sind und weil die Älteren in Westdeutschland unter anderem aufgrund der Erfahrungen leistungsabhängiger sozialer Mobilitätsprozesse die Förderung und Forderung von Eigenverantwortung positiver bewerten.

Geschlechterspezifische Differenzen in der Beurteilung der sozialen Sicherung können kulturell bedingt sein oder aus der speziellen sozioökonomischen Lage gespeist werden. Als Resultat geschlechterspezifischer Sozialisation kann aufgrund der nach wie vor dominanten Rolle der Frau für die Reproduktion der Familien erwartet werden, dass darüber versorgende, am Wohl aller ausgerichtete sowie solidarische Einstellungen befördert werden, während männliche Sozialisationsprozesse stärker zu individualistischen und wettbewerbsorientierten Werten führen (Andreß/Heien/Hofäcker 2001: 42f). Andererseits ist die soziale Lage von Frauen nach wie vor vergleichsweise schlechter und konstituiert auch bestimmte Bedarfe an sozialer Sicherung. So hat der Anteil erwerbstätiger Frauen zwischen 15 und 64 Jahren zwar stetig zugenommen, diese Beschäftigung findet jedoch zu großen Teilen in Teilzeitbeschäftigung oder geringfügigen Beschäftigungsverhältnissen sowie im Niedriglohnsektor statt (Hinz/Gartner 2005). Zudem sind die Berufsverläufe von Frauen diskontinuierlicher. Damit erwerben sie beispielsweise niedrigere Ansprüche in der Renten- oder Arbeitslosenversicherung. Diese Benachteiligungen, die unter anderem auf die Schwierigkeiten der Vereinbarkeit von Familie und Beruf zurückzuführen sind, können dazu führen, dass sie Leistungen der sozialen Sicherung, deren Kosten von der Solidargemeinschaft zu tragen sind, für notwendiger erachten.

Die Bedeutung *der Bildung* kann unterschiedlich ausfallen. Auf der einen Seite wird der Aufklärungseffekt betont, der impliziert, dass einerseits die Funktionalität und Notwendigkeit der sozialen Sicherung für die gesellschaftliche Stabilität und Entwicklung deutlicher gesehen wird, wenn jemand über eine höhere Bildung verfügt. Zugleich dürften damit auch die Werte einer sozialen und demokratischen Marktwirtschaft präsenter sein (vgl. Andreß/Heien/Hofäcker 2001). Andererseits kann Bildung aber auch bedeuten, dass die Kenntnisse über die gegenwärtigen Problemlagen und die Möglichkeiten von Politikgestaltung unter dem Status Quo der gegebenen Bedingungen größer sind. Während ersteres eher zu einer Ablehnung der Reformrichtungen führen müsste, würde letzteres eher ihre Akzeptanz begründen. Da Bildung zudem mit der sozialen Lage und einem in der Regel größeren Kontrollbewusstsein verknüpft ist, kann insgesamt erwartet werden, dass eine stärker aktivierende Sozialpolitik befürwortet wird.

Auch die *Haushaltsstruktur* dürfte die Einstellungen zum Sozialstaat beeinflussen. Zu überprüfen ist hier insbesondere die These, ob Familien mit Kindern, aufgrund ihrer speziellen Bedarfe beispielsweise an Kinderbetreuung sowie aufgrund eines ausgeprägteren solidarischen Bewusstseins, das sich entlang der erzieherischen und versorgenden „Reproduktionsarbeit" und der Verantwortung bildet, die sie für die nächste Generation übernehmen, eher an dem bisherigen Standard und den Legitimitätsmustern sozialer Sicherung festhalten als die übrigen. Bei der Gruppe der Alleinerziehenden, bei denen die Vereinbarkeit von Beruf und Familie zusätzlich erschwert ist, kann erwartet werden, dass die versorgende und paternalistische Dimension des Sozialstaats eine noch größere Wertschätzung erfährt.

2.3.3 Subjektive Lebensqualität

Ebenso wichtig wie die objektiven Lebensbedingungen sind die Wahrnehmung und Bewertung der eigenen Lebensumstände, da diese nicht unmittelbar zusammenfallen. Die subjektiv wahrgenommene Lebensqualität beruht sowohl auf den eigenen Lebensbedingungen als auch auf den Erwartungen, Ansprüchen und Werten, mit denen diese bewertet werden. Anknüpfend an die Analysen des Wohlfahrtssurvey berücksichtigen wir positive (Zufriedenheit) wie negative Komponenten (Besorgnis-, Anomiesymptome) (vgl. Glatzer 1984; Glatzer/Mohr 1985; Bulmahn 2002: 38). Im Zentrum stehen die Zufriedenheit mit einzelnen Lebensbereichen sowie bilanzierende Gesamturteile. Während bei Ersterem die Zufriedenheit mit Teilaspekten wie Gesundheit, soziale Sicherheit oder Arbeit ermittelt wird, bezieht sich der zweite Aspekt auf globale Bewertungen, wie die Zufriedenheit mit dem Leben oder generelle Ängste und emotionale Verfasstheiten. Die subjektive Schichteinschätzung gibt zudem Auskunft über die individuelle Verortung in der Gesellschaft.

Die subjektive Lebensqualität ist zum einen als Resultat der gesellschaftlichen und sozialstaatlichen Entwicklung zu interpretieren. Es ist somit auch der Frage nachzugehen, ob es Anzeichen dafür gibt, dass die gegenwärtigen Probleme auf dem Arbeitsmarkt und Einschränkungen des sozialen Sicherungsniveaus die wahrgenommene subjektive Lebensqualität und Zufriedenheit der Menschen nachhaltig belasten (vgl. Zapf et. al 1987). Zum anderen wird zu untersuchen sein, welche Unterschiede in der Zufriedenheit mit kollektiven Organisationen und privaten Lebensbereichen existieren und wie sich diese auf die Einstellungen zum Sozialstaat auswirken. Dabei ist zu erwarten, dass Unzufriedenheit, die Wahrnehmung einer relativen Benachteiligung sowie Belastungssymptome wie Ängste und Verunsicherung zu höheren Ansprüchen an die staatliche Herstellung von Sicherung und Gleichheit führen. Umgekehrt wird eine positive Bilanz der eigenen Lebensbedingungen bewirken, dass ein Umbau der sozialen Sicherungssysteme mit den Konsequenzen einer größeren privaten Eigenvorsorge grundlegend positiver gesehen wird und ein höheres Maß an Vertrauen in die Reformbemühungen vorliegt.

2.3.4 Normative Grundorientierungen und Wahrnehmung sozialer Ungleichheit

Für die Einstellungen zum Sozialstaat sind die Wahrnehmung und Deutung der Strukturen sozialer Ungleichheit und die darin zum Ausdruck kommenden normativen Grundorientierungen eine zentrale Einflussgröße. Die Einstellungen hierzu geben Aufschluss darüber, ob und inwiefern Verteilungsergebnisse akzeptiert und als legitim angesehen werden. Umgekehrt zeigen sie an, welche gesellschaftlichen Zielzustände als erwünscht und inwiefern staatliche Umverteilung als erforderlich angesehen wird.[12]

Berücksichtigt werden hierzu Einstellungen über Verteilungsregeln, Bewertungen von Verteilungsergebnissen, die globale Wahrnehmung von Veränderungen sozialer Gerechtigkeit in Deutschland sowie der Realisation zentraler demokratischer Werte und Zielzustände sowie die Einschätzung der Stärke von Konflikten und Spannungen zwischen verschiedenen gesellschaftlichen Gruppen.

Zentral sind Gerechtigkeitsvorstellungen über Verteilungsergebnisse und Verteilungsregeln, die sich entlang „einer Achse (..) von kritisch-egalitärer und affirmativ-legitimierender Zustimmung" (Noll/Christoph 2004: 99) strukturieren und grundlegende Unterschiede in den Vorstellungen einer gerechten Verteilung von Wohlstand und Ressourcen markieren (vgl. Koch/Gabler/Braun 1994: 16, Glatzer 2002, Wegener 1999, Wegener 1995). Die Gerechtigkeitsvorstellungen der Bürgerinnen und Bürger über Verteilungsregeln werden anhand des Instruments „Gerechtigkeitsideologien" des ISJP (International Social Justice Project) ermittelt. Hierbei wurden vier Einstellungstypen unterschieden, die auch für Einstellungen zum Sozialstaat maßgeblich sind: Individualismus, Egalitarismus, Askriptivismus und Fatalismus (Wegener/Liebig 1993; Heien 1998; Wegener/Liebig 2000; Mühleck 2003b). Die Einstellungen unterscheiden sich danach, wer für die Verteilung von Einkommen zuständig ist und wie verteilt werden soll. Insbesondere wird berücksichtigt, inwiefern der Staat in die Verteilung von Armut und Reichtum eingreifen soll und ob Einkommensdifferenzen zwischen den Menschen als marktgerecht oder statusgerecht akzeptiert werden. Dabei wird erwartet, dass die größten Differenzen sozialstaatlicher Einstellungen zwischen individualistischen, primär an der Gerechtigkeit des Marktes orientierten und egalitären Gerechtigkeitsvorstellungen, in denen der Staat für einen Ausgleich ungerechter Marktergebnisse zu sorgen hat, auffindbar sein werden. Darüber hinaus werden auch die unterschiedlichen Maßstäbe von Ergebnis- und Bedarfsgerechtigkeit sowie von Leistungsgerechtigkeit und Chancengleichheit kenntlich (vgl. auch Heien 1998: 35). Ferner ist zu überprüfen, inwiefern askriptivistische Einstellungen gerade aufgrund der zunehmenden Entgrenzung und Unsicherheit über den Statuserhalt zunehmen.

---

12 Normative Grundorientierungen und die Wahrnehmung sozialer Ungleichheit sind unmittelbar aufeinander bezogen. Die Akzeptanz von Einkommensunterschieden beruht auf der wahrgenommenen Übereinstimmung beziehungsweise Diskrepanz mit den eigenen Wertorientierungen. Maßgeblich hierfür sind die demokratischen Werte von Freiheit, Gleichheit, Gerechtigkeit, sozialem Wohlstand und Teilhabe (vgl. Bulmahn 2002). Dabei verbinden sich Deutungen über Verteilungsergebnisse und Verteilungsprinzipien. Eine ungleiche Verteilung von Einkommen und Ressourcen kann als akzeptabel und legitim angesehen werden, wenn sie als Resultat von gerechten Verteilungsprinzipien wie zum Beispiel von Chancengleichheit, Freiheit und Leistungsgerechtigkeit erfahren wird, oder sie kann als ungerecht angesehen werden, wenn sie als Verstoß gegen diese Prinzipien wahrgenommen wird oder wenn sie den Vorstellungen von Ergebnis- oder Bedarfsgerechtigkeit widerspricht.

Abb. 1: Untersuchungsdesign

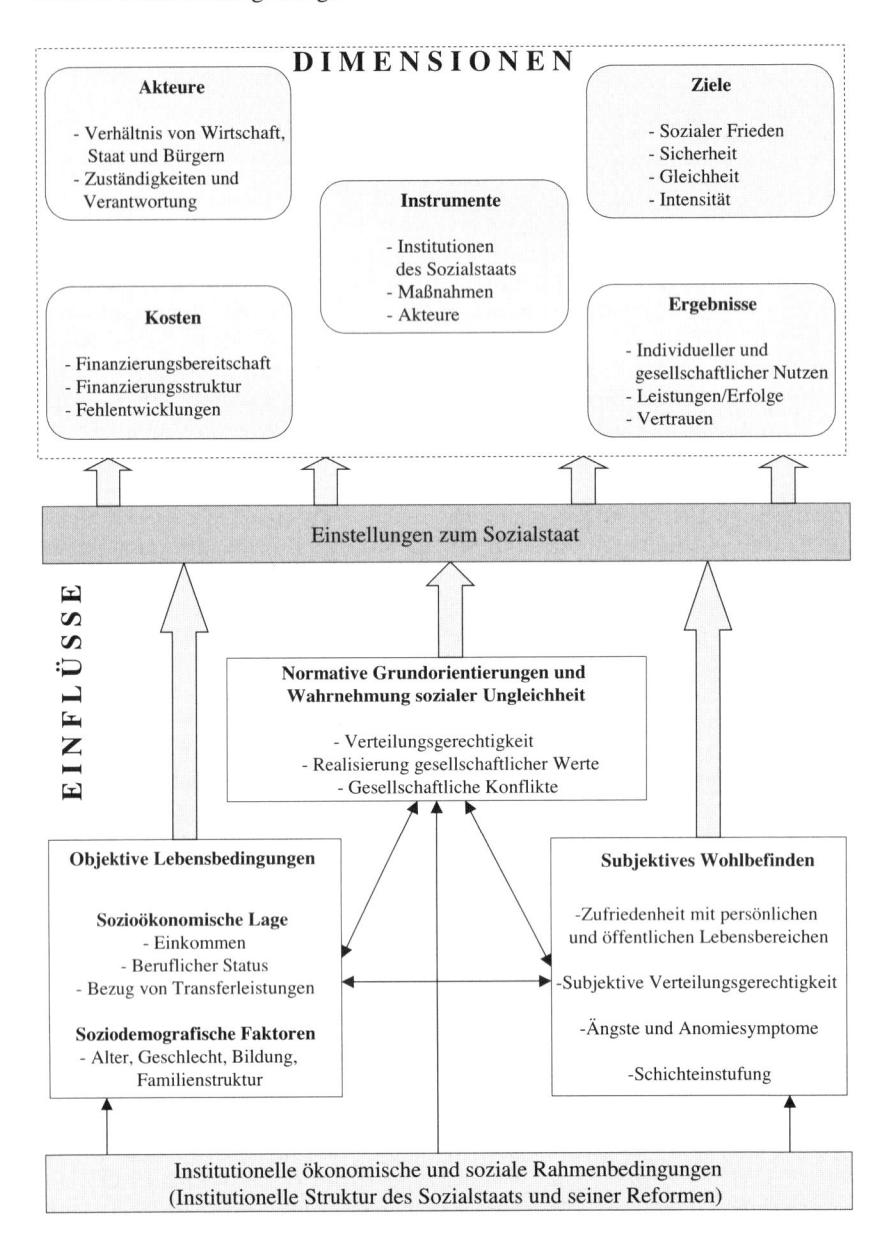

DIMENSIONEN

Akteure
- Verhältnis von Wirtschaft, Staat und Bürgern
- Zuständigkeiten und Verantwortung

Instrumente
- Institutionen des Sozialstaats
- Maßnahmen
- Akteure

Ziele
- Sozialer Frieden
- Sicherheit
- Gleichheit
- Intensität

Kosten
- Finanzierungsbereitschaft
- Finanzierungsstruktur
- Fehlentwicklungen

Ergebnisse
- Individueller und gesellschaftlicher Nutzen
- Leistungen/Erfolge
- Vertrauen

Einstellungen zum Sozialstaat

EINFLÜSSE

Normative Grundorientierungen und Wahrnehmung sozialer Ungleichheit
- Verteilungsgerechtigkeit
- Realisierung gesellschaftlicher Werte
- Gesellschaftliche Konflikte

Objektive Lebensbedingungen

Sozioökonomische Lage
- Einkommen
- Beruflicher Status
- Bezug von Transferleistungen

Soziodemografische Faktoren
- Alter, Geschlecht, Bildung, Familienstruktur

Subjektives Wohlbefinden
- Zufriedenheit mit persönlichen und öffentlichen Lebensbereichen
- Subjektive Verteilungsgerechtigkeit
- Ängste und Anomiesymptome
- Schichteinstufung

Institutionelle ökonomische und soziale Rahmenbedingungen
(Institutionelle Struktur des Sozialstaats und seiner Reformen)

Damit könnten auch Abschottungsabsichten verbunden sein oder neue Konfliktlinien zwischen gesellschaftlichen Gruppen entstehen. Die Einstellung darüber, welche Formen von Ungleichheit als legitim angesehen werden, variieren zum einen mit den gesellschaftlichen und staatlichen Regeln und Arrangements der Einkommensverteilung und sind insoweit ein Ausdruck kultureller Sozialisationsprozesse, die auch eine gesamtgesellschaftliche Veränderung anzeigen können. Zum anderen variieren sie jedoch ebenso zwischen verschiedenen Personengruppen (vgl. Noll/Christoph 2004: 98). Folglich wird zu prüfen sein, welche Gerechtigkeitsvorstellungen in der Bevölkerung vorliegen, ob sich diese zu bestimmten wohlfahrtsstaatlichen Einstellungsmustern verdichten und inwiefern sozioökonomische oder kulturelle Faktoren zu einem Wandel oder zur Persistenz dieser Einstellungen führen. Schließlich können Ungerechtigkeitsempfindungen, insbesondere wenn sie sich auch auf Verteilungsregeln beziehen, eine Bedingung für politische Unzufriedenheit und Protestverhalten darstellen.

2.4 Entwicklung sozialstaatlicher Einstellungen

Die Einstellungen der Bevölkerung zum Sozialstaat sind einerseits lebenslaufabhängig und durch die sozialpolitisch institutionalisierten Prozesse und Strukturen geformt, die sich in langfristig wirksamen Deutungsmustern niederschlagen. Andererseits werden sie durch aktuelle Entwicklungen und Erfahrungen geprägt. Dabei kann es zu Modifikationen der bisherigen Deutungsmuster, zu einer Anpassung der Einstellungen und Erwartungen an die veränderten Rahmenbedingungen oder auch zu inhaltlichen Inkompatibilitäten und einer Schwächung sozialintegrativer Legitimationsmuster kommen.

Eine Analyse des Wandels der Einstellungen in Abhängigkeit gesellschaftlicher und sozialpolitischer Entwicklungen erfordert somit einen langfristigen Vergleich der Wahrnehmungs- und Deutungsmuster. Um beispielsweise festzustellen, ob der Wandel des Sozialstaats zu veränderten Deutungsmustern des Verhältnisses von Wirtschaft, Staat und Bürger/-in führt, reicht ein kurzfristig angelegter Vergleich von vier Jahren nicht aus. Zum einen verändern sich soziale Deutungsmuster nur langsam, da sie biografisch strukturiert sind; zum anderen ist der Umbau des Sozialstaats ein evolutionärer Prozess. Aus diesem Grund werden für einige ausgewählte Aspekte längerfristige Entwicklungen anhand von Zeitreihen und ergänzend anhand von Vergleichen mit bisherigen Ergebnissen aus anderen Umfrageinstrumenten und Studien aufgezeigt (vgl. Kap. 3.1). Damit lässt sich erschließen, inwiefern sich die Maßstäbe einer gerechten Verteilung, die Erwartungen und Ansprüche an den Sozialstaat oder die Zufriedenheit mit der sozialen Sicherung und der eigenen Lebensqualität verändern.

3 Methodisches Vorgehen

> Auf Basis des analytischen Konzepts wurde ein zweiteiliger Fragebogen mit geschlossenen Fragen entwickelt. Der erste Teil erfasst objektive Lebenslage, subjektives Wohlbefinden, Wahrnehmung sozialer Ungleichheit und normative Grundorientierungen, sowie Einstellungen zu Akteuren, Zielen, Kosten und Ergebnissen des Sozialstaats und seiner Instrumente. Er wird auch in den nächsten Jahren Grundlage der Befragung sein. Der zweite Teil konzentriert sich – jährlich variierend – auf die einzelnen Sicherungssysteme und enthält vertiefende Fragen zu deren Beurteilung. Im Jahr 2005 wurden Daten zum Bereich GKV sowie Sozialhilfe inklusive Grundsicherung für Arbeitsuchende erhoben. Für die Durchführung der Feldphase ist die aproxima Agentur für Markt- und Sozialforschung Weimar verantwortlich.
> Die Daten wurden im CATI-Verfahren (Computer Assisted Telephone Interview) erhoben. Im Frühjahr 2005 wurden 5.025 volljährige Personen jeweils durchschnittlich 28 Minuten lang befragt. Die Ausschöpfung der Stichproben fiel mit 29,2 % des Bruttosamples relativ niedrig aus.
> Die Auswertung der Daten erfolgt in zwei Schritten. Der erste Analyseschritt umfasst die Deskription der Einstellungen zum Sozialstaat, zur Verteilungsgerechtigkeit und des subjektiven Wohlbefindens der Bürger sowie die Untersuchung relevanter Unterschiede zwischen West- und Ostdeutschland. Des weiteren wird der Wandel der sozialstaatlichen Einstellungen anhand eines Vergleichs mit Ergebnissen früherer Studien untersucht. Im darauf folgenden Schritt findet die Analyse des Einflusses der kulturellen und strukturellen Bestimmungsgründe auf die Einstellungen mittels verschiedener bi- und multivariater Analyseinstrumente statt.

Im Folgenden werden kurz einige methodische Aspekte der Entwicklung des Fragebogens dargestellt und Verlauf und Ergebnisse der Feldphase sowie die Methodik der Auswertung beschrieben.

3.1 Fragebogenentwicklung

Auf Basis des analytischen Konzepts wurde ein Fragebogen entwickelt, der aus zwei Teilen besteht:

- Der *feststehende Teil* des Fragebogens wird in allen Untersuchungsjahren erhoben. Er enthält Indikatoren zu den Bereichen objektive Lebenslage, subjektives Wohlbefinden, Wahrnehmung sozialer Ungleichheit und nor-

mative Grundorientierungen, sowie Einstellungen zu Akteuren, Zielen, Kosten und Ergebnissen des Sozialstaats und seiner Instrumente.
- Der *variable* Teil enthält vertiefende Fragen zu den einzelnen Sicherungssystemen, insbesondere zur Bewertung ihrer Leistungen, den Kosten und Reformrichtungen sowie ihrer erwarteten Entwicklungen. Berücksichtigt werden im Erhebungsjahr 2005 die gesetzliche Krankenversicherung sowie die Sozialhilfe inklusive der Grundsicherung für Arbeitsuchende. Eine Wiederholung dieser Befragung ist für das Jahr 2007 geplant, während in den Erhebungsjahren 2006 und 2008 die gesetzliche Renten-, soziale Pflege- und gesetzliche Unfallversicherung eingehender untersucht werden.

Die inhaltliche Operationalisierung der Forschungsfragen wurde ausführlich im Startbericht dargelegt.[13] Sie enthält einerseits Fragen aus bisher vorhandenen Surveys, die im Wortlaut übernommen sind, um Vergleichs- und Anschlussmöglichkeiten an vorhandene sozialwissenschaftliche Untersuchungen zu gewährleisten. Im Einzelnen waren dies:

- Wohlfahrtssurvey,
- Allbus,
- Jährliche Repräsentativbefragung von Allensbach,
- Sozio-ökonomisches Panel (SOEP),
- International Social Survey Programme (ISSP),
- International Social Justice Project (ISJP) und
- Eurobarometer.

Andererseits mussten teilweise eine Auswahl der Ausprägungen getroffen sowie der Fragetext oder die Antwortkategorien modifiziert werden, um sie an das analytische Konzept oder die Anforderungen telefonischer Befragungen anzupassen. Für alle Bereiche, in denen keine adäquaten Fragen vorlagen, wie z.B. bei den Einzelsystemen der sozialen Sicherung, wurden neue Fragen entwickelt. Zur Sicherstellung der Güte der Datenerhebung sind die Fragen möglichst kurz, konkret und neutral formuliert. Es werden ausschließlich geschlossene Fragen gestellt, die weder bestimmte Antworten nahe legen noch doppelte Bestimmungen und Verknüpfungen oder doppelte Negationen aufweisen und deren Antwortkategorien ausgewogen sind.

Die Skalen der Einstellungsfragen sind aus inhaltlichen Gründen und aufgrund der Übernahme bestehender Instrumente nicht einheitlich. Fünfstufige Skalen werden bei Zustimmungsfragen zu normativen Aussagen sowie bei

---

13 Zur ausführlichen Darstellung der Einzeldimensionen und ihrer Einflüsse vgl. Kap. 2.2 bzw. 2.3, zu ihrer Operationalisierung vgl. Startbericht. Der Fragebogen befindet sich im Anhang. Die inhaltliche Operationalisierung der Forschungsfragen weist zum Teil Überschneidungen auf, d.h. die Fragen und Antworten sind nicht immer ausschließlich einer Einstellungsdimension zuzuordnen, so zum Beispiel bei Reformzielen und Kosten.

Einschätzungen über erwartete oder erwünschte Veränderungen der primären und sekundären Einkommensverteilung genutzt, weil diese auch die Möglichkeit beinhalten müssen, dass „etwas" gleich bleibt oder nicht verändert werden soll. Daneben kommen jedoch auch Viererskalen für auf- und absteigende Bewertungen von sozialstaatlichen Leistungen und Regelungen zum Einsatz, ferner die Zufriedenheitsskala des Wohlfahrtssurveys, die von 0 bis 10 reicht, sowie für einige wenige Fragen eine Dreierskala oder auch ausschließlich die Antwortmöglichkeiten Ja und Nein.

Der Aufbau des Fragebogens berücksichtigt, dass sich schwierige und einfache Teile abwechseln, mit einem interessanten und grundlegenden Bereich begonnen wird, allgemeine Fragen in der Regel vor den speziellen und vor allem heikle Fragen, wie die nach dem Einkommen, am Ende stehen. Er beginnt mit der Thematik „Soziale Ungleichheit", es folgen Fragen über die eigene Lebenslage und das Wohlbefinden, anschließend werden globale Fragen über Zielsetzungen und Zuständigkeiten der sozialen Sicherung gestellt. Daraufhin kommen die einzelnen Sicherungssysteme zur Sprache und zum Abschluss werden noch einige soziodemografische Faktoren erhoben.

Zur Qualitätssicherung wurde der Fragebogen mit den Beratern des Projekts, Prof. Dr. Zapf, Prof. Dr. Hauser und Dr. Noll, sowie mit dem Auftraggeber diskutiert und abgestimmt. Anschließend erfolgte ein Pretest unter Realbedingungen, der gewährleistet, dass sehr realitätsnahe Daten über die Funktionalität der Fragen, des Instruments insgesamt sowie des verwendeten Designs ermittelt werden können. Hierfür wurden im Januar 2005 insgesamt 227 Personen in Hessen und Thüringen telefonisch befragt. Im Mittelpunkt standen dabei das Interesse am Thema, die Verständlichkeit der Fragen und Antwortvorgaben, die Reihenfolge der Fragen, die Logik und Vollständigkeit der Filterführung sowie die Länge der Befragung. Die Ergebnisse des Pretests wurden daraufhin bewertet und Modifikationen des Instruments vorgenommen.

3.2 Datenerhebung[14]

Allgemeine Angaben

Die Durchführung der Feldphase lag in der Verantwortung von *aproxima Agentur für Markt- und Sozialforschung Weimar*. Es sollten insgesamt 5.000 in Deutschland lebende Personen ab dem 18. Lebensjahr befragt werden, wo-

---

14 Der Bericht zur Datenerhebung ist eine gekürzte und überarbeitete Version des ausführlichen Methodenberichts des durchführenden Instituts. Die vollständige Fassung liegt dem Auftraggeber vor.

bei sich die Fälle zu jeweils 50 Prozent auf die neuen und alten Bundesländer verteilen sollten. Tatsächlich konnten in den alten Bundesländern 2494 und in den neuen Bundesländern 2531 Interviews realisiert werden, so dass insgesamt auf 5025 Interviews zurückgegriffen werden kann.

Die Befragung fand mittels der CATI-Methode (Computer Assisted Telephone Interview) statt. Die Hauptfeldphase erstreckte sich vom 07.03. bis zum 31.05.2005. Ein durchschnittliches Interview dauerte 28 Minuten. Es wurde zunächst von Montag bis Samstag telefoniert, ab 10. April auch an Sonntagen, nicht jedoch an bundesweit gesetzlichen Feiertagen. Die Interviews fanden an den Wochentagen (Montag bis Freitag) von 13 – 21 Uhr, an Samstagen von 11 – 20 Uhr sowie an Sonntagen von 14 – 19 Uhr statt.

Bei jeder Schätzung von einer Stichprobe auf deren Grundgesamtheit entstehen Fehler, die von der Größe der Stichprobe sowie dem Design der Zufallsauswahl abhängig sind. Die Fehlertoleranzen der Untersuchung lauten wie folgt:

Tab. 1: Fehlertoleranzen der Stichprobe

Prozentangabe in der Stichprobe	N=5.025 (gesamt)	N=2.494 (ABL)	N=2.531 (NBL)
5% / 95%	0,9%	1,2%	1,2%
10% / 90%	1,2%	1,7%	1,7%
20% / 80%	1,6%	2,2%	2,2%
30% / 70%	1,8%	2,5%	2,5%
40% / 60%	1,9%	2,7%	2,7%
50%	2,0%	2,8%	2,8%

Stichprobenziehung

Grundgesamtheit der Untersuchung ist die bundesdeutsche Wohnbevölkerung ab dem 18. Lebensjahr. Hierfür wurde eine zweifach geschichtete Stichprobe auf Basis der Bundesländer und Planungsregionen bzw. Regierungsbezirke sowie anhand der Ortsgrößenklassen gezogen. Als Grundlage wurde die Telefonbuch-CD-ROM „klickTel Januar 2004" verwendet.[15] Da Telefonbücher in Deutschland nicht die Gesamtheit aller vorhandenen Telefonanschlüsse ab-

---

15 Diese stellte zwar nicht die zum Ziehungszeitpunkt aktuelle Version dar, was jedoch keine Auswirkungen auf die Qualität der Stichprobe hatte. Die Gesamtheit der aus den Telefonnummern bildbaren Nummernstämme ist über kurzfristige Zeiträume weitgehend stabil.

3.2 Datenerhebung

decken, wurden die Telefonnummern zur Wahrung der Repräsentativität in Anlehnung an das sogenannte Gabler-Häder-Verfahren modifiziert.[16] Aus dem so entstandenen Auswahlgrundstock, der den Raum aller in Deutschland möglicherweise vorhandenen Telefonnummern einschließt, wurde eine einfache Zufallsstichprobe gezogen. Die Anzahl der dabei gezogenen Telefonnummern wurde zehnfach übersteuert, das bedeutet, es wurden zehnmal so viele Telefonnummern gezogen, wie Interviews benötigt wurden. Auf der letzten Ebene musste schließlich eine zu befragende Person ausgewählt werden. Dies erfolgte direkt am Telefon durch das Last-Birthday-Prinzip, d.h. diejenige mindestens 18-jährige Person, die in einem identifizierten Privathaushalt als letzte Geburtstag hatte, war die Zielperson.

Ausschöpfungsquote

Das Bruttosample der Studie bestand aus 50.400 Telefonnummern. Dieses wurde in zufälliger Verteilung der Bundesländer und Samplepoints in das CATI-System eingespielt. Stichprobenneutrale Ausfälle waren insgesamt 32.941 Nummern, also 65,4% der Bruttostichprobe. Weitere 12.364 Telefonnummern stellten systematische Ausfälle dar.

Tab. 2: Ausschöpfungsstatistik

	absolut	%
Bruttoadressen	50400	100
qualitätsneutrale Ausfälle		
kein Anschluss	22385	44,4
Firmenanschluss	4185	8,3
Fax	1715	3,4
kein Termin möglich bis Feldende	851	1,7
Zielperson spricht kein deutsch	288	0,6
Stratifikation erreicht	3517	7,0
qualitätsneutrale Ausfälle insgesamt	**32941**	**65,4**
bereinigte Stichprobe	**17459**	**100**
systematische Ausfälle		

---

16 Zum Gabler-Häder-Verfahren der Stichprobenziehung vgl. z.B. Häder/Gabler (1998)

	absolut	%
Bruttoadressen	50400	100
trotz mehrfacher Versuche niemanden erreicht[17]	1317	7,5
Anrufbeantworter	665	3,8
Besetzt	382	2,2
Haushalt verweigert Auskunft/kein Interesse	8210	47,0
Abbruch während des Interviews	410	2,3
Termin, aber niemanden erreicht	857	4,9
Sonstiges	523	3,0
systematische Ausfälle insgesamt	12364	70,8
durchgeführte Interviews	5095	29,2
nicht auswertbare Interviews	70	
ausgewertete Interviews	5025	

Letztendlich wurden 29,2% des Bruttosamples in auswertbare Interviews umgesetzt. Den höchsten Anteil an den systematischen Ausfällen hatten die Verweigerungen (47,0%), weitere Ausfallgründe spielen eine geringere Rolle.

Die Stichprobenausschöpfung ist im Vergleich mit anderen Telefonbefragungen relativ niedrig. Obwohl niedrige Ausschöpfungen nicht zwangsläufig einen Einfluss auf die Qualität der Stichprobe haben müssen, ist gerade in solchen Fällen zu prüfen, ob eventuelle unerwünschte Verzerrungen in ihrer Struktur (Bias) vorliegen (vgl. Koch 1998). Bereits während der Interviews sowie nach der Datenbereinigung erfolgten Plausibilitätsprüfungen, die augenscheinliche Inkonsistenzen im Datensatz aufdecken sollten. Standardmäßig wird dies zunächst anhand der Gewichtungsfaktoren Alter, Geschlecht, Haushaltsgröße und Ortsgrößenklasse getan. Dabei zeigt sich, dass vor allem ältere Personen (ab 65 Jahren) deutlich unterrepräsentiert sind. Die anschlie-

---

17 Wir haben uns entschieden, diese Kategorie – wie auch die Kategorie „besetzt" – zu den systematischen Ausfällen zu zählen, obwohl dies in anderen Methodenberichten auch bei den neutralen Ausfällen zu finden ist. Zwar kann man spekulieren, dass ein Anschluss, bei dem nach mehrmaligem Anrufen über einen längeren Zeitraum und zu unterschiedlichen Zeiten keine Person zu erreichen ist, eine „tote" Telefonnummer ist. Ebenso könnte dies für ständig besetzte Anschlüsse gelten. Es besteht darüber jedoch keine Sicherheit, da die Person z.B. auch in einem längeren Urlaub sein kann oder die Leitung ständig nutzt und dann systematisch ausfällt. Würden wir beide Kategorien als neutrale Ausfälle werten, erhielten wir eine Ausschöpfungsquote von 32,3 Prozent.

ßende Prüfung der Bildungsstruktur von Stichprobe und Grundgesamtheit anhand der Daten des Mikrozensus 2004 für die alten und neuen Bundesländer ergab, dass auch Personen mit Volks- bzw. Hauptschulabschluss ebenso unterrepräsentiert sind wie die älteren Jahrgänge (da diese häufig einen Volksschulabschluss besitzen). Dies ist sicherlich auch durch die Länge der Befragung sowie die teilweise Abstraktheit der Thematik zu erklären. Zudem ist diese Verzerrung darauf zurückzuführen, dass ausländische Mitbürger sowie Personen mit Migrationshintergrund aufgrund sprachlicher Schwierigkeiten unterrepräsentiert sind. Dies wurde jedoch bereits im Untersuchungsdesign in Kauf genommen, da eine repräsentative Beteiligung dieser Bevölkerungsgruppen deutlich höhere Anforderungen an die sprachliche Ausgestaltung des Untersuchungsinstruments gestellt hätten.

Für die Anpassung der Stichprobe wurde eine kombinierte Gewichtungsvariable aus den vier Einzelgewichten der Indikatoren Alter, Geschlecht, Haushaltsgröße und Ortsgrößenklasse berechnet. Dies erfolgte zunächst getrennt für die alten und neuen Bundesländern, da das Stichprobendesign disproportional für diese Gebiete angelegt war. Um auch mit gesamtdeutschen Daten rechnen zu können, wurde eine zweite Gewichtungsvariable erstellt, die das Einwohnerverhältnis zwischen den neuen und alten Bundesländern berücksichtigt. Die Verzerrung durch die Unterrepräsentation Älterer wurde auf diesem Weg bereinigt. Der Bildungsbias blieb dagegen erhalten, was ein leider übliches Problem von Bevölkerungsumfragen ist (vgl. Schnell 1997: 198ff). Hier wurden bereits einige Vorschläge entwickelt, wie die Beteiligung der Personen mit niedriger Bildung an der Umfrage erhöht werden kann (vgl. Methodenbericht aproxima), weil diese einer weiteren Gewichtung, die auch zu Gewichtungsfehlern führt, vorzuziehen ist.

3.3 Auswertung der Daten

Der erste Analyseschritt umfasst die Deskription der Einstellungen zum Sozialstaat, zur Verteilungsgerechtigkeit und des subjektiven Wohlbefindens der Bürgerinnen und Bürgern sowie die Untersuchung relevanter Unterschiede zwischen Ost- und Westdeutschland, die in der Vergangenheit deutlich ausfielen. Ferner wird die Entwicklung von Einstellungen anhand des Vergleichs mit den Ergebnissen vergangener Untersuchungen betrachtet. Die Analyse des Wandels sozialstaatlicher Einstellungen bleibt im vorliegenden Bericht aufgrund der bisherigen Datenlage jedoch auf einige ausgewählte Aspekte beschränkt und kann wegen der Unterschiedlichkeit der vorliegenden Erhebungsjahre nicht einheitlich ausfallen. Die Auswahl der Vergleichsjahre berücksichtigt einerseits möglichst weit zurückreichende Daten (Westdeutschland: ab 1978; Ost-West-Betrachtungen ab 1990), zum anderen werden die Zeitabstände nach Möglichkeit gleich gehalten, um die dazwischenliegenden potenziellen Verzerrungen möglichst gering zu halten (vgl. Tabellenband).

Ursachen sozialstaatlicher Einstellungen

Die Analyse des Einflusses der kulturellen und strukturellen Bestimmungsfaktoren auf die sozialstaatlichen Einstellungen erfolgt mittels verschiedener bi- und multivariater Analyseinstrumente.

Erstens werden die Einflüsse der erklärenden Faktoren aus den Bereichen sozioökonomische Lage, spezifische Sozialisationserfahrungen (soziodemografische Faktoren), Gerechtigkeitsvorstellungen, Informiertheit und die subjektiv wahrgenommene Lebensqualität auf sozialstaatliche Einstellungen mittels bivariater Häufigkeitsverteilungen untersucht. Anhand der prozentualen Differenz zwischen den verschiedenen Personengruppen in Bezug auf verschiedene Einstellungsobjekte sowie des bei metrischen und dichotomen Skalen üblichen Koeffizienten *Pearsons r* werden Erkenntnisse über Stärke und Richtung signifikanter Korrelationen erzielt.

Zweitens werden Zusammenhänge zwischen sozialstaatlichen Einstellungen untersucht, um globale Einstellungsvariablen generieren zu können. Ausgangsthese hierfür ist, dass sich bestimmte sozialstaatliche Einstellungen, insbesondere zu den Einzelsystemen der sozialen Sicherung, auf grundlegende globale Einstellungen reduzieren lassen, die die Haltung der Befragten zu einer sozialstaatlichen Dimension abbilden. Die Überprüfung der jeweiligen Annahmen erfolgt mittels explorativer *Faktorenanalysen*, in die jeweils nur die theoretisch begründeten Aussagen einbezogen werden, von denen angenommen wird, dass sie Ausprägungen einer globalen Einstellung sind und folglich nur auf einen Faktor laden. Da explorative Faktorenanalysen für die Extraktion von nur einem Faktor vergleichbare Ergebnisse liefern wie eine konfirmatorische Faktorenanalyse, hinsichtlich der Modellspezifikation jedoch deutlich schlichter sind, wird aus pragmatischen Gründen auf ersteres Verfahren zurückgegriffen (vgl. Weede / Jagodzinski 1977; Backhaus et. al. 2003: 330; 333ff.).

Drittens untersuchen wir mittels multipler linearer Regressionen den Einfluss mehrerer Bestimmungsfaktoren auf sozialstaatliche Einstellungen. Dieser Analyseschritt erfolgt auf Basis der globalen Einstellungsvariablen und liefert Erkenntnisse darüber, welchen Einfluss die erklärenden Faktoren aus den oben benannten Bereichen gemeinsam auf die Genese der sozialstaatlicher Einstellungen haben, wie sich der Einfluss einzelner Faktoren verändert, wenn die erklärenden Modelle modifiziert werden, und welche Einflussbereiche und -faktoren insgesamt den stärksten Einfluss haben. Hierzu werden *Regression* mit einem hierarchischen Modell durchgeführt, das über alle Einzeldimensionen konstant gehalten wird, um die Effekte miteinander vergleichen zu können.

Neubildung von Variablen

In der bi- und multivariaten Analyse fließen unterschiedliche Variablen ein, die zum Teil unmittelbar aus den Daten übernommen, teilweise jedoch erst aggregiert oder neu gebildet wurden. Dies betrifft sowohl die Einstellungsindikatoren als auch ihre Bestimmungsfaktoren.

Zur Strukturierung der *sozialstaatlichen Einstellungen* werden auf Basis der Ergebnisse der Faktorenanalysen für die Dimensionen Akteure, Ziele, Kosten und Ergebnisse jeweils zwei globale Variablen gebildet, die grundsätzliche und konkurrierende Vorstellungen repräsentieren:

- Die diametralen Wünsche nach staatlicher Zuständigkeit bzw. größerer Eigenverantwortung für die soziale Sicherung sind im Bereich Akteure und Ziele von maßgeblicher Bedeutung. Erfasst werden diese durch zwei globale Einstellungsvariablen, die den Wunsch nach einer intensiveren Sozialpolitik (höhere Staatsausgaben) und die Bereitschaft zu größerer Eigenverantwortung über die Bewertung einzelner Sicherungssysteme hinaus messen.
- Für den Bereich Leistungen und Ergebnisse wird aus dem Vertrauen in die Einzelsysteme der sozialen Sicherung ein Vertrauensindex extrapoliert, der das globale Vertrauen bzw. Misstrauen gegenüber dem Sozialstaat erfasst. Keine Veränderung wird an den Angaben zur Realisierung sozialer Sicherung vorgenommen, da diese bereits eine globale Einschätzung der Erfolge des Sozialstaats bietet.
- Für die Dimension Kosten und Finanzierungsstruktur stellen wiederum die Akzeptanz von höheren Steuern und Abgaben oder einer größeren privaten Eigenvorsorge zwei konträre Haltungen dar. Für die Konstruktion der jeweiligen Einstellungen können einerseits die Bewertungen der Aussagen „Es sollte höhere Beiträge geben, damit die Leistungen (der KV) erhalten bleiben" sowie „das wichtigste ist, dass die Menschen eine angemessene Grundsicherung erhalten, auch wenn das höhere Steuern bedeutet" zusammengefasst werden zu *höhere Steuern und Abgaben*. Andererseits ergeben die Einzelvariablen „Es sollten höhere Zuzahlungen und Eigenleistungen erbracht werden, um das Gesundheitswesen zu entlasten" sowie „Es ist besser, wenn man einen Teil der Gesundheitsvorsorge selbst regeln kann. Dann kann man seinen Bedarf selbst bestimmen" gemeinsam die Einstellungsvariable *mehr Eigenbeteiligung*.
- Schließlich werden – wiederum aufgrund theoretischer Überlegungen und überprüfter Zusammenhänge zwischen den Einstellungen zu Akteuren, Zielen, Kosten und zur Verteilungsgerechtigkeit – zwei konträre sozialstaatliche Deutungsmuster unterschieden: ein eher liberal-aktivierendes und ein stärker egalitaristisch-versorgendes Deutungsmuster.

Die Konstruktion der globalen Variablen basiert auf den Skalenmittelwerten aus den jeweiligen Indikatoren, die in die Berechnung der Korrelationsmaße einfließen. Für die Darstellung der bivariaten Häufigkeitsverteilungen zwischen den verschiedenen Personengruppen werden dichotome Indices gebildet, die die unterschiedlichen Einstellungen prägnant darstellen.

Die bi- und multivariate Auswertung konzentriert sich im vorliegenden Bericht auf die globalen Einstellungen in den Bereichen Akteure und Ziele, Kosten und Ergebnisse. Die bivariate Betrachtung der ursprünglichen Einzelvariablen liefert hierzu ergänzende Informationen; die ausführliche Ergebnisdarstellung befindet sich in einem gesonderten Tabellenband. Tab. 3 zeigt noch einmal alle untersuchten Einstellungsvariablen im Überblick:

Tab. 3: Sozialstaatliche Einstellungen

Dimension	Frage / Variable (Nr. im Fragebogen)
Akteure	Staatliche, wirtschaftliche, private und gesellschaftliche Verantwortung (21) Größere finanzielle Verantwortung des Einzelnen in den Bereichen Gesundheit, Alter, Arbeitslosigkeit, Pflege, Erwerbsunfähigkeit (23) Eigenverantwortungsindex (neu)
Ziele	Armutsvermeidung, sozialer Friede, Lebensstandardsicherung, Verringerung von Einkommensunterschieden und Förderung von Eigenverantwortung und Arbeitsmarktchancen (24) Gewünschte staatliche Ausgaben für: Krankheit, Alter, Arbeitslosigkeit, Grundsicherung für Bedürftige, Erwerbsunfähigkeit, Pflege, Familien und Kinder (22) Intensitätsindex (neu)
Kosten	Angemessenheit der Belastung durch Steuern und Abgaben (27 / 28) Spezifische Akzeptanz von höheren Beiträgen im Bereich Gesundheit (38 / 39) und höheren Steuern für Grundsicherung in Notlagen (48). Akzeptanz höherer Eigenbeteiligung im Bereich Gesundheit (38 / 39). Höhere Eigenbeteiligung (neu) Finanzierungsmodelle zur Gesundheit, Grundsicherung für Arbeitsuchende und Sozialhilfe (39 / 48) Höhere Steuern und Abgaben (neu) Gerechtigkeit der Leistungs-Finanzierungsmodelle der Krankenversicherung / der Sozialhilfe (37 / 43) Missbrauch von Sozialleistungen (48) Einschätzung des Stabilisierungserfolges der Reformen der Krankenversicherung (40)
Ergebnisse und Erfolge	Fähigkeit des politischen Systems, die sozialstaatlichen Probleme zu lösen (29) Ausmaß des Vertrauens in einzelne Einrichtung der sozialen Sicherung: (25) Vertrauensindex (neu) Erwartung des zukünftigen Sicherungsniveaus im Bereich Gesundheit (32) Erwartung der eigenen zukünftigen Absicherung bei Krankheit und bei dauerhafter Arbeitslosigkeit (33 / 47). Globale Zufriedenheit mit der sozialen Sicherung (18) Einschätzung der Angemessenheit des gegenwärtigen Versicherungsniveaus bei Gesundheit, langfristiger Arbeitslosigkeit und Sozialhilfe (31 / 41 / 46)

3.3 Auswertung der Daten

Dimension	Frage / Variable (Nr. im Fragebogen)
Ergebnisse und Erfolge	Realisation der gerechten Verteilung des Wohlstands, der sozialen Sicherheit, Solidarität mit Hilfebedürftigen, Chancengleichheit, Freiheit (4)
Gerechtigkeits-vorstellungen	Erwünschte Verteilungsprinzipien gesellschaftlichen Reichtums (2)

Auch für die kulturellen und strukturellen Bestimmungsfaktoren müssen verschiedene erklärende Variablen neu gebildet bzw. umgewandelt werden, um deren Einfluss adäquat messen zu können:

Zur Ermittlung des Einflusses *der sozio-ökonomischen Lage* ist das Haushaltseinkommen ein zentraler Indikator; als absolute Zahl allein ist es jedoch wenig aussagekräftig. Es wird daher bedarfsbezogen auf die Personen im Haushalt berechnet und in Einkommensquintile unterschieden. Hierzu wurde zunächst der Äquivalenzfaktor des Hauhalts ermittelt, wobei der erste Erwachsene den Wert 1,0, alle weiteren Erwachsenen den Wert 0,7 und alle Kinder bis einschließlich 14 Jahren den Wert 0,5 zugewiesen bekamen. Das ursprünglich angegebene absolute Haushaltseinkommen bzw. der Mittelwert der angegebenen Einkommensklasse wurde daraufhin durch den ermittelten Faktor geteilt und so das *bedarfsgewichtete Nettohaushaltseinkommen* errechnet. Zusammengefasst werden diese schließlich in fünf Einkommensklassen, die jeweils 20% der Haushalte umfassen (Einkommensquintile).

Ebenfalls zentral für die Bestimmung der sozio-ökonomischen Position ist der derzeitige Erwerbstatus des Befragten, wobei insbesondere die Unterscheidung zwischen Erwerbstätigen, Selbstständigen und Arbeitslosen von Bedeutung ist. Hierfür werden die Arbeiter und einfachen Angestellten zusammengefasst zu einfachen Erwerbstätigen und anschließend gemeinsam mit den qualifizierten *Erwerbstätigen* in eine Variable „Erwerbstätigkeit" überführt. Der Indikator „Selbstständige" umfasst die Ausprägungen Selbstständige und Freiberufler. Die Analyse der Ermittlung des Einflusses von Arbeitslosigkeitserfahrungen schließt verschiedene Variablen ein. Neben dem Status derzeitiger Arbeitslosigkeit wird die besondere Belastung der *Langzeitarbeitslosigkeit* (Dauer > 12 Monate) als dichotome Variable separiert. Zur Berücksichtigung der Belastung der Haushalte durch Arbeitslosigkeit erstellen wir zudem eine Variable, die die *Arbeitslosigkeit weiterer Haushaltsmitglieder* einbezieht. Die besondere *Angewiesenheit auf den Sozialstaat* findet über die Konstruktion einer weiteren Haushaltsvariable Berücksichtigung, in der all jene Haushalte zusammengefasst sind, in denen mindestens ein Haushaltsmitglied Sozialhilfe, Arbeitslosengeld II, Arbeitslosengeld, Bafög oder Grundsicherung im Alter oder bei Erwerbsunfähigkeit bezieht.

Die *Gerechtigkeitsvorstellungen* werden in der Analyse als zentrale Deutungsmuster sozialer Ungleichheit betrachtet, die auch die Einstellungen zum Sozialstaat strukturieren (vgl. Kap. 2.1). Nach einer faktorenanalytischen

Überprüfung, mit der die bekannten Gerechtigkeitsvorstellungen Egalitarismus, Fatalismus, Individualismus und Askriptivismus reproduziert werden konnten (vgl. Anhang), erfolgt wiederum für die bivariate Darstellung der Zusammenhänge die Bildung von dichotomen Indexvariablen anhand der Skalenmittelwerte, die jene Personen, die eine starke Affinität zu den entsprechenden Einstellungen haben, zusammenfasst, wobei auch Überschneidungen auftreten.

Um Einflüsse *der Informiertheit* berücksichtigen zu können, wird ein *Index Faktenwissen* generiert. Dieser basiert auf den offenen Wissensfragen nach der Höhe des Krankenversicherungsbeitrags sowie der Höhe des Sozialhilfesatzes, die zunächst in den Kategorien richtig/falsch erfasst und sodann gemeinsam mit der Frage nach der Rückzahlungspflicht der Sozialhilfe in einem vierstufigen Index zusammengeführt und anschließend dichotomisiert werden.

Der *Haushaltstyp* wird durch die Verschränkung von Haushaltgröße und Kindern gebildet werden. Unterschieden werden dabei Alleinlebende, Haushalte mit Kindern, die sich wiederum in Alleinerziehende und Paare mit Kindern unterteilen, Paare ohne Kinder sowie Erwachsene, die mit ihren Eltern leben.

Die Ermittlung des Einflusses der *Bildung* auf sozialstaatliche Deutungen basiert auf der Konstruktion eines *Bildungsindex* aus der Kombination der Fragen nach dem höchsten Schulabschluss und dem höchsten beruflichen Abschluss. Unterschieden sind hierbei drei Ausprägungen (niedrig / mittel / hoch), die allesamt auch als dichotome Dummyvariable vorliegen.

Für den Bereich der *subjektiven Lebensqualität* werden zwei neue Variablen generiert. Den Einfluss der Zufriedenheit mit verschiedenen Lebensbereichen erfassen wir anhand einer dreistufigen Indexvariable (niedrig / mittel / hoch). Diese schließt alle Lebensbereiche mit Ausnahme der sozialen Sicherung ein, weil diese in den folgenden Betrachtungen als abhängige Variable fungiert. Ausgeschlossen bleibt ferner auch die Zufriedenheit mit dem Leben überhaupt, weil diese bereits ein bilanzierendes Maß ist, in die die Zufriedenheit mit den einzelnen Lebensbereichen unterschiedlichen Eingang findet. Um der Zufriedenheit mit den einzelnen Lebensbereichen analytisch ein stärkeres Gewicht zu verleihen und diesbezügliche Unterschiede zu erfassen, wird in der analytischen Auswertung dem *Zufriedenheitsindex* vor der „Lebenszufriedenheit" Priorität eingeräumt. Ein weiteres Maß des subjektiven Wohlbefindens bildet die Stärke der individuellen Belastungs- und Anomiesymptome. Zur ihrer Bestimmung werden die Fragen nach der Einsamkeit, der Kompliziertheit des Lebens sowie der Angst um den Arbeitsplatz ausgewählt, da diese die stärkste Polarisierung zeigen. Sie bilden gemeinsam den *Index aus verschiedenen Belastungssymptomen*, der in drei Ausprägungen (keine / geringe / starke) sowie als dichotome Unterscheidung (niedrig / hoch) vorliegt.

Das Alter wird zunächst in fünf, später in drei *Altersklassen* (18-34 Jahre, 35-59 Jahre, 60 Jahre und älter) zusammengefasst. Für die Darstellung der Ergebnisse im Bericht verwenden wir die dreistufige Einteilung, da diese Al-

3.3 Auswertung der Daten

tersklassen hinsichtlich der Einstellungen größere Trennschärfe besitzen. Zudem wird ein Vergleich zwischen jüngeren und älteren Ost- beziehungsweise Westdeutschen vorgenommen, die bis zu 34 Jahre alt sind oder 35 Jahre und älter. Mit dieser Altersgrenze sollen vor allem diejenige erfasst und den „Älteren" gegenübergestellt werden, deren berufliche Laufbahn überwiegend im bereits vereinigten Deutschland stattgefunden hat. Sie entspricht zudem der dreistufigen Einteilung.

Auswahl des Regressionsmodells

In der Regression finden als Einstellungsdimensionen nur noch die globalen Variablen Berücksichtigung, da hierdurch die grundlegenden Einstellungsmuster am deutlichsten auf ihre Ursachen hin untersucht werden können. Als Bestimmungsfaktoren werden gemäß der Ausgangshypothesen alle relevanten Einflussbereiche in einem hierarchischen Regressionsmodell einbezogen. Dieses beginnt mit der Analyse der Ost-West-Differenzen, die auch in der deskriptiven Betrachtung im Zentrum standen, und nimmt sukzessive weitere Variablenblöcke auf. Zunächst wird der Einfluss der sozioökonomischen Lage sowie der Gerechtigkeitsvorstellungen überprüft, da beiden eine zentrale Funktion bei der Deutung sozialstaatlicher Einstellungen zukommt. Anschließend werden soziokulturelle Faktoren ergänzt und schließlich als bilanzierendes Maß das subjektive Wohlbefinden hinzugefügt.

Dabei musste für die verschiedenen Einflussbereiche zum Teil eine Auswahl an Indikatoren getroffen werden. Als Bestimmungsfaktoren fließen diejenigen Variablen ein, die die jeweiligen Erklärungsansätze am besten repräsentieren und die aufgrund der bivariaten Zusammenhangsmaße stabile Ergebnisse erwarten lassen. Zur Optimierung des Modells werden Variablen ausgeschlossen, die in Bezug auf mehrere abhängige Variablen aufgrund der schiefen Verteilung keine signifikanten Einflüsse mehr erkennen lassen.

Für den Bereich der sozioökonomische Lage und Position sind die Einkommensquintile das differenzierteste Maß. Ergänzend berücksichtigen wir die „Erwerbstätigkeit", weil damit insbesondere für die Frage der Finanzierungsbereitschaft sozialer Leistungen ein besonderer Standpunkt verknüpft sein dürfte, sowie den beruflichen Status „Selbständigkeit", von dem erwartet werden kann, dass der damit verbundene berufliche Habitus sich insbesondere auf die Akzeptanz von Eigenverantwortung auswirken wird. Ausgeschlossen wird somit die Unterscheidung zwischen einfachen und qualifizierten Tätigkeiten, weil dieser Unterschied durch das Einkommen und die Bildung bestimmt wird. Die Variablen Haushalte mit Arbeitslosigkeitserfahrungen sowie die Dauer der Arbeitslosigkeit ließen aufgrund der bivariaten Zusammenhangsmaße keine starken Effekte erwarten. Ferner ergab die Überprüfung des Einflusses aller sozioökonomischen Einflussfaktoren keine signifikanten Ergebnisse für die Determinanten „arbeitslos" sowie „Haushalte mit Bezug existenzieller Transferleistungen".

Die *Gerechtigkeitsvorstellungen* werden in ihren vier Ausprägungen in die Analyse aufgenommen, wohingegen die Informiertheit (Index Faktenwissen) ausgeschlossen wird, da er in der bivariaten Zusammenhangsanalyse überwiegend keine signifikanten Zusammenhänge erbracht hat.

Für den Bereich der *soziodemografischen Faktoren*, die sowohl Sozialisationseffekte operationalisieren als auch für bestimmte Interessenlagen stehen können, berücksichtigen wir die regionale Zugehörigkeit, das Geschlecht, das Alter und die Bildung, die als Dummy Variable „hohe Bildung" aufgenommen wird. Hinsichtlich des *Haushaltstyps* wird aufgrund der theoretischen Annahme lediglich die neu gebildete Variable Haushalte mit Kindern eingeschlossen, da mit der Verantwortung für die Erziehung und Versorgung von Kindern ein besonderer Bedarf, aber auch eine bestimmte Sicht auf soziale Zusammenhänge und solidarische Verhältnisse verbunden sein kann.

Im Bereich des subjektiven Wohlbefindens werden die Zufriedenheit mit verschiedenen Lebensbereichen und die Vorstellung über die gerechte Partizipation am Wohlstand berücksichtigt, die zwei unterschiedliche Sichtweisen präsentieren: Unzufriedenheit und Gerechtigkeit. Ausgeschlossen wird somit die Einschätzung der wirtschaftlichen Lage sowie die subjektive Schichtzugehörigkeit, da diese am stärksten mit den weiteren Faktoren sowie mit den Einkommensquintilen korrelieren, sowie der Belastungsindex, der Gesundheitszustand und die Wahrnehmung einer wirtschaftlichen Verschlechterung bzw. Verbesserung, die bivariat einen schwächeren Einfluss zeigen.

Die folgende Übersicht zeigt noch einmal alle erklärenden Variablen, die für die bi- und multivariable Analyse herangezogen wurden. Die Variablen, die in die Regressionsanalyse einfließen, sind kursiv gesetzt.

Tab. 4: Einflussfaktoren

Bereiche	Frage / Variable (Nr. im Fragebogen)
Objektive Lebensbedingungen	*Bedarfsgewichtete Einkommensquintile (neu)* Bezug von existenziellen sozialstaatlichen Leistungen im Haushalt (neu) Immobilienbesitz (16) Kurzfristige Liquidität (14) Erwerbsstatus des Befragten (6) *Erwerbstätigkeit / Selbständigkeit (neu)* Haushalte mit Arbeitslosigkeitserfahrung (neu) Langzeitarbeitslosigkeit (neu)
Soziodemografische Faktoren	*Region* *Bildungsindex (neu)* Haushaltstyp (neu) *Haushalte mit Kindern (neu)* Familienstand (50) *Geschlecht (49)* *Altersklassen (neu)*

3.3 Auswertung der Daten

Subjektives Wohlbefinden	Einschätzung der gegenwärtigen wirtschaftlichen Situation (12) Aufstiegs- / Abstiegsvariable dichotom (neu) *Bewertung des Erhalts eines gerechten Anteils am Wohlstand (15)* Subjektive Schichtzugehörigkeit (17) *Zufriedenheitsindex (neu)* Anomieindex (neu) Einschätzung des eigenen Gesundheitszustandes (30)
Normative Grundorientierungen	*Gerechtigkeitsvorstellung und –typisierung:* *Egalitarismus / Individualismus / Askriptivismus / Fatalismus (neu)*
Informiertheit	Index Faktenwissen (neu)

Kursiv: Im Regressionsmodell verwendete Einflussfaktoren.

4 Gerechtigkeit und soziale Ungleichheit

Bei der Befragung im Frühjahr 2005 stimmten fast 80% der Bevölkerung der Aussage zu, dass die soziale Gerechtigkeit abgenommen habe, wobei der Anteil der Ostdeutschen mit 84% um ca. 7 Prozentpunkte höher liegt als der Anteil der Westdeutschen. Die Mehrheit der Bevölkerung sieht eine Notwendigkeit für staatliche Interventionen zur Reduktion sozialer Ungleichheit. Die Erwartungen an den Staat, Arbeitsplätze zum Ausgleich sozialer Ungerechtigkeit zu schaffen, sind rückläufig. Bis zum Jahr 2000 waren stets über 80% der Meinung, die Schaffung von Arbeitsplätzen gehöre zu den originären Staatsaufgaben. 2005 sehen hier nur noch 63% den Staat in der Pflicht. Gleichzeitig hat sich der Anteil derer, die staatliche Eingriffe in die Wirtschaft ablehnen, seit 1996 verdreifacht.

Etwa die Hälfte der Menschen sieht Einkommensunterschiede als durch das Leistungs-, Motivations- und Marktprinzip legitimiert an. Einkommens- und Prestigeunterschiede sind nach Meinung von 55% der Befragten notwendig, um Menschen zu persönlichen Leistungen zu motivieren. Rund ein Drittel lehnt diese Begründung für soziale Ungleichheit ab. Dennoch kann in den Augen der Mehrheit Verteilungsgerechtigkeit erst durch staatliche Interventionen in marktwirtschaftliche Verteilungsergebnisse hergestellt werden. Diese Auffassung wird noch stärker in den neuen Bundesländern vertreten.

Die große Mehrheit der Bevölkerung betrachtet die Einkommensunterschiede als zu hoch (85% im Westen, 91% im Osten). Mehr als Dreiviertel der Bevölkerung sieht eine gerechte Verteilung des Wohlstands als nicht gegeben an. Verteilungskonflikte gewinnen an Bedeutung und greifen auch auf das System der sozialen Sicherung über. Fast 70% der Befragten nehmen starke Interessenkonflikte zwischen Leistungsempfängern und Beitragszahlern wahr, ein Fünftel sogar einen sehr starken Konflikt. Der Sozialstaat scheint im Bewusstsein der Menschen nicht mehr unhinterfragt als solidarische „Versicherung" verankert zu sein.

Die Einschätzung der subjektiven Verteilungsgerechtigkeit fällt mehrheitlich positiv aus. 56% sehen die eigene Partizipation am Wohlstand mindestens als gerecht an. Die wirtschaftliche Lage bewerten im Westen 60% der Befragten als gut, im Osten circa die Hälfte. Das subjektive Wohlbefinden zeichnet sich durch eine hohe Lebenszufriedenheit aus. Im Westen bleibt diese unverändert, im Osten steigt sie an. Der Bereich der sozialen Sicherung schneidet bei der Zufriedenheitsbewertung im Vergleich zum Arbeitsplatz, zur Gesundheit, zum Lebensstandard, zur Partizipation und zur öffentlichen Sicherheit sowohl im Osten als auch im Westen am schlechtesten von allen Lebensbereichen ab.

Ein basaler Einflussfaktor auf sozialstaatliche Einstellungen und die Akzeptanz von Reformen, der sich auch mit den Veränderungen sozialstaatlicher Arrangements wandeln dürfte, sind die Vorstellungen über die Legitimität sozialer Ungleichheit, die im Folgenden im Zentrum stehen. Soziale Ungleichheit liegt in allen marktwirtschaftlichen und demokratischen Gesellschaften vor, in denen der Freiheit der Subjekte und ihrer wirtschaftlichen Beziehungen Priorität zukommt und staatliche Sozialpolitik unter dieser Prämisse die Herstellung von Sicherheit und Gleichheit verfolgt. Die Wahrnehmung sozialer Ungleichheit, die auch von der tatsächlichen Verteilung des Wohlstands abweichen kann, ist somit eine wesentliche Grundlage für die Erwartungen an und Deutungen des Sozialstaats, da mit ihm das „Versprechen" existiert „für einen Ausgleich der sozialen Gegensätze und damit für eine gerechte Sozialordnung zu sorgen" (vgl. Leisering 2004: 29). Sie zeigt an, welche Rolle der Freiheit und dem Markt sowie dem (Sozial-)Staat für die Produktion von Wohlfahrt und die Herstellung seiner gerechten Verteilung zugeschrieben wird.

Gerechtigkeitsvorstellungen[18] sind kulturell verankert, da sie sich in Auseinandersetzung mit den jeweils institutionalisierten Verteilungsarrangements ausbilden, und weisen eine gewisse Dauerhaftigkeit auf, die in Widerspruch zu aktuellen Entwicklungen geraten kann. Anhand der Analyse der Entwicklung der subjektiven Bewertung der Legitimität sozialer Ungleichheit sowie den Unterschieden zwischen Ost- und Westdeutschland lässt sich somit aufzeigen, ob sich aufgrund der anhaltenden Krise des Arbeitsmarktes und des Umbaus des Sozialstaats ein kultureller Wandel in Deutschland abzeichnet und welchen Einfluss langfristig wirksame Sozialisationseffekte haben. Gerade aufgrund der größeren Bedeutung egalitärer Wertorientierungen in der ehemaligen DDR und der dortigen staatlichen Gesellschaftspolitik, welche die Trennung von Wirtschafts- und Sozialpolitik aufgehoben hatte, ist zu erwarten, dass sich Sozialisationseffekte vor allem in der wahrgenommenen Verteilungsgerechtigkeit niederschlagen (vgl. Meulemann 1996; Braun 1998).

Die Legitimität sozialer Ungleichheit lässt sich anhand der Bewertung von Verteilungsergebnissen und Verteilungsregeln des Wohlstands auf einer Makroebene sowie anhand der Beurteilung der eigenen sozialen Lage und Position auf der Mikroebene erfassen. Beide Dimensionen können als wahr-

---

18 Gerechtigkeitsvorstellungen können sich auf unterschiedliche Bereiche beziehen und durch verschiedene Normen und Maßstäbe getragen sein (Bedarfs-, Leistungs-, Ergebnis-, Teilhabegerechtigkeit, produktivistische Gerechtigkeit). Wir beziehen uns im Folgenden nicht auf die Realisierung verschiedener Formen von Gerechtigkeit (vgl. hierzu Becker/Hauser 2004). Vielmehr stehen die Deutungsmuster über soziale Ungleichheit im Zentrum, die „in the eyes of the beholder" (Walster/Walster 1975) zu ermitteln sind, ohne dabei einen normativen Begriff von Gerechtigkeit zu unterstellen. Gerechtigkeitsvorstellungen existieren als subjektive Sachverhalte in den Köpfen der Bürgerinnen und Bürger, sie werden in alltäglichen sozialen Handlungen und sozialen Prozessen wirksam und tragen auf ihre Weise zur praktischen Gestaltung unserer Gesellschaft bei (Noll/Christoph 2004: 103).

genommene Qualität der Gesellschaft interpretiert werden, in die normative wie materielle Erwartungen einfließen. Umgekehrt sind Abweichungen und Diskrepanzen zwischen den Erwartungen und den wahrgenommenen Lebensbedingungen Anlass und Ursache für Unzufriedenheit, welche die Loyalität mit und die Akzeptanz von Staat und Gesellschaft in Frage stellen kann. Im Folgenden werden zunächst die allgemeine Einschätzung der Entwicklung sozialer Gerechtigkeit und anschließend die Gerechtigkeitsvorstellungen über Verteilungsregeln und Verteilungsergebnisse dargestellt. Darauf folgend beschreiben wir die subjektive Einschätzung der eigenen Lage, was sowohl die subjektive Verteilungsgerechtigkeit als auch Indikatoren der wahrgenommenen Lebensqualität und Zufriedenheit umfasst.

4.1 Entwicklung der sozialen Gerechtigkeit

Es gehört sicherlich zu den schwierigsten Aufgaben festzustellen, ob eine Gesellschaft grundsätzlich an Gerechtigkeit verliert oder gewinnt. Dennoch können die meisten Menschen eine entsprechende Entwicklung ihrem Eindruck nach beurteilen. Ein erheblicher Teil der deutschen Bevölkerung konstatiert seit langem einen Verlust an Gerechtigkeit, was sich als subjektive Wahrnehmung einer „Gerechtigkeitslücke" interpretieren lässt. Dieser Trend hat sich deutlich verstärkt. So hat sich die „Gerechtigkeitslücke" in Westdeutschland zwischen 1987 und 1995 etwas geöffnet und dann in Deutschland von 1995 bis 2001 wieder etwas geschlossen und ist 2005 so groß wie nie zuvor. Fast 80% vertreten gegenwärtig die Ansicht, dass die soziale Gerechtigkeit abgenommen habe, wobei der Anteil der Ostdeutschen mit 84% um ca. 7 Prozentpunkte höher liegt als der Anteil der Westdeutschen, die diese Beobachtung festhalten.

Diese Einschätzung kann durch individuelle Lebenserfahrungen und kollektive Entwicklungen verursacht sein. Ohne diese im Einzelnen bestimmen zu können, legt der starke Anstieg in West- und Ostdeutschland nahe, dass hierfür kollektive Entwicklungen maßgeblich sind, die die Bürgerinnen und Bürger, beziehungsweise bestimmte Gruppen der Gesellschaft, gleichermaßen betreffen. So ist zu vermuten, dass diese Einschätzung mit veränderten Chancen und Bedingungen auf dem Arbeitsmarkt und den Veränderungen des Systems der sozialen Sicherung verknüpft sein dürfte, das jenseits des Marktes die Herstellung sozialer Gerechtigkeit verspricht.

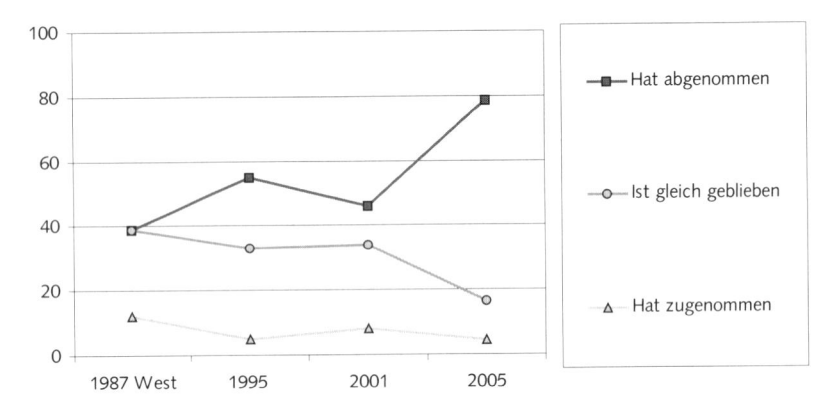

Abb. 2: Entwicklung der sozialen Gerechtigkeit in Deutschland (in %)*

* Und jetzt mal ganz allgemein gefragt: Hat die soziale Gerechtigkeit bei uns in den letzten drei, vier Jahren zugenommen, abgenommen oder ist sie gleichgeblieben?

Zusätzliche Quelle: Allensbach

4.2 Gerechtigkeit der Verteilungsnormen

Vorstellungen über gerechte Verteilungsnormen beziehen sich auf die Regeln und Prozesse einer gesellschaftlichen Ordnung, die die Verteilung von Einkommen und Teilhabe generieren. Insbesondere die soziologische Gerechtigkeitsforschung hat diesbezüglich vier Einstellungstypen unterschieden: Individualismus, Egalitarismus, Askriptivismus und Fatalismus (Wegener/Liebig 1993: 672; Mühleck 2003b). Sie unterscheiden sich danach, wer für die Verteilung von Einkommen zuständig ist und wie verteilt werden soll. Eine grundlegende Differenz dürfte sich entlang der Art und des Ausmaßes von individualistischen oder egalitären Vorstellungen ergeben (vgl. Heien 1998: 35), weil diese das Leistungsprinzip des Marktes und das Sozialprinzip staatlicher Intervention umreißen.

Individualistische und askriptivistische Gerechtigkeitsvorstellungen legitimieren soziale Ungleichheiten. Der Individualismus beruht darauf, dass der Markt als gerechte Verteilungsinstanz betrachtet wird, weil darüber erstens der größtmögliche Wohlstand für alle erreicht werden kann und zweitens die Verteilung sich nach Leistung und persönlichen Anstrengungen richtet. Staatliche Eingriffe werden eher abgelehnt. Die Voraussetzung hierfür ist jedoch Chancengleichheit auf dem Arbeitsmarkt. Dies folgt funktionalen Legitimierungsmustern, nach denen unterschiedliche Belohnungen erforderlich sind, um die Leistungen in einer Gesellschaft zu steigern (vgl. Burzan 2004: 33ff.). Auch der Askriptivismus akzeptiert soziale Ungleichheiten, die sich jedoch stärker durch den bereits erzielten Status legitimieren. Bestehende Verteilungsergebnisse sollen fortgeschrieben werden, weil die soziale Schichtung der Gesellschaft selbst als Ordnungsfaktor fungiert und die Zugehörigkeit zu einer sozialen Gruppe oder Schicht als Legitimation für die Teilhabe am gesellschaftlichen Reichtum angesehen wird. Auch hier ist die Akzeptanz staatlicher Umverteilung eher gering.

Demgegenüber gehen egalitaristische Gerechtigkeitsvorstellungen von einer begrenzten Rationalität des Marktes aus, der zu Verteilungsergebnissen führt, die nicht erwünscht oder sogar kontraproduktiv sein können. Es werden zum einen andere Normen der Verteilung, wie das Bedarfs-, Teilhabe- oder Gleichheitsprinzip zugrunde gelegt, zum anderen fungiert der Staat als wichtige Verteilungsinstanz, die die negativen Folgen der Primärverteilung ausgleicht.

Fatalistische Deutungen verneinen die Möglichkeit, eine – prinzipiell wünschenswerte – gerechte Verteilung überhaupt erreichen zu können. Deshalb wird weder ein positives Verteilungsziel noch ein Verteilungsakteur benannt. Letztlich ist der Verteilungsprozess wie sein Ergebnis der menschlichen Steuerung „entzogen" und es herrscht eine Wahrnehmung relativer Ohnmacht vor. Fatalistische Orientierungen lassen sich selbst als eine Gerechtigkeitslücke interpretieren, die anzeigt, dass der Glaube und das Vertrauen in die Realisation einer gerechten Sozialordnung nicht mehr vorhanden sind.

Die Deskription der vorherrschenden Legitimationsmuster gibt zunächst Aufschluss darüber, inwieweit den verschiedenen Gerechtigkeitsvorstellungen gefolgt wird und ob sich die Gerechtigkeitsvorstellungen aufgrund der erneut ansteigenden Einkommensdisparitäten (vgl. 2. Armuts- und Reichtumsbericht, BMGS 2005), der anhaltend hohen Arbeitslosigkeit sowie der Krise und Reform des Sozialstaats verändern. Legitimieren die Menschen die soziale Ungleichheit über individualistische Gerechtigkeitsvorstellungen, weil mit dem angenommenen Rückzug des Sozialstaats und der Priorität wirtschaftlichen Wachstums auch Ungleichheiten verstärkt akzeptiert werden, oder halten sie umgekehrt vermehrt daran fest, dass eine gerechte Verteilung jenseits des Marktes durch staatliche Eingriffe zu erzielen ist? Denkbar ist jedoch auch, dass in einer Phase, in der zunehmend die gerechte Verteilung von Lasten und Kosten ins Zentrum rückt, askriptivistische Gerechtigkeitsvorstellungen der Absicherung des eigenen „Besitzstandes" Auftrieb erhalten könnten, wobei dies vor allem dann der Fall sein dürfte, wenn der eigene Wohlstand als bedroht wahrgenommen wird. Schließlich kann auch mit einer Zunahme fatalistischer Einstellungen gerechnet werden. Diese treten vermehrt auf, wenn die wahrgenommene Verteilungsgerechtigkeit nicht den biografisch erworbenen Werten und Normen entspricht, ohne dass diese Differenz bereits reflexiv bewältigt wurde, so dass Verunsicherung und Resignation vorherrschend sind.[19]

---

19 Zur Analyse vergleichen wir die Ergebnisse dieser Umfrage mit Daten aus den Jahren 1991, 1996 und 2000. Zugleich möchten wir uns bei der Arbeitsgruppe International Social Justice Project bedanken, die uns die Auswertungen zur Verfügung gestellt hat (www.isjp.de).

Mehrheitliche Zustimmung zu staatlicher Intervention

Insgesamt ist die Akzeptanz egalitär-etatistischer Verteilungsnormen im Vergleich zur individualistischen Gerechtigkeitsideologie stärker ausgeprägt. Das sozialstaatliche Bedarfsprinzip, nach dem es am wichtigsten ist, dass die Menschen bekommen, was sie zum Leben brauchen, auch wenn das Umverteilung bedeutet, erhält mit über 81% die höchste Zustimmung von allen Fragen. Drei Viertel der Bevölkerung befürworten die staatliche Garantie eines Mindestlebensstandards, und noch fast zwei Drittel der Befragten (63%) sehen den Staat in der Verantwortung, bei Versagen des Arbeitsmarktes Arbeitsplätze für die Menschen bereit zu stellen (vgl. Abb. 3). Der Anspruch an staatliche Eingriffe übersteigt damit die wirtschaftspolitische Ausrichtung und das Selbstverständnis des Staates (vgl. Mika 2003).

Geteilte Zustimmung zur Legitimität sozialer Ungleichheit

Demgegenüber nimmt die Bevölkerung in Teilen eine affirmativ-individualistische Haltung ein. Etwa die Hälfte der Menschen sieht die Einkommensunterschiede durch das Leistungs-, Motivations- und Marktprinzip als legitimiert an. So stimmen knapp 55% der Aussage zu, dass es funktional notwendig sei, durch Einkommens- und Prestigeunterschiede dafür zu sorgen, dass die Menschen persönliche Leistungen erbringen, rund ein Drittel lehnt diese Begründung für soziale Ungleichheit jedoch ab. Zudem sind etwa 46% der Auffassung, dass große Gewinne nicht zum Wohlstand aller beitragen, während die Zustimmung zu dieser Aussage bei etwa 40% liegt (vgl. Tabellenband). Die Bevölkerung ist in dieser Frage gespalten.

Dennoch stellt dies keine grundlegende Absage an Prinzipien einer individualistischen „Leistungsgerechtigkeit" dar. So empfinden rund 80% der Befragten es als gerecht, wenn durch Arbeit erworbener Reichtum beim Einzelnen verbleibt. Ein gleich hoher Anteil hält auch die intergenerationale Vermögensweitergabe und die damit verbundene Chancen-ungleichheit für gerecht, was zusammengenommen eine relativ hohe Zustimmung zu askriptivistischen Deutungsmustern sozialer Gerechtigkeit bedeutet, das heißt zu jenen Vorstellungen, die bestehende statusbezogene Ungleichheiten legitimieren und ein eher statisches Gesellschaftsmodell präferieren. Somit existiert eine Akzeptanz sozialer Ungleichheit, die auf die Absicherung der eigenen Position und Ressourcen für sich und seine Familie zielt und die auch durch individualistische Züge bestimmt ist, insofern die „eigene Arbeit" als Grund des Verbleibs des Reichtums beim Einzelnen fungiert.

4.2 Gerechtigkeit der Verteilungsnormen

Abb. 3: Gerechte Verteilungsprinzipien (in %)*

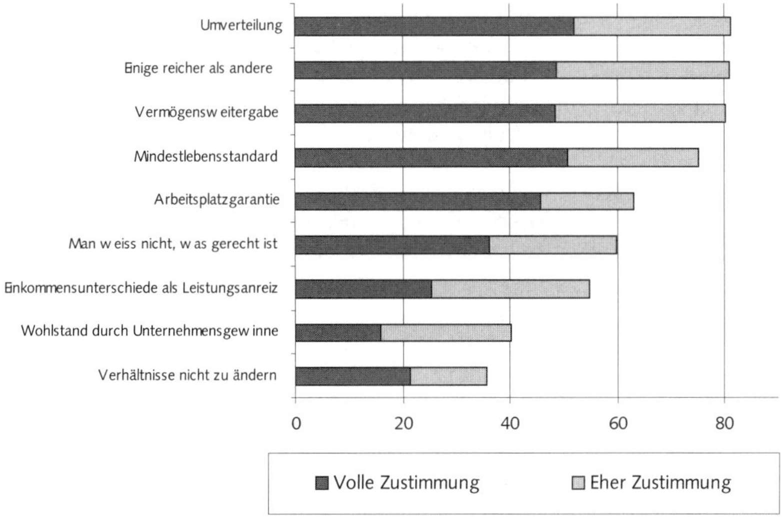

Umverteilung	
Einige reicher als andere	
Vermögensweitergabe	
Mindestlebensstandard	
Arbeitsplatzgarantie	
Man weiss nicht, was gerecht ist	
Einkommensunterschiede als Leistungsanreiz	
Wohlstand durch Unternehmensgewinne	
Verhältnisse nicht zu ändern	

■ Volle Zustimmung □ Eher Zustimmung

* exakter Wortlaut (von oben nach unten):
- *Das wichtigste ist, dass die Menschen bekommen, was sie zum Leben brauchen, auch wenn das Umverteilung erfordert.*
- *Es ist gerecht, dass man das, was man sich durch Arbeit verdient hat, behält, auch wenn das heißt, dass einige reicher sind als andere.*
- *Es ist gerecht, dass Eltern ihr Vermögen an ihre Kinder weitergeben, auch wenn das heißt, dass die Kinder von reichen Eltern im Leben bessere Chancen haben.*
- *Der Staat sollte für alle einen Mindestlebensstandard garantieren.*
- *Der Staat sollte für alle, die Arbeit wollen, einen Arbeitsplatz zur Verfügung stellen.*
- *So wie die Zustände sind, weiß man gar nicht mehr, was eigentlich gerecht ist.*
- *Nur wenn die Unterschiede im Einkommen und im sozialen Ansehen groß genug sind, gibt es auch einen Anreiz für persönliche Leistung.*
- *Es hat schon seine Richtigkeit, wenn Unternehmen große Gewinne machen, denn am Ende profitieren alle davon.*
- *Es ist zwecklos, sich über soziale Gerechtigkeit zu streiten, weil sich die Verhältnisse doch nicht ändern lassen.*

Verunsicherung, aber keine Resignation

Gerade in Umbruchphasen, in denen Gerechtigkeitsmaßstäbe neu definiert werden, ist damit zu rechnen, dass die Entwertung bisheriger Normen zur Verunsicherung führt, die resignative Haltungen befördern kann, wenn der Eindruck vorherrschend wird, dass den eigenen Werten und Normen keine gesellschaftliche Wirklichkeit mehr zukommt. Dies scheint jedoch in der gegenwärtigen Situation nicht der Fall zu sein, denn die stärkste Ablehnung erfahren Deutungsvorschläge, die auf eine fatalistische Gerechtigkeitsvorstellung schließen lassen. Eine Mehrheit von 57% wendet sich gegen die Aussage, dass sich die Verhältnisse doch nicht ändern lassen, weswegen ein Streit über soziale Gerechtigkeit zwecklos sei. Dies zeigt, dass Gerechtigkeitsnormen nicht unbedeutend geworden sind und keine mehrheitliche Resignation feststellbar ist, wenngleich umgekehrt der Anteil von über einem Drittel der Bevölkerung, das dieser Aussage zugetan ist, nicht zu vernachlässigen ist. Befragt, ob man wegen der heutigen Zustände gar nicht mehr weiß, was eigentlich gerecht sei, stimmen sogar ca. 60% der Befragten zu. Daraus lässt sich zunächst nur schließen, dass zwar eine Mehrheit der Bevölkerung verunsichert ist, aber daraus nicht den Schluss gezogen hat, dass eine gerechte Sozialordnung unmöglich ist, weil sich die gesellschaftlichen Verhältnisse nicht ändern lassen.

Egalitarismus ist im Osten stärker ausgeprägt

Vergleichen wir die Einstellungen zwischen der ost- und der westdeutschen Bevölkerung, so lassen sich Hinweise auf Sozialisationseffekte nur teilweise auffinden, denn die Verbreitung von individualistischen und askriptivistischen Gerechtigkeitsvorstellungen unterscheidet sich kaum. Die Akzeptanz von Marktwirtschaft und Leistungsprinzip ist annähernd identisch. Der größte Unterschied besteht diesbezüglich mit ca. 6 Prozentpunkten in der Akzeptanz hoher Unternehmensgewinne für den Wohlstand von allen, die von der ostdeutschen Bevölkerung kritischer gesehen wird. Deutlichere Differenzen finden sich jedoch in der Beurteilung der Rolle des Staates für eine gerechte Einkommensverteilung. Während der Wunsch nach staatlicher Umverteilung zur Bedarfssicherung im Osten zwar auch nur um 6 Prozentpunkte höher liegt als im Westen, befürworten rund 85% (West 73%) die staatliche Garantie eines Mindestlebensstandards und über drei Viertel (West 60%) stimmen der Forderung zu, dass der Staat Arbeitsplätze bereit stellen sollte. Sozialisationseffekte, die auf den Erfahrungen mit der realsozialistischen Gesellschaftspolitik beruhen, zeigen sich in diesem Vergleich am stärksten in der Bewertung der Rolle des Staates und seinem deutlich umfassender gedachten Steuerungsauftrag, der über das Selbstverständnis einer grundlegenden Trennung von Wirtschafts- und Sozialpolitik hinausreicht (vgl. Braun 1998; Liebig/Wegener 1995).

Einen weiteren Beleg für kulturelle Einflüsse finden wir in der Betrachtung der Unterschiede nach Alter und Region, da sich Sozialisationseffekte vor allem bei denjenigen zeigen sollten, die die DDR noch als Erwachsene erlebt haben. Die folgende Tabelle bestätigt, dass egalitaristische Vorstellungen bei den „älteren" Ostdeutschen am stärksten ausgeprägt sind und die Auffassung, dass hohe Unternehmergewinne zum Wohlstand aller beitragen, die geringste Resonanz bei dieser Gruppe findet. Auffällig ist jedoch auch, dass die Jüngeren insgesamt zwar wirtschaftliche Gewinne für den Wohlstand für wichtiger erachten als die Vergleichsgruppe, der Leistungsideologie jedoch weniger Glauben schenken.

4.2 Gerechtigkeit der Verteilungsnormen 69

Abb. 4: Egalitaristische Gerechtigkeitsvorstellungen
(Antwortkategorien „stimme eher zu / stimme voll zu", in %)*

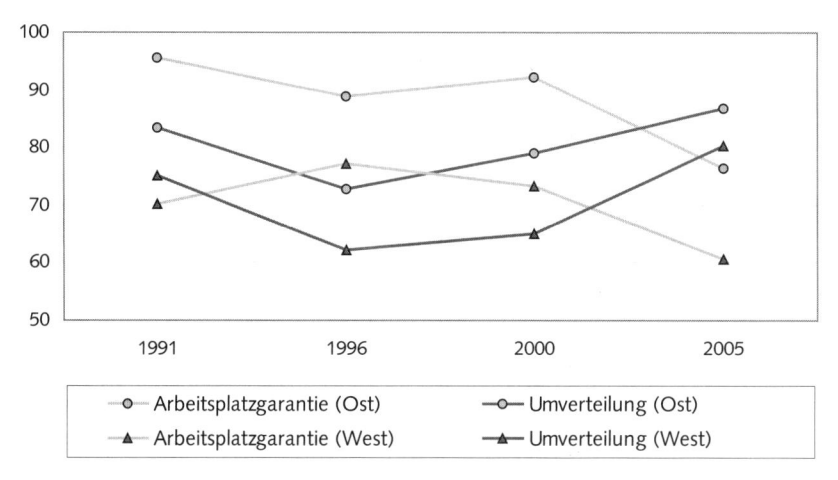

```
                                      ----o---- Arbeitsplatzgarantie (Ost)      ---o--- Umverteilung (Ost)
                                      ---▲--- Arbeitsplatzgarantie (West)       ---▲--- Umverteilung (West)
```

* exakte Formulierung siehe Abb. 3
Zusätzliche Quelle: ISJP

Tab. 5: Zustimmung zu Verteilungsregeln nach Region und Alter
(Antwortkategorien „stimme eher zu / stimme voll zu", in %)

	Bis 34 Jahre		35 und älter	
	Ost	West	Ost	West
Staat sollte Arbeitsplätze bereit stellen	72	72	78	57
Umverteilung zur Bedarfssicherung	84	80	87	80
Einkommensunterschiede als Leistungsanreiz	43	43	55	57
Wohlstand durch Unternehmensgewinne	42	50	33	39

Legitimität staatlicher Eingriffe in die Ökonomie schwächt sich ab

Im Zeitverlauf zeigt sich, dass die Erwartungen an den Staat, die über die soziale Bedarfsabsicherung durch Umverteilung hinausreichen, also insbesondere die Vorstellung über seine Zuständigkeit zur Schaffung von Arbeitsplätzen, rückläufig ist. Während die Zustimmung zu dieser Forderung bis zum Jahr 2000 stets über 80% lag, beträgt sie in unserer Erhebung nur noch 63%. Gleichzeitig hat sich der Anteil derer, die derartige staatliche Eingriffe in die Wirtschaft ablehnen, seit 1996 verdreifacht.

Damit deutet sich eine Verschiebung der Prioritäten innerhalb egalitärer Einstellungsmuster an: sie verlagern sich auf die Gewährleistung einer Bedarfssicherung durch staatliche Sozialpolitik. Denn umgekehrt zu den oben referierten Entwicklungen erhöhte sich die Zustimmung zu der Aussage, dass es das wichtigste sei, dass die Menschen das zum Leben bekommen, was sie brauchen, auch wenn das Umverteilung bedeutet, auf knapp 80%, nachdem sie zwischenzeitlich auf rund 70% gesunken war. Dabei ist insbesondere der „Extremwert" der vollen Zustimmung um 23 Prozentpunkte gestiegen.[20] Dies lässt sich als Reaktion auf das wahrgenommene Einkürzen der Sozialpolitik verstehen.

Betrachten wir die Entwicklung in den neuen und alten Bundesländern, finden sich Anhaltspunkte für die These einer zunehmenden Angleichung in den Auffassungen über gerechte Verteilungsnormen. So hat der umfassende Anspruch an die staatliche Garantie einer wirtschaftlichen Erwerbsquelle insbesondere im Osten abgenommen – von knapp 96% im Jahr 1991 auf etwa drei Viertel der Befragten. Der Rückgang im Westen beträgt hingegen etwa 10%. Demgegenüber hat die Zustimmung zur staatlichen Bedarfssicherung und dafür erforderlicher Umverteilung im Westen stärker zugenommen als im Osten. Gegenüber der niedrigsten Zustimmung zu dieser Auffassung im Jahr 1996 ist der Anteil der Westdeutschen von 63% auf jetzt über 80% angestiegen, im Osten beträgt der Anstieg 11 Prozentpunkte auf jetzt 87%.

Stärkung oder Erosion individualistisch-affirmativer Verteilungsnormen

Der Rückgang weiterreichender Anforderungen an den Staat könnte damit einhergehen, dass liberale und individualistische Verteilungsnormen an Akzeptanz gewinnen. Dies scheint aber nicht der Fall zu sein. Eher deutet sich an, dass der Glaube an eine gerechte, durch eigene Anstrengungen und Leistungen begründbare soziale Ungleichheit aufgrund der Arbeitsmarktrestriktionen erschüttert zu sein scheint. So hat die Zustimmung zur Motivations- und Anreizfunktion der Einkommensunterschiede als Legitimierung von sozialen Ungleichheiten in beiden Landesteilen abgenommen und liegt mit insgesamt 55% um 13 Prozentpunkte niedriger als 1991. Gleichzeitig ist der Anteil der Kritiker deutlich auf ein knappes Drittel gestiegen. Auch die Zustimmung zu

---

20 Die auffällige Erhöhung der vollen Zustimmung (+12 Prozentpunkte), trotz allgemeinem Rückgang der Zustimmung von 86% im Jahr 1991 auf ca. 75% 2005, trifft auch auf die Auffassung zu, der Staat sollte für alle einen Mindestlebensstandard garantieren (vgl. Tabellenband).

4.2 Gerechtigkeit der Verteilungsnormen

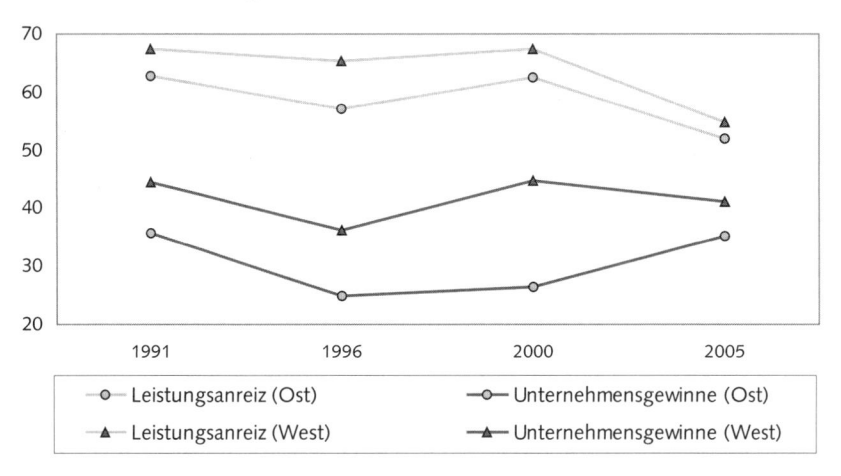

Abb. 5: Individualistische Gerechtigkeitsvorstellungen
(Antwortkategorien „stimme eher zu / stimme voll zu", in %)*

[Diagramm: Werte für 1991, 1996, 2000, 2005]
- Leistungsanreiz (Ost)
- Leistungsanreiz (West)
- Unternehmensgewinne (Ost)
- Unternehmensgewinne (West)

* exakte Formulierung siehe Abb. 3
Zusätzliche Quelle: ISJP

der Aussage, dass Einkommensunterschiede gerecht sind, wenn sie darauf beruhen, dass man das behält, was man verdient, hat auf immer noch hohem Niveau seit 1991 um knapp 9 Prozentpunkte abgenommen, wobei der Rückgang in den neuen Bundesländern höher (-12 Prozentpunkte) ausfällt als in den alten Bundesländern (-5 Prozentpunkte).[21] Allerdings finden sich auch Anhaltspunkte für eine stärkere Binnendifferenzierung. So ist der Anteil der ostdeutschen Bürgerinnen und Bürger, die der Anreizfunktion von Einkommensunterschieden voll zustimmen, wieder angestiegen, nachdem 2000 hier der niedrigste Stand erreicht war (+8 Prozentpunkte)(vgl. Tabellenband).

Demgegenüber hat sich die Zustimmung zur produktivistischen Gerechtigkeitsnorm, nach welcher der Wohlstand aller von den Erfolgen beziehungsweise hohen Gewinnen der Unternehmen abhängt, gegenüber 1991 kaum verändert. Die Entwicklung zeigt jedoch, dass dem Absinken der Zustimmung im Jahr 1996 ein erneuter Anstieg folgt, der im Osten anhält, während er im Westen wieder unter die Werte von 1991 gefallen ist. Auffällig gestiegen auf fast das Doppelte (+8 Prozentpunkte) ist einerseits der Anteil derer, die dieser Aussage voll zustimmen, andererseits der Kritiker, die diese Aussage

---

21 Ein weiteres Indiz für diese Interpretation ist die Abnahme des Anteils derer, die die Chancengleichheit in Deutschland unabhängig von der Herkunft für eher oder voll und ganz realisiert ansehen (vgl. Kap. 7.1.2).

ablehnen (+10 Prozentpunkte). Dies ist vor allem auf eine Veränderung der Einstellungen im Westen des Landes zurückzuführen, wo diejenigen, die dieser Legitimation keinen Glauben mehr schenken um 20% gestiegen ist (jetzt ca. 45%, vgl. Tabellenband). Die Entwicklung zeigt keine fundamentale Stärkung oder Schwächung dieses Legitimitätsmusters. Die Zustimmung unterliegt Schwankungen, und in der Tendenz können eher Anzeichen einer leichten Schwächung sowie einer stärkeren Polarisierung in Befürworter und Kritiker erkannt werden. Darüber hinaus gibt es eine Angleichung zwischen den neuen und alten Bundesländern, die sowohl durch den Anstieg der Kritiker im Westen als auch der Befürworter im Osten getragen wird.

Zunahme der Verunsicherung aber Rückgang der Resignation

Ein weiterer Unterschied zwischen Ost und West zeigt sich in der Verunsicherung der Menschen (vgl. Abb. 6). So stimmen im Osten über zwei Drittel der Bürgerinnen und Bürger (West 59%) der Aussage zu, dass man so wie die Zustände sind, gar nicht mehr weiß, was eigentlich gerecht ist. Auch der Anteil derjenigen, die soziale Gerechtigkeit für nicht realisierbar halten, ist im Osten um 7 Prozentpunkte höher (41%). Dies ist nicht überraschend, da Diskrepanzen zwischen institutionalisierten Verteilungsnormen und biografisch erworbenen Werten stets auch zu Verwerfungen und Unsicherheiten führen, die individuell ausbalanciert werden müssen. Auffallend ist eher, dass die Verunsicherung in beiden Landesteilen angestiegen ist, und dass dieser Anstieg im Westen sogar noch deutlicher ausfällt als im Osten. So ist hinsichtlich dieser Frage seit 1991 insgesamt ein Anstieg von ca. 10% zu verzeichnen, der sich vor allem durch die kontinuierliche Zunahme im Westen erklärt.

Anders verhält es sich mit der Zustimmung zu der Aussage, dass sich die Verhältnisse doch nicht ändern lassen. Diese ist nach einem Anstieg um rund 30% bis zum Jahr 2000 um eben diesen Anteil wieder gesunken. Dies ist ein Indiz dafür, dass eine Phase von Resignation einer erneuten „Positionierung" gewichen ist, wofür auch die stärkere Polarisierung in dem Zustimmungsverhalten der Befragten sprechen würde.

Zusammenfassung

Verteilungsgerechtigkeit kann in den Augen der Mehrheit der Befragten erst durch staatliche Interventionen in marktwirtschaftliche Verteilungsergebnisse hergestellt werden. Diese Auffassung wird noch stärker in den östlichen Bundesländern vertreten, was als ein Indiz für langfristig wirksame kulturelle Sozialisationserfahrungen gesehen werden kann. Anhaltspunkte eines aktuellen kulturellen Wandels zeigen sich ansatzweise in den veränderten Maßstäben, die egalitären Gerechtigkeitsvorstellungen zugrunde liegen, denn die Erwartungen an weitergehende staatliche Eingriffe in die Wirtschaft (Arbeitsplatz bereitstellen) sind in beiden Landesteilen rückläufig, während die durch Um-

4.2 Gerechtigkeit der Verteilungsnormen

Abb. 6: Fatalistische Gerechtigkeitsvorstellungen
(Antwortkategorien „stimme eher zu / stimme voll zu", in %)*

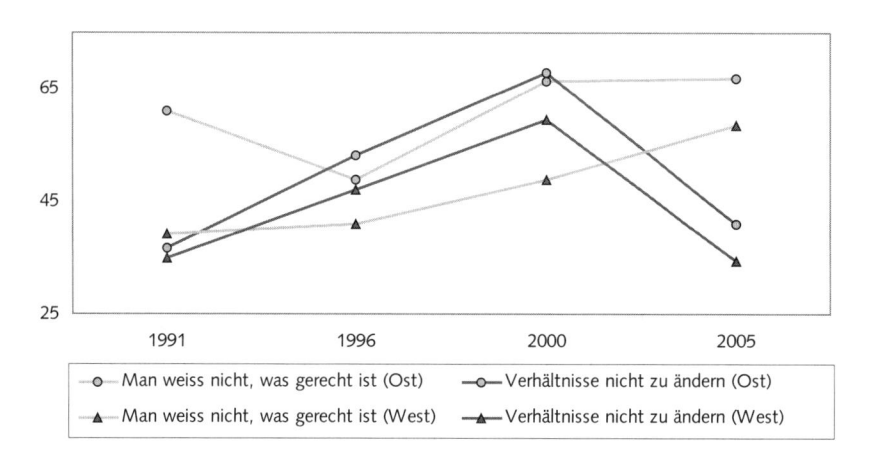

[Diagramm mit Datenpunkten für 1991, 1996, 2000, 2005]

— ○ — Man weiss nicht, was gerecht ist (Ost)   — ○ — Verhältnisse nicht zu ändern (Ost)
— ▲ — Man weiss nicht, was gerecht ist (West) — ▲ — Verhältnisse nicht zu ändern (West)

* exakte Formulierung siehe Abb. 3
Zusätzliche Quelle: ISJP

verteilung herzustellende Bedarfsgerechtigkeit größere Zustimmung erfährt. Umgekehrt finden sich leichte Anzeichen für eine Erosion individualistischer Gerechtigkeitsvorstellungen. Dies betrifft jedoch vor allem die Legitimation von sozialer Ungleichheit durch die Anreiz- und Motivationsfunktion des Einkommens, was mit der Wahrnehmung einer abnehmenden Chancengleichheit korrespondiert. Produktivistische Gerechtigkeitsvorstellungen sind, zumindest im langfristigen Durchschnitt, davon nicht betroffen und weisen zudem gegenwärtig unterschiedliche Entwicklungen in Ost und West auf.

Es lässt sich darüber hinaus eine Angleichung der Gerechtigkeitsvorstellungen in Ost- und Westdeutschland erkennen, die auf entsprechende Entwicklungen in beiden Landesteilen zurückzuführen ist. Ferner zeigt sich eine gewisse Polarisierung der Einstellungen, da sowohl der Anteil der Kritiker als auch der strikten Befürworter einzelner Aussagen dieser Gerechtigkeitsvorstellungen gestiegen ist.

4.3 Verteilungsergebnisse

Ausmaß und Struktur sozialer Ungleichheit sind der Ausgangspunkt sozialpolitischen Handelns. Für die Erfassung der subjektiven Wahrnehmung und Bewertung der Verteilungsergebnisse sind eine Makroperspektive und eine Mikroperspektive zu unterscheiden. Wir thematisieren zunächst die Makroperspektive, die danach fragt, wie die Struktur der sozialen Ungleichheit insgesamt wahrgenommen wird. Die Deutung der allgemeinen Verteilungsergebnisse wird anhand von zwei Fragen operationalisiert: der Einschätzung, inwiefern die bestehenden Einkommensdifferenzen in Deutschland angemessen, (viel) zu hoch oder (viel) zu niedrig sind, sowie in der Beurteilung der Realisation der gerechten Verteilung des Wohlstands. Ergänzend berücksichtigen wir die Wahrnehmung von Konflikten in der Gesellschaft, die anzeigen, ob sich das Klima aus Sicht der Bürgerinnen und Bürger verändert hat.

4.3.1 Struktur der Einkommensverteilung

Bereits in den neunziger Jahren (1992, 1999) wurden die Einkommensunterschiede mehrheitlich als zu groß wahrgenommen, wobei der Anteil der Westdeutschen, die diese Auffassung vertritt, von 84% auf 76% und der Anteil der ostdeutschen Bevölkerung von 98% auf 94% gesunken ist (vgl. Noll/Christoph 2004: 103).[22]

Auch in unserer Erhebung bestätigt sich diese Einstellung. Eine überwältigende Mehrheit von 85% der Bürgerinnen und Bürger in den alten und 91% in den neuen Bundesländern lehnt die Einkommensdifferenzen als zu hoch ab. Lediglich 5% sehen diese Differenzen als zu gering an. Die soziale Ungleichheit wird in Ostdeutschland nachdrücklicher abgelehnt, was insbesondere auch durch den deutlich höheren Anteil der ostdeutschen Bürgerinnen und Bürger (+17 Prozentpunkte) zum Ausdruck kommt, der die Einkommensunterschiede als „viel zu groß" bewertet.

Dies korrespondiert, wie die folgende Abbildung zeigt, mit der Beurteilung einer gerechten Wohlstandsverteilung auf gesellschaftlicher Ebene. Über drei Viertel der Bevölkerung sind der Auffassung, dass die gerechte Vertei-

---

22 Datenbasis hierfür ist das ISSP – Soziale Ungleichheit. Die Frage wurde als Zustimmungsfrage zu der Aussage gestellt „Die Einkommensunterschiede in Deutschland sind zu groß" mit fünf Antwortmöglichkeiten von „stimme stark zu" bis „stimme überhaupt nicht zu". Ein direkter Vergleich ist somit nur eingeschränkt möglich. Aufgrund der im Pretest vergleichsweise hohen Werte für die Einschätzung, dass die Einkommensdifferenzen zu niedrig seien, wurde zunächst an der modifizierten Formulierung festgehalten, weil damit die Einschätzung differenzierter erfasst werden kann. Da sich dieses Ergebnis in der Hauptuntersuchung nicht bestätigt, kann aus Gründen der besseren Vergleichbarkeit auf die ursprüngliche Formulierung des ISSP zurückgegangen werden.

4.3 Verteilungsergebnisse

Abb. 7: Einkommensunterschiede in Deutschland (in %)*

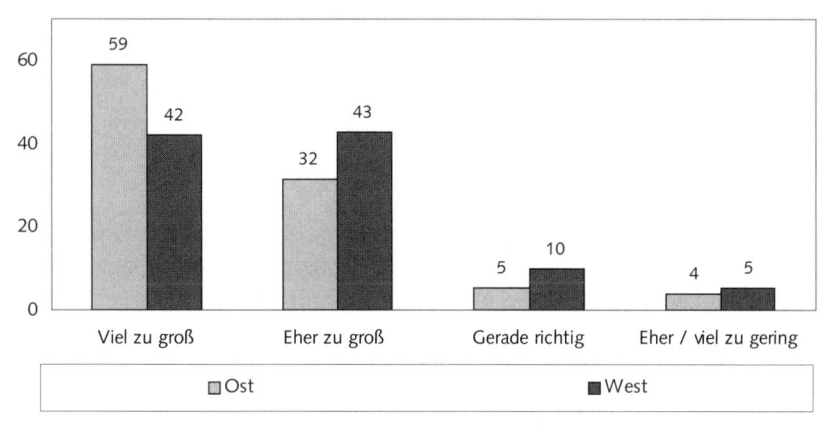

[Balkendiagramm:
- Viel zu groß: Ost 59, West 42
- Eher zu groß: Ost 32, West 43
- Gerade richtig: Ost 5, West 10
- Eher / viel zu gering: Ost 4, West 5]

* Was denken Sie: Sind die Einkommensunterschiede in Deutschland Ihrer Meinung nach viel zu groß, eher zu groß, gerade richtig, eher zu gering oder viel zu gering?

Abb. 8: Gerechte Verteilung des Wohlstands
(Antwortkategorien „eher nicht / überhaupt nicht realisiert, in %)*

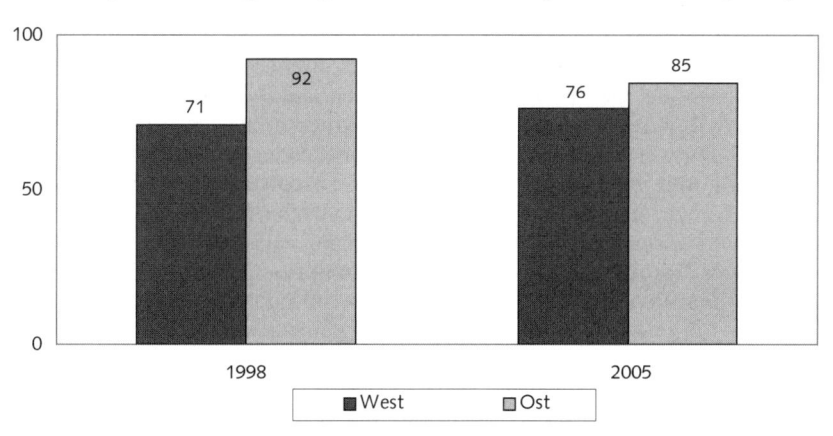

[Balkendiagramm:
- 1998: West 71, Ost 92
- 2005: West 76, Ost 85]

* Was meinen Sie? In welchem Maße sind die folgenden Freiheiten, Rechte, Chancen und Sicherheiten in Deutschland realisiert?

Zusätzliche Quelle: Wohlfahrtssurvey

lung des Wohlstands eher oder überhaupt nicht realisiert ist. Im Vergleich zu den anderen Indikatoren der Realisierung demokratischer Rechte, Werte und Freiheiten sind dies die höchsten Werte (vgl. Kap. 7.1.2; Tabellenband).

Auch hier ist die wahrgenommene Gerechtigkeitslücke im Osten ausgeprägter. Während in den neuen Bundesländern ca. 85% dieser Auffassung sind, liegt der Anteil der Bürgerinnen und Bürger in den alten Bundesländern bei ca. 76%. Der Unterschied kommt zudem wesentlich dadurch zustande, dass mehr Menschen in den neuen Bundesländern die gerechte Verteilung für „überhaupt nicht" realisiert befinden. Und auch hier sind es in noch stärkerem Maß die „Älteren" im Vergleich zu den „Jüngeren" unter 35, die diese Ansicht vertreten, was wiederum die These langfristig wirksamer Sozialisationserfahrungen stützt (vgl. Anhang).

Betrachten wir die Einstellungen im Zeitverlauf, so finden wir jedoch auch Anhaltspunkte für eine wechselseitige Angleichung der Einstellungen. In Ostdeutschland vertraten 1998 noch 92% die Ansicht, dass die gerechte Verteilung des Wohlstands nicht realisiert sei, wobei es im Westdeutschland 71% waren. Diese gegenläufige Entwicklung kann darauf zurückgeführt werden, dass einerseits der kulturelle Einfluss und die Bedeutung realsozialistischer Wertorientierungen im Laufe der Zeit abnimmt. Andererseits gewinnen kollektive Veränderungen an Bedeutung, welche die Chancen auf Partizipation und Teilhabe der Menschen in Ost- und Westdeutschland gleichermaßen betreffen.

4.3.2 Interessenkonflikte

Die Wahrnehmung von Konflikten in der Gesellschaft gibt Aufschluss darüber, inwieweit die Gesellschaft als harmonisch und kooperativ erscheint und inwiefern sie durch Gegensätze und Konfliktpotentiale gekennzeichnet ist. Verschiebungen in der Wahrnehmung von Konflikten und deren Intensität zeigen zudem, welche Spannungen als gravierend gedeutet werden. Diesbezüglich könnten die Verschiebungen in den Diskursen über sozialstaatliche Gerechtigkeit Auswirkungen auf die Konfliktwahrnehmung haben. So steht zunehmend weniger der Gegensatz zwischen den Normen des Sozialen und den Normen des Wirtschaftlichen, der auf der Trennung von Markt und Staat beruht und die Basis aller wohlfahrtsstaatlichen Arrangements darstellt, im Zentrum. Vielmehr verlagern sich die Gerechtigkeitsdiskurse über Verteilungskonflikte auf verschiedene Adressaten des Sozialstaats und ihre berechtigten Ansprüche auf Berücksichtigung und Gleichbehandlung sowie auf die Verteilung der Lasten (vgl. unter anderem Kaufmann 2005: 323; Leisering 2004). Eine zentrale Perspektive ist somit, ob sich die Einschätzung gesellschaftlicher Konfliktpotentiale von der sozialen Frage des Ausgleichs marktlicher Ungleichheiten von Armut und Reichtum auf die Verteilung sozialer Leistungen zwischen einzelnen Personengruppen verschoben hat.

4.3 Verteilungsergebnisse   77

Abb. 9: Wahrnehmung von Konflikten (in %)*

- Rechte und linke Parteien
- Arme und Reiche
- Arbeitgeber und Arbeitnehmer
- Leistungsempfänger und Beitragszahler
- Gastarbeiter und Deutsche
- Ost- und Westdeutsche
- Junge und Alte
- Männer und Frauen

■ Sehr stark   □ Eher stark

* Es wird oft gesagt, dass es Interessenkonflikte zwischen verschiedenen Gruppen in Deutschland gibt, z.B. zwischen politischen Gruppen, zwischen Männern und Frauen usw. Die Konflikte sind aber nicht alle gleich stark. Ich will Ihnen nun einige solcher Gruppen nennen. Sagen Sie mir bitte, ob die Konflikte zwischen diesen Gruppen Ihrer Meinung nach sehr stark, eher stark, eher schwach sind, oder ob es da gar keine Konflikte gibt.

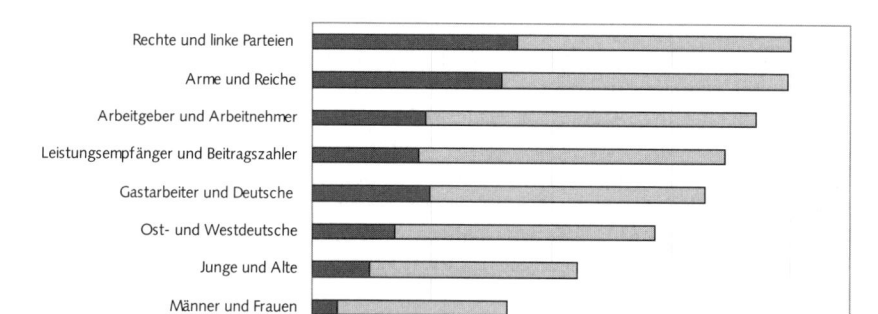

Verteilungskonflikte des Wohlstands stehen im Zentrum

Auffallend ist zunächst, dass das wahrgenommene Konfliktniveau deutlich höher ist als in den Vorjahren. Einige Interessenkonflikte – so der zwischen Arbeitgeber und Arbeitnehmer, zwischen Gastarbeitern und Deutschen, zwischen links und rechts stehenden Parteien sowie zwischen Jungen und Alten – werden ähnlich intensiv eingeschätzt wie Ende der 70er und in den 80er Jahren in Westdeutschland. Andere Konflikte wurden zu keinem anderen Befragungszeitpunkt als so ausgeprägt wahrgenommen wie jetzt. Dies trifft für die Konflikte zwischen Armen und Reichen, zwischen Ost- und Westdeutschen sowie zwischen Männern und Frauen zu (vgl. Tabellenband).

Insgesamt richtet sich die Wahrnehmung von Interessenkonflikten eher auf die wirtschaftlichen Verhältnisse und die Verteilung des Einkommens sowie auf politische Differenzen und weniger auf Unterschiede nach dem Alter oder Geschlecht

Während Ende der 80er Jahre und in den 90er Jahren Gegensätze zwischen Arm und Reich sowie zwischen Arbeitgebern und Arbeitnehmern rückläufig gesehen wurden, was auf das Vertrauen der Bevölkerung schließen lässt, dass sich die gesellschaftlichen Verhältnisse zu einem wechselseitigen Nutzen der Beteiligten „ausgleichen", scheint sich eine Renaissance der sozialen Frage anzukündigen. 80% nehmen starke Konflikte zwischen Armen und Reichen wahr und drei Viertel zwischen Arbeitnehmern und Arbeitgebern. Im Vergleich zu früheren Erhebungszeitpunkten werden vor allem die Konflikte zwischen Armen und Reichen deutlich stärker eingeschätzt. Am auffälligsten zeigt sich dieses Ergebnis bezüglich des Anteils, der diesen Konflikt als sehr stark deutet, der sich im Westen im Vergleich zum Anfang der 90er Jahre fast verdreifacht und im Osten etwa verdoppelt hat (vgl. Tabellenband).

Ein weiteres Indiz für die starke Bedeutung von Verteilungskonflikten ist darin zu sehen, dass diese auch auf das System der sozialen Sicherung übergreifen. Fast 70% der Befragten nehmen starke Interessenkonflikte zwischen Leistungsempfängern und Beitragszahlern wahr, ein Fünftel sogar einen sehr starken Konflikt. Der Sozialstaat scheint im Bewusstsein der Menschen nicht mehr unhinterfragt als solidarische „Versicherung", die für alle vorteilhaft ist, weil sie einen Schutz vor bestimmten sozialen Risiken bietet, verankert zu sein, sondern auch als ein Terrain von Verteilungskämpfen zwischen Nutzern und Zahlern gesehen zu werden.[23]

Die wahrgenommenen Konflikte zwischen Alten und Jungen waren Ende der 70er Jahre noch deutlich höher als in den 90ern, beruhten aber vor allem auf einem kulturellen und teilweise politischen Konflikt, der sich im Zeitverlauf abschwächte. Der erneute Anstieg auf knapp 44% (das ist ein Plus von 25 Prozentpunkten gegenüber dem niedrigsten Wert 1993) ist nun eher auf die Herstellung von „Generationengerechtigkeit" im Kontext der Diskurse der sozialen Sicherung zurückzuführen, denn für einen vergleichbaren kulturellen Aufbruch der Jüngeren, die ihre Werte und ihren Lebensstil gegen die Älteren behaupten müssten, gibt es keine Anhaltspunkte (vgl. Deutsche Shell 2002). Zwar hat einerseits der häufig postulierte „Generationenkonflikt" in den Köpfen der Bevölkerung so nicht stattgefunden – ein Befund, der von anderen Untersuchungen bestätigt wird (vgl. Köcher 2003; Dallinger/Liebig 2004) –, denn im Vergleich zu den oben benannten Konflikten sind es deutlich weniger, die hierin einen starken Konflikt sehen; andererseits spricht der Anstieg wiederum dafür, dass die Probleme und der Umbau der sozialen Sicherung langfristig auch zu einer Entsolidarisierung zwischen den Generationen führen kann.

Trotz der teilweisen Angleichung der Einstellungen zwischen den neuen und alten Bundesländern werden die Interessenkonflikte zwischen Ost- und Westdeutschen von einer Mehrheit (57%) als stark angesehen, wobei dies der höchste Wert seit 1990 ist. Das Zusammenwachsen der beiden Landesteile findet zwar statt – zugleich verschärft sich aber auch das Bewusstsein einer Desintegration, von Gegensätzen und Differenzen. Deutliche Unterschiede

---

23 Die zentrale Bedeutung von Verteilungskonflikten dürfte auch der Grund dafür sein, dass immerhin zwei Drittel der Befragten starke Interessenkonflikte zwischen Gastarbeitern und Deutschen wahrnehmen. Hier scheint die Verteilungsproblematik auf die nationale Zugehörigkeit bezogen zu werden, wenngleich die Wahrnehmung kultureller Differenzen, die jedoch auch eine Form der Rationalisierung von Verteilungskonflikten sein kann, als Grund für diese Sichtweise nicht ausgeschlossen werden kann.

existieren hinsichtlich der Einschätzung der Interessenkonflikte zwischen Gastarbeitern und Deutschen, Ost- und Westdeutschen, Armen und Reichen sowie zwischen rechten und linken Parteien. In allen vier Konfliktbereichen überwiegt der Anteil der ostdeutschen Bürgerinnen und Bürger, der einen eher starken oder sehr starken Konflikt mit abnehmender Differenz (+ 13 Prozentpunkte bis +5 Prozentpunkte) sieht.

4.4 Bewertung der eigenen sozialen Lage

Von den allgemeinen Einschätzungen einer gerechten Verteilung des Wohlstands ist die Mikroperspektive zu unterscheiden, wie die Subjekte ihre eigene Lage bewerten.

In diese Bewertung fließen sowohl die objektiven Lebensbedingungen, die wahrgenommene Qualität der Gesellschaft, Gerechtigkeitsvorstellungen wie auch die Ansprüche und Erwartungen ein, die als mehr oder weniger erfüllt erfahren werden. Sie findet ihren Ausdruck in der Zufriedenheit oder Unzufriedenheit mit den eigenen Lebensbedingungen, die ein entscheidender Anlass für die Zustimmung oder Kritik gesellschaftlicher und politischer Verhältnisse ist. Veränderungen in der Bewertung der eigenen sozialen Lage liefern Anhaltspunkte für die Frage, ob die wirtschaftliche und sozialpolitische Entwicklung seit den 90er Jahren zu einer Verschlechterung der subjektiv wahrgenommenen Lebensqualität geführt hat. Wir berücksichtigen im Folgenden sowohl die subjektive Verteilungsgerechtigkeit als auch die wahrgenommene Lebensqualität in Form der Einschätzung der eigenen wirtschaftlichen Situation und Entwicklung sowie der Zufriedenheit mit verschiedenen Lebensbereichen.

4.4.1 Subjektive Verteilungsgerechtigkeit

Eine zentrale Frage ist, ob die Menschen ihre eigene soziale Lage im Vergleich zu anderen als gerechtfertigt ansehen und wo sie sich im Gefüge sozialer Ungleichheit verorten. Vergleichen wir die Aussagen zu dieser Frage mit der Bewertung der Einkommensunterschiede in Deutschland (Kap. 4.3.1) wird deutlich, dass die eigene Position als „gerechter" wahrgenommen wird. Eine Mehrheit von ca. 56% befindet die eigene Partizipation am Wohlstand für mindestens gerecht, während 40% der Auffassung sind, weniger als ihren gerechten Anteil zu erhalten.

Allerdings unterscheiden sich Ost- und Westdeutsche in dieser Frage noch deutlich voneinander. Während in Westdeutschland rund ein Drittel der Bevölkerung der Ansicht ist, weniger als den gerechten Anteil zu erhalten, sind es in den neuen Bundesländern rund 55%.

Während die wahrgenommene Gerechtigkeitslücke in den alten Bundesländern jedoch leicht gestiegen ist, schwächt sich das Ungerechtigkeitsempfinden der ostdeutschen Bevölkerung ab, denn 1992 waren noch über 80% der Ansicht, weniger als ihren gerechten Anteil zu erhalten.

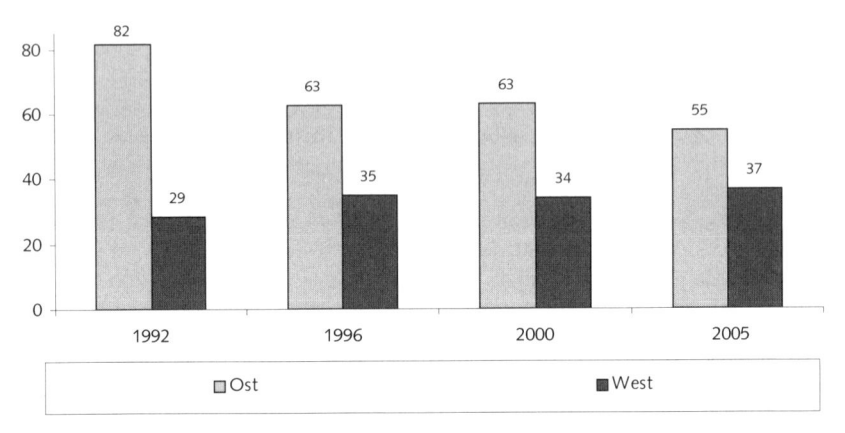

Abb. 10: Erhalt des gerechten Anteils
(Antwortkategorien "etwas weniger / viel weniger", in %)*

Jahr	Ost	West
1992	82	29
1996	63	35
2000	63	34
2005	55	37

- *Im Vergleich dazu, wie andere hier in Deutschland leben, glauben Sie, dass Sie Ihren gerechten Anteil erhalten, mehr als Ihren gerechten Anteil, etwas weniger oder viel weniger?*

Zusätzliche Quelle: Allbus

Diese Entwicklung findet auch ihren Niederschlag in der Selbstverortung der Menschen innerhalb der Struktur sozialer Ungleichheit, denn die subjektive Schichtzugehörigkeit der ostdeutschen Bevölkerung gleicht sich dem westdeutschen Muster an. Die Westdeutschen ordnen sich bereits seit Jahren überwiegend der Mittelschicht zu, so dass sich die „Zwiebelform" einer Mittelstandsgesellschaft ergibt. Demgegenüber entstand im Osten stets die Pyramidenstruktur einer Arbeitergesellschaft. Dies scheint sich nun verändert zu haben, denn erstmals stufen sich mehr Menschen, wenngleich noch weniger als im Westen, als der Mittelschicht zugehörig ein.

Diese nur langsame Entwicklung hin zur Mittelschichtgesellschaft lässt sich einerseits mit den zunächst hohen Erwartungen an die materiellen Vorzüge der Marktwirtschaft erklären, die aufgrund des rapiden Anstiegs der Arbeitslosigkeit nicht erfüllt wurden. Dies schürte das Gefühl „Deutsche zweiter Klasse" zu sein. Inzwischen liegen jedoch auch Erfahrungen von Aufbau, Fortschritt und Angleichung der Lebensverhältnisse vor. So ist beispielsweise der Anstieg des realen durchschnittlichen monatlichen Haushaltsnettoeinkommens zwischen 1998 und 2003 im Osten mit 3,5% höher ausgefallen als im Westen

(1,1%) (vgl. 2. Armuts- und Reichtumsbericht, BMGS 2005: 16). Zusätzlich dürfte diese Entwicklung durch das Abschwächen des kulturellen Sozialisationseffektes begründet sein. Insbesondere die Selbstverortung als ein zentrales Moment der Identität der Menschen orientiert sich stets auch an den gesellschaftlichen Definitionen sozialer Schichten und dürfte anfänglich durch die größere Bedeutung, die der „Arbeiterschaft" innerhalb der realsozialistischen Sozialstruktur zugeschrieben wurde, verursacht worden sein.

Abb. 11: Selbsteinstufung in Bevölkerungsschicht (in %)*

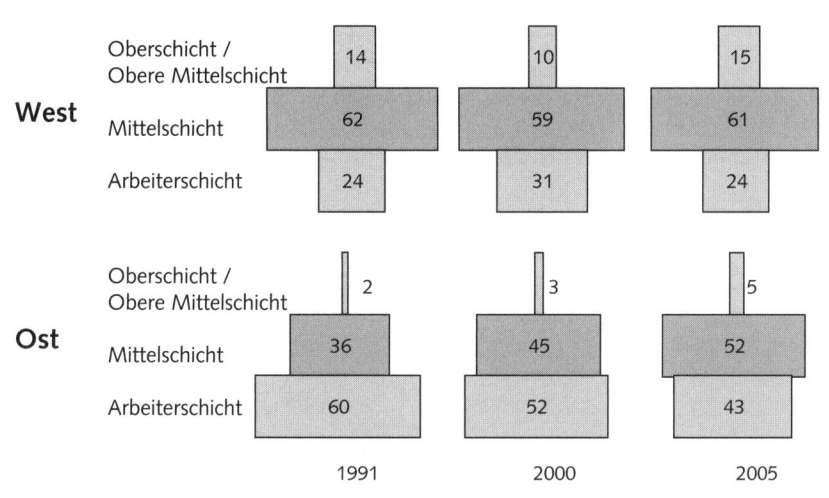

		1991	2000	2005
West	Oberschicht / Obere Mittelschicht	14	10	15
	Mittelschicht	62	59	61
	Arbeiterschicht	24	31	24
Ost	Oberschicht / Obere Mittelschicht	2	3	5
	Mittelschicht	36	45	52
	Arbeiterschicht	60	52	43

- Es wird heute viel über die verschiedenen Bevölkerungsschichten gesprochen. Welcher Schicht rechnen Sie sich selbst zu?

Zusätzliche Quelle: Wohlfahrtssurvey

4.4.2 Wirtschaftliche Lage und Entwicklung

Ein Maß für die subjektive Lebensqualität ist die Selbsteinschätzung der wirtschaftlichen Lage und ihrer Entwicklung. Gegenwärtig stufen im Westen 10% ihre wirtschaftliche Lage als schlecht und rund 60% als gut ein. Im Osten sehen sich 16% in einer schlechten Lage während etwa die Hälfte ihre Lage als mindestens gut bewertet.

Betrachten wir die Entwicklung der wirtschaftlichen Selbsteinschätzung zeigen sich zunächst keine Verschlechterungen. So ist der Anteil der Westdeutschen, die sich in einer mindestens guten Lage sehen, gegenwärtig zwar niedriger als 1990, hat sich aber nach einer Reduktion erneut auf 60% erhöht. Im Osten erreicht die Selbsteinschätzung einer guten wirtschaftlichen Lage nach Schwankungen den höchsten Wert von allen Messzeitpunkten mit über

50%, was ein Plus von 16 Prozentpunkten gegenüber 1991 ergibt. Gleichzeitig sehen sich weniger Menschen im Osten in einer schlechten Lage als zu Beginn der deutschen Einheit.

Dass diese durchschnittliche Entwicklung jedoch eine große immanente Mobilität einschließt wird deutlich, wenn wir direkt danach fragen, wie sich die wirtschaftliche Lage in den letzten 5 Jahren verändert hat. In diesem Fall sieht sich in Ost- und Westdeutschland rund die Hälfte der Bevölkerung eher in einer Abwärtsmobilität, wobei sogar 23% eine wesentliche Verschlechterung wahrnehmen. Umgekehrt hat sich die Lage bei ca. 15% verbessert, während ein gutes Drittel sich unverändert sieht (vgl. Tabellenband). Offensichtlich schlägt sich die Wahrnehmung einer Verschlechterung jedoch (noch) nicht darin nieder, dass die eigene wirtschaftliche Situation von einer wachsenden Population insgesamt für „schlecht" befunden wird, was sich unter anderem auch daraus erklärt, dass diese Einschätzung von den Werten, Ansprüchen und Erwartungen der Menschen abhängt.

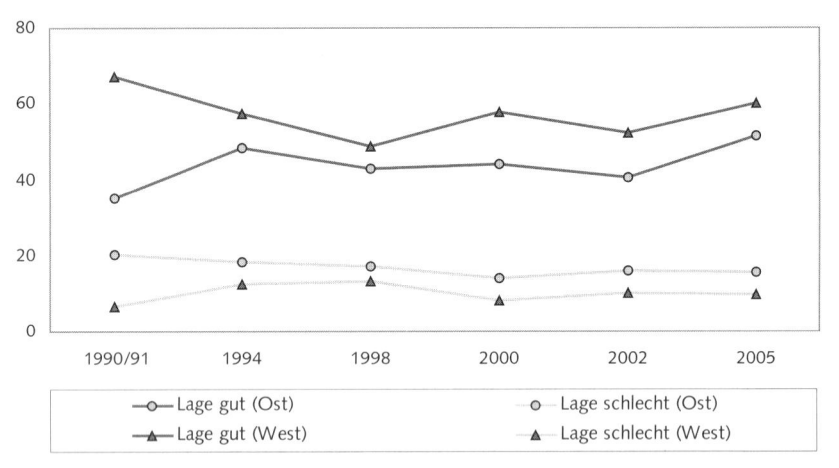

Abb. 12: Einschätzung der eigenen wirtschaftlichen Lage (Antwortkategorien „gut / sehr gut", in %)*

* *Wie beurteilen Sie Ihre eigene wirtschaftliche Lage?*
Zusätzliche Quelle: Allbus

4.4.3 Subjektives Wohlbefinden

Anhand der Zufriedenheit soll abschließend ermittelt werden, wie die Subjekte ihre Lebensbedingungen insgesamt bewerten. (Un-)Zufriedenheit beruht auf der Übereinstimmung beziehungsweise der Diskrepanz zwischen den Erwartungen, Ansprüchen und Wertorientierungen und der eigenen Lage sowie der

4.4 Bewertung der eigenen sozialen Lage 83

gesellschaftlichen Entwicklung. Aus diesem Grund können objektive Lage und Zufriedenheit auch auseinander fallen. Zur Erfassung des subjektiven Wohlbefindens liegen eine Reihe von bekannten Maßen vor (vgl. Glatzer/Zapf 1984). Berücksichtigt werden die globale und spezifische Zufriedenheit, die Bedeutung von verschiedenen Lebensbereichen für das subjektive Wohlbefinden sowie Belastungen des Wohlbefindens.

Hohe Lebenszufriedenheit

Die allgemeine Lebenszufriedenheit ist ein bilanzierendes Maß, das anzeigt, wie stark die Menschen alles in allem – also im Ergebnis all ihrer Erfahrungen – zufrieden oder unzufrieden sind. Wie auch in der Vergangenheit zeigt sich diesbezüglich eine recht hohe allgemeine Lebenszufriedenheit. Auf einer Skala von 0 bis 10 (ganz und gar unzufrieden bis voll und ganz zufrieden) erreicht die bilanzierende Gesamtsicht auf das eigene Leben einen Wert von 7,9.

Abb. 13: Zufriedenheit mit einzelnen Lebensbereichen
(Skala 0-10, Mittelwerte)*

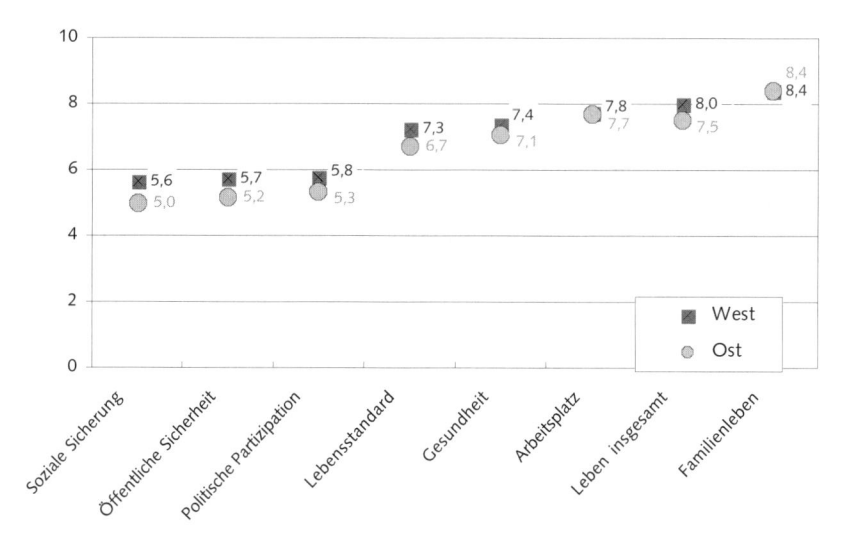

* Ich benenne Ihnen jetzt verschiedene Lebensbereiche. Bitte sagen Sie mir, wie zufrieden oder unzufrieden Sie alles in allem damit sind. Hierfür gibt es Werte von 0 bis 10. Wenn sie ganz und gar zufrieden sind, dann geben Sie bitte 10 an und wenn sie ganz und gar unzufrieden sind 0. Mit den Werten dazwischen können Sie Ihre Meinung abstufen.

Höher ist lediglich noch die Zufriedenheit mit der Familie, die bei durchschnittlich 8,4 Punkten liegt. Es folgen mit Werten über 7 der Arbeitsplatz, die

Gesundheit und der Lebensstandard. Auffällig ist, dass die Bürgerinnen und Bürger von allen zur Bewertung vorgelegten Lebensbereichen das Netz der sozialen Sicherung am schlechtesten beurteilen. Der durchschnittliche Wert von 5,5 drückt allenfalls eine mäßige Zufriedenheit aus. Ähnlich schlechte Noten wie der sozialen Sicherung werden der Möglichkeit der politischen Partizipation (5,7) und der öffentlichen Sicherheit (5,6) ausgestellt. Dies zeigt einmal mehr, dass die Zufriedenheit in den Bereichen größer ist, in denen sich die Menschen selbst als „Gestalter" begreifen, während jene Lebensbereiche, in denen sie ihren Einfluss als geringer erachten, schlechter abschneiden.

Geringere, aber steigende Zufriedenheit der ostdeutschen Bevölkerung

Die Zufriedenheit fällt in den neuen Bundesländern deutlich niedriger aus. Dies betrifft alle Bereiche mit Ausnahme des Familienlebens und des Arbeitsplatzes. Die größten Unterschiede mit Differenzen zwischen 0,65 bis 0,44 Skalenpunkte finden sich in folgender Reihenfolge: Netz der sozialen Sicherung, Zufriedenheit mit dem Lebensstandard, der öffentlichen Sicherheit, dem Leben überhaupt und der politischen Partizipation.

Betrachten wir jedoch die Entwicklung der Zufriedenheit (vgl. Tabellenband), fällt auf, dass die allgemeine Lebenszufriedenheit im Westen seit Jahren ziemlich unverändert ist, während sie sich im Osten langsam den Westwerten annähert – von ehemals 6,6 im Jahr 1993 auf 7,5. Leicht zugenommen hat die Zufriedenheit mit dem Arbeitsplatz, was sich unter anderem aus der abnehmenden Relevanz von Umstellungsschwierigkeiten erklären lässt; mit dem Lebensstandard (seit 1993 um 0,6 Prozentpunkte) und vor allem die Zufriedenheit mit der öffentlichen Sicherheit. Abgenommen hat dagegen insbesondere im Westen die Zufriedenheit mit der sozialen Sicherung, während sie im Osten nach einem vorübergehenden Anstieg erneut auf das Niveau von 1993 gefallen ist (vgl. Kap. 7.1.1)

Große Bedeutung der Bereiche Gesundheit, Familie und Arbeit

Die Zufriedenheit mit den verschiedenen Lebensbereichen schlägt sich nicht gleichermaßen in der allgemeinen Lebenszufriedenheit nieder. Vielmehr zeigt sich, dass die Bereiche, in denen die Zufriedenheit vergleichsweise höher ist, auch jene sind, die in ihrer Relevanz für das subjektive Wohlbefinden höher bewertet werden.

Unverändert weist die Rangfolge der Wichtigkeit verschiedener Lebensbereiche für die allgemeine Lebenszufriedenheit eine eindeutige Struktur auf. Sie erklärt sich vor allem aus den Bewertungen der Bereiche Gesundheit, Familie und Arbeit. Damit stehen jene Bereiche im Vordergrund, die zum einen die basale Voraussetzung für jedwede Lebensbetätigung sind, sowie jene, die nicht der öffentlichen Sphäre angehören.

4.4 Bewertung der eigenen sozialen Lage

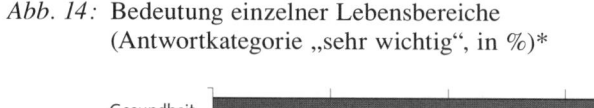

Abb. 14: Bedeutung einzelner Lebensbereiche
(Antwortkategorie „sehr wichtig", in %)*

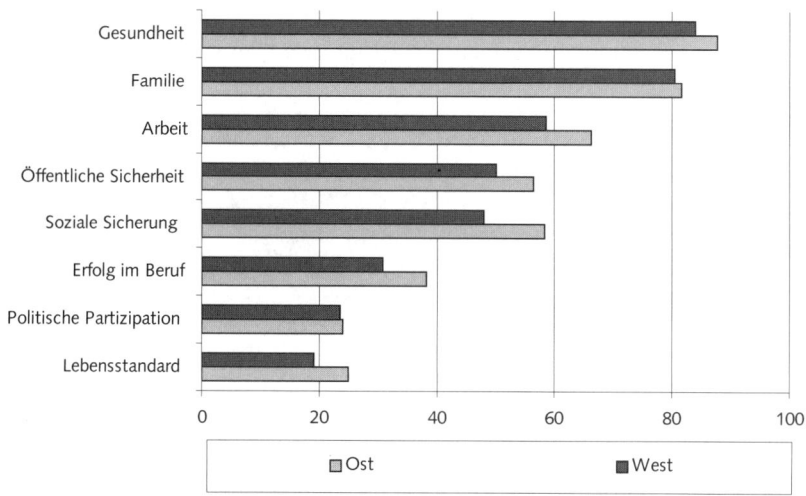

[Balkendiagramm mit folgenden Bereichen: Gesundheit, Familie, Arbeit, Öffentliche Sicherheit, Soziale Sicherung, Erfolg im Beruf, Politische Partizipation, Lebensstandard; Skala 0 bis 100; Legende: Ost, West]

* *Die Bereiche, über die wir bisher gesprochen haben, können für das Wohlbefinden und die Zufriedenheit der Menschen unterschiedlich wichtig sein. Sagen Sie mir bitte für die nachfolgenden Bereiche, ob sie für Ihr Wohlbefinden und Ihre Zufriedenheit sehr wichtig, wichtig, weniger wichtig, unwichtig sind.*

Eine geringere Bedeutung haben der Lebensstandard und der berufliche Erfolg. Nur ein Viertel erachtet den Lebensstandard für sehr wichtig und weniger als ein Drittel hält den beruflichen Erfolg für das entscheidende Maß der Zufriedenheit und des Wohlbefindens. Auch die politische Partizipation trägt vergleichsweise weniger zur Zufriedenheit bei; hier befinden rund 24% der Befragten, dass dieser Lebensbereich sehr wichtig ist.

In der Tendenz sind die Einschätzungen in den alten und neuen Bundesländern ähnlich, Unterschiede ergeben sich vor allem hinsichtlich der Stärke der Wichtigkeit. So sind die Einschätzungen der ostdeutschen Bevölkerung für manche Teilbereiche deutlich entschiedener. Die größte Differenz findet sich hinsichtlich der Relevanz der sozialen Sicherheit. Diesen Bereich erachten über 58% der Ostdeutschen für sehr wichtig, während der Anteil im Westen um 10 Prozentpunkte niedriger ausfällt.

Veränderte Ansprüche und Erwartungen

Ein teilweise anderes Bild ergibt sich jedoch, wenn die Entwicklung der subjektiven Bedeutung der verschiedenen Lebensbereiche für das Wohlbefinden betrachtet wird. Sie liefert Anhaltspunkte über Veränderungen der Ansprüche und Erwartungen, die im Vergleich zur Bewertung ihrer Realisierung zu (Un-)Zufriedenheit führen. Diesbezüglich sind zwei Befunde hervorzuheben: Zunächst zeigt sich, dass insbesondere die Bedeutung von Arbeit und der Erfolg im Beruf (auf deutlich niedrigerem Niveau) und dies vor allem im Westen kontinuierlich gestiegen ist.

Abb. 15: Entwicklung der Bedeutung einzelner Lebensbereiche
(Antwortkategorie „sehr wichtig", in %)

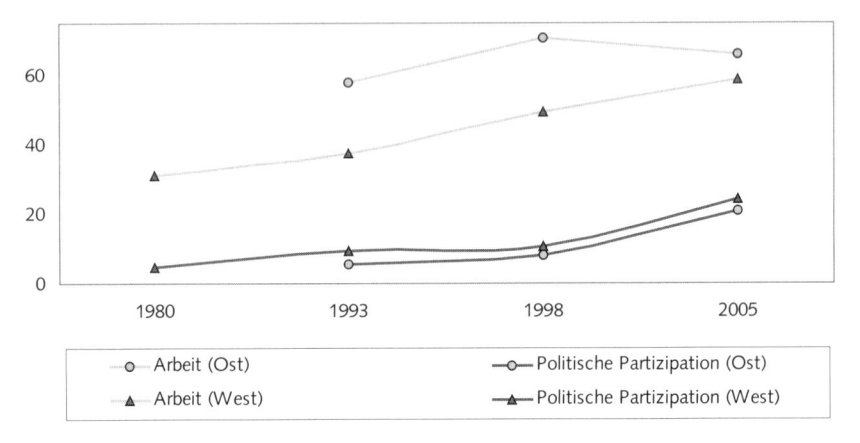

[Diagramm: Linien für Arbeit (Ost), Arbeit (West), Politische Partizipation (Ost), Politische Partizipation (West) über die Jahre 1980, 1993, 1998, 2005]

Zusätzliche Quelle: Wohlfahrtssurvey

Waren 1980 31% der Westdeutschen der Auffassung, dass Arbeit sehr wichtig für das Wohlbefinden ist, so sind es jetzt fast 60%. Hierfür können zwei Entwicklungen als maßgeblich angesehen werden: die Abnahme der Normalarbeitsverhältnisse und die wachsende Unsicherheit über den Verlauf des eigenen Erwerbslebens sowie die steigende Relevanz der Arbeit für das Selbstverständnis und die Identität der Menschen (Krömmelbein/Schmid 2004; Arbeitsgruppe SubArO (Hg.) 2005; Krömmelbein 2004).

Der zweite Befund ist vor allem für die Politikgestaltung von Bedeutung. Deutlich zugenommen hat in West wie Ost die Wichtigkeit des Einflusses auf politische Entscheidungen für die Zufriedenheit der Menschen. Dieses Ergebnis deutet auf eine stärkere Politisierung zumindest eines Teils der Menschen hin, die einerseits ein Stück weit das Vertrauen in die Politik verloren haben (vgl. Kap. 7.2.4) und zugleich eine stärkere Berücksichtigung und Mitgestaltung erwarten.

4.4 Bewertung der eigenen sozialen Lage

Geringer Zukunftsoptimismus ist die stärkste Belastung des subjektiven Wohlbefindens

Ein weiterer Zugang, die subjektive Lebensqualität zu ermitteln, besteht darin Belastungen und Ängste zu untersuchen. Damit relativiert sich das Bild, das allein aufgrund der Zufriedenheitsmaße entsteht. Die Entwicklung zeigt zudem, ob es Anzeichen für eine zunehmende subjektiv wahrgenommene soziale Desintegration gibt. Hierfür wurden einige ausgewählte Belastungssymptome wie Unsicherheit und Orientierungslosigkeit, geringer Zukunftsoptimismus und soziale Isolierung sowie die Angst vor Arbeitslosigkeit erhoben.

Die stärkste Belastung des Wohlbefindens findet sich im mangelnden Vertrauen in die Zukunft, denn über 50% verneinen die Aussage, dass sie zuversichtlich in die Zukunft blicken. Dieser vergleichsweise geringe Zukunftsoptimismus spiegelt sich auch in dem Vertrauen in die soziale Sicherung oder das politische System wider (vgl. Kap. 7.2). Rund 16% der Bevölkerung fürchten den Arbeitsplatz zu verlieren oder keinen neuen Arbeitsplatz zu finden und fast ebenso viele fühlen sich oft einsam oder befinden die Verhältnisse für so kompliziert, dass sie sich fast nicht mehr zurecht finden. Dabei ist die Belastung des subjektiven Wohlbefindens im Osten höher. Vor allem sehen nur 43% zuversichtlich in die Zukunft, während rund 57% dies nicht tun. Damit liegt der Zukunftsoptimismus rund 11 Prozentpunkte niedriger als im Westen. Die Angst vor Arbeitslosigkeit betrifft rund 22% der Ostdeutschen im Vergleich zu 15% der Westdeutschen. Ein ähnlicher Unterschied besteht hinsichtlich der Wahrnehmung, dass das Zurechtkommen angesichts der komplizierten Verhältnisse erschwert ist (vgl. Abb. 16; Tabellenband).

Betrachten wir die Belastung des Wohlbefindens im Zeitverlauf, was jedoch nicht für die Angst vor Arbeitslosigkeit möglich ist, zeigt sich eine unterschiedliche Entwicklung. Einerseits ist der Zukunftsoptimismus verglichen mit dem Jahr 1998 in beiden Landesteilen deutlich zurückgegangen (-14 Prozentpunkte im Westen, -11 Prozentpunkte im Osten). Andererseits zeigt sich analog zur steigenden Zunahme der Zufriedenheit eine Abnahme von Belastungssymptomen im Osten, während sie im Westen weitgehend unverändert sind. Dies trifft vor allem für die Aussage zu, dass die Verhältnisse so kompliziert geworden sind, dass ich mich fast nicht mehr zurecht finde, die sich im Osten gegenüber 1990 (40%) halbiert hat. Diese Abnahme lässt sich durch die Überwindung der aufgrund der Wiedervereinigung verursachten Umstellungsanforderungen begründen, die das Alltagswissen zunächst nachhaltig entwertet haben.

Zusammenfassend lässt sich sagen, dass zwar die Hälfte der Bevölkerung nicht optimistisch in die Zukunft blickt und eher die Wahrnehmung hat, dass sich die eigene wirtschaftliche Lage in den letzten fünf Jahren verschlechtert hat. Dennoch liefert die subjektive Bewertung der eigenen Lage insgesamt keine Anhaltspunkte für eine nachhaltige Belastung der Zufriedenheit oder ein Erstarken der Unzufriedenheit. Allerdings trifft dies nicht auf die soziale

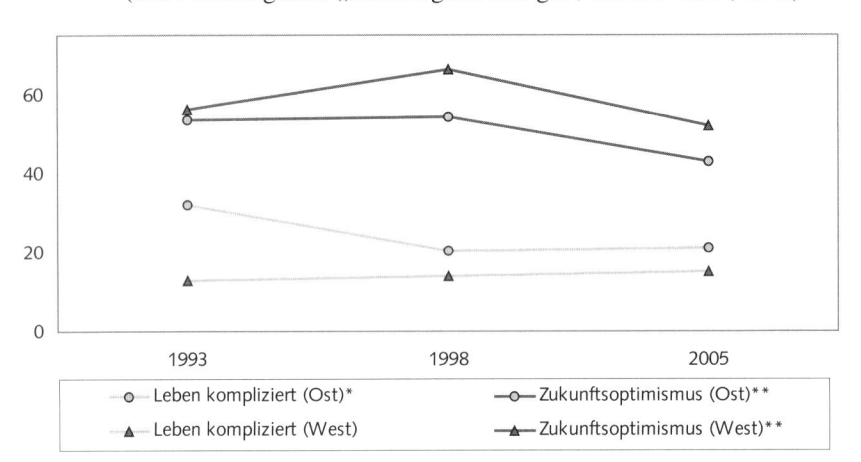

Abb. 16: Zeitreihe für ausgewählte Anomiesymptome
(Antwortkategorien „stimmt ganz und gar / stimmt eher", in %)

```
─o─ Leben kompliziert (Ost)*          ─o─ Zukunftsoptimismus (Ost)**
─▲─ Leben kompliziert (West)          ─▲─ Zukunftsoptimismus (West)**
```

*   *Das Leben ist so kompliziert geworden, dass ich mich fast nicht mehr zurecht finde.*
** *Wenn ich an die Zukunft denke, bin ich sehr zuversichtlich.*
Zusätzliche Quelle: Wohlfahrtssurvey

Sicherung zu, die gegenwärtig sowie im Zeitverlauf ein Grund für Unzufriedenheit darstellt, und zwar sowohl im Osten wie im Westen.

4.5 Zusammenfassung

Die soziale Ungleichheit, die der Ausgangspunkt sozialpolitischer Eingriffe zur Herstellung einer gerechten Sozialordnung und der Ermöglichung einer selbstbestimmten Lebensführung ist, wird nach wie vor überwiegend kritisch gesehen. Die Bewertung der Einkommensdifferenzen als zu hoch, die Einschätzung einer eher ungerechten Verteilung des Reichtums sowie die von einer Mehrheit der Befragten vertretene egalitäre und etatistische Verteilungsnorm sprechen dafür, dass die Bevölkerung diesbezüglich einen Bedarf an staatlicher Intervention sieht, um die als stark wahrgenommenen Konflikte zwischen „Arm und Reich" zu entschärfen.

Dies bedeutet jedoch keine grundlegende Absage an die Existenz von Einkommensunterschieden, denn auch individualistische und vor allem askriptivistische Gerechtigkeitsvorstellungen, die bestehende Ungleichheiten legitimieren, finden in weiten Teilen der Bevölkerung Zustimmung.

4.5 Zusammenfassung

Untersucht wurde ferner, ob sich die Vorstellungen über die Legitimität sozialer Ungleichheit seit der Wiedervereinigung verändert haben. Ein grundlegender kultureller Wandel dieser Gerechtigkeitsvorstellungen ist nicht erkennbar. Jedoch finden sich Anhaltspunkte für eine solche Entwicklung. Zum einen haben sich die Maßstäbe, die egalitären Gerechtigkeitsvorstellungen zugrunde liegen, verändert, denn die Erwartungen an weitergehende staatliche Eingriffe in die Wirtschaft (Arbeitsplatz bereitstellen) sind in beiden Landesteilen rückläufig, während die Bedarfsgerechtigkeit, die durch Umverteilung herzustellen ist, größere Zustimmung erfährt. Zum anderen ist in der abnehmenden Zustimmung zur Anreiz- und Motivationsfunktion der Einkommensdifferenzen eine leichte Erosion des Glaubens an die Leistungsgerechtigkeit der Markwirtschaft erkennbar, die vor allem von den Jüngeren geäußert wird.

Insgesamt werden das Ausmaß der sozialen Ungleichheit und die Realisierung einer gerechten Verteilung des Wohlstands im Osten kritischer gesehen als im Westen. Zugleich ist eine zunehmende Angleichung zu erkennen, die aber nicht in allen Fällen durch eine Angleichung des Ostens an den Westen zustande kommt, sondern auch durch eine kritischere Haltung im Westen hervorgerufen wird.

Demgegenüber fällt die Bewertung der eigenen sozialen Lage und gerechten Beteiligung insgesamt positiver aus. Die Zufriedenheit mit den verschiedenen Bereichen des Lebens ist im Westen eher unverändert und steigt im Osten sogar an. Eine Ausnahme betrifft jedoch die Zufriedenheit mit der sozialen Sicherung, die sowohl im Osten als auch im Westen abgenommen hat. Ein Grund dafür dürfte in den hohen Erwartungen liegen, die der kompensatorischen und Marktverwerfungen ausgleichenden Funktion des Sozialstaats entgegengebracht werden, worauf die folgenden Analysen näher eingehen werden.

5 Akteure und Ziele des Sozialstaats

Der Staat wird von der Mehrheit der Bevölkerung als Hauptakteur für die Absicherung sozialer Risiken angesehen. Doch wird er nicht alleine für die soziale Sicherung verantwortlich gemacht. Eine überwältigende Mehrheit von fast 90% hält jeden einzelnen Bürger und die Arbeitgeber ebenso für zuständig. Die Vorstellung einer geteilten Verantwortung dominiert.

Zur Absicherung sozialer Risiken wird „Eigenverantwortung" grundsätzlich akzeptiert, nur 11% halten private Haushalte für weniger verantwortlich und kaum ein Befragter sieht sie von jeder Verantwortung befreit. Am größten ist die Akzeptanz für eine „aktivierende Sozialpolitik" in den Bereichen Altersvorsorge und Pflege, am geringsten hinsichtlich des Risikos der Erwerbs- und Einkommenslosigkeit ausgeprägt. Von einer grundlegenden kulturellen Wende kann jedoch nicht gesprochen werden. Eigenverantwortung wird grundsätzlich akzeptiert, dies bedeutet aber nicht, dass die Zuständigkeit des Staates für die soziale Sicherung in Frage gestellt wird. Der traditionelle, expansive Sozialstaat besitzt in den Einstellungen der Bürgerinnen und Bürger weiterhin einen hohen Stellenwert. Dies zeigt die große Zustimmung zu den Grundprinzipien staatlicher Sozialpolitik. Priorität besitzen hier die Verbesserung der Arbeitsmarktchancen (62%), die Sicherung des sozialen Friedens (59%) und die Vermeidung von Armut (55%). Die Herstellung von Gleichheit und Lebensstandardsicherung ist von geringerer Bedeutung.

Trotz der Bereitschaft zur Übernahme von Eigenverantwortung spricht sich die Mehrheit von 78% für eine stärkere finanzielle Unterstützung von Familien und Kindern aus. Auch für die Bereiche Pflege, Gesundheit und Grundsicherung für Bedürftige sollten nach Ansicht der Befragten mehr Mittel aufgewandt werden. Die Teilbereiche, in denen ein etwas größerer Anteil die Beibehaltung des Status quo oder sogar mit 8% bis 14% eine Einschränkung des Umfangs sozialstaatlichen Handelns wünscht, sind jene, die sich auf die Lebensstandardsicherung bei Erwerbsunfähigkeit, im Alter und bei Arbeitslosigkeit beziehen.

Befürworter höherer Staatsausgaben lehnen mehr Eigenverantwortung ab. Für eine größere Eigenverantwortung sprechen sich Selbstständige sowie Personen mit individualistischen Gerechtigkeitsvorstellungen und in guter sozioökonomischer Lage aus. Für die Zustimmung zu einer expansiven Sozialpolitik sind egalitäre Gerechtigkeitsvorstellungen und die Wahrnehmung einer zu geringen Partizipation am gesellschaftlichen Reichtum entscheidend. Befürworter einer solchen Politik sind Ältere, Frauen und ostdeutsche Bürger.

In den neuen Bundesländern werden höhere Erwartungen an den Sozialstaat gestellt. Die Bereitschaft, mehr Eigenverantwortung zu übernehmen, fällt geringer aus. Der Anteil der Ostdeutschen, die sozialpolitische Ziele für wichtig erachten, ist höher. Auch der Wunsch nach einer Ausweitung der Staatsausgaben ist bei der ostdeutschen Bevölkerung deutlich stärker ausgeprägt als bei der westdeutschen Bevölkerung.

In jüngster Zeit wird der Sozialstaat häufiger als Kosten- und Störfaktor der Marktwirtschaft sowie als Institution der Bevormundung und Hemmnis von Eigeninitiative diskutiert (Lampert/Althammer 2004: 451; Breyer et al. 2004). Das Prinzip der Selbstverantwortung und Autonomie der Subjekte, das bislang durch die staatliche Kompensation von Elend und Notlage realisiert schien, wird aufgrund des Umfangs und der Kosten des Sozialstaats als gefährdet betrachtet. Eine Leitlinie der Reformdiskussion besteht somit in der Förderung der Souveränität und Eigenverantwortung der Menschen, die eine größere Individualisierung sozialer Risiken einschließt und die Bedeutung der kollektiven, staatlich organisierten Daseinsvorsorge relativiert. Differenzen der Reformdiskussion bestehen jedoch darin, inwieweit der Rückzug staatlicher Verantwortung oder eine Neuaufteilung von Verantwortung unter staatlicher Zuständigkeit ins Zentrum gestellt wird (Blanke/Plaß 2005). Zu fragen ist folglich, wer aus Sicht der Bevölkerung für die soziale Sicherung zuständig sein sollte und welche sozialstaatlichen Ziele in welcher Intensität verfolgt werden sollten.

5.1 Zuständigkeit für die soziale Sicherung

Eine zentrale Perspektive ist somit, ob die grundsätzliche Zuständigkeit des Staates für die soziale Sicherung in Frage gestellt wird, inwiefern die Menschen eine stärkere Eigenverantwortung unterstützen oder ablehnen und inwieweit damit eine Akzeptanz der Individualisierung sozialer Risiken verbunden ist (vgl. auch Bacher/Stelzer-Orthofer 1997: 166f.). Hierzu wurde zum einen danach gefragt, wer in welchem Ausmaß für die soziale Sicherung in Notlagen verantwortlich ist. Neben dem Staat und den privaten Haushalten werden auch die Arbeitgeber sowie intermediäre Organisationen berücksichtigt, um der bisherigen Praxis der paritätischen Finanzierung der sozialen Sicherung durch Arbeitgeber und Arbeitnehmer und der Vorstellung einer breiteren gesellschaftlichen Organisation der sozialen Sicherung Rechnung zu tragen. Zum anderen wurde die Akzeptanz einer größeren Eigenverantwortung, die auch finanzielle Verantwortung einschließt, für verschiedene Teilbereiche der sozialen Sicherung ermittelt.

Geteilte Verantwortung und hohe Zuständigkeit des Staates

Zunächst lässt sich eine Kontinuität in der Zuschreibung der Verantwortung an den Staat für die soziale Sicherheit erkennen. In der Vergangenheit war stets eine überwältigende Mehrheit der Menschen der Auffassung, dass der Staat dafür sorgen muss, dass man auch bei Krankheit, Not, Arbeitslosigkeit und im Alter ein gutes Auskommen hat. Die Zustimmung hierfür betrug in den 90er

Jahren im Westen knapp 90% und im Osten fast 100%; im Jahr 2000 waren es noch 85% (West) beziehungsweise 93% (Ost).[24] Ein ähnliches Ergebnis zeigte sich, wenn nach der staatlichen Zuständigkeit für die Absicherung bestimmter Risiken oder für Teilbereiche der sozialen Sicherung gefragt wurde (vgl. Andreß/Heien/Hofäcker 2001: 108). Die Ergebnisse der Abbildung 17 zeigen, dass von einer abnehmenden Unterstützung sozialstaatlicher Intervention weiterhin keine Rede sein kann, denn der Staat wird immer noch als Hauptakteur für die Regelung der sozialen Sicherung wahrgenommen. Nahezu die Hälfte der Bevölkerung sieht den Staat in sehr großer Verantwortung und fast alle schreiben ihm zumindest eine Mitverantwortung zu.

Grundsätzlich dominiert jedoch die Vorstellung einer geteilten Verantwortung. So hält eine überwältigende Mehrheit von fast 90% ebenso den Einzelnen und die Arbeitgeber für zuständig. Allerdings verschiebt sich hier die Einschätzung von sehr starker Verantwortung zur Mitverantwortung. Die geringste Verantwortung wird den intermediären Einrichtungen zugewiesen.

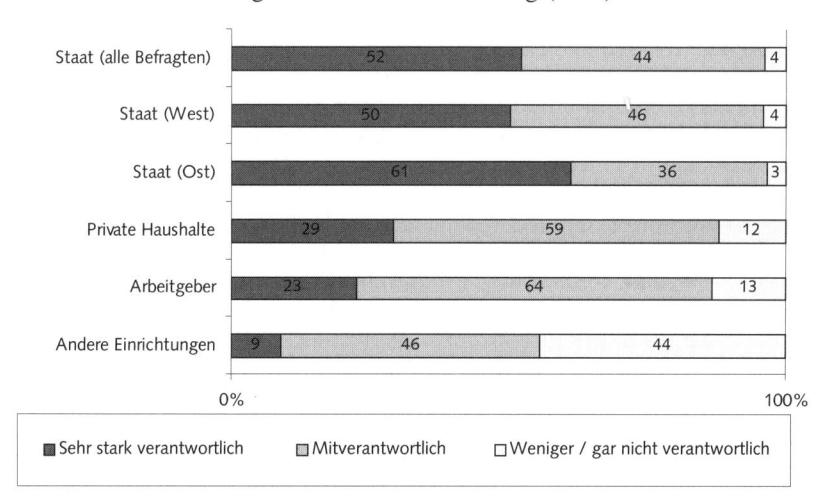

Abb. 17: Verantwortung für die soziale Sicherung (in %)*

	Sehr stark verantwortlich	Mitverantwortlich	Weniger / gar nicht verantwortlich
Staat (alle Befragten)	52	44	4
Staat (West)	50	46	4
Staat (Ost)	61	36	3
Private Haushalte	29	59	12
Arbeitgeber	23	64	13
Andere Einrichtungen	9	46	44

* Es wird ja zur Zeit viel darüber diskutiert, wie stark der Staat, die privaten Haushalte, die Arbeitgeber oder andere Einrichtungen wie z.B. Kirchen oder Wohlfahrtsverbände für die soziale Sicherung verantwortlich sein sollten. Bitte sagen Sie mir für jede dieser Institutionen, ob diese für die soziale Sicherung verantwortlich ist.

---

24 Die Zustimmung umfasst die Antwortkategorien „stimme voll zu" und „stimme eher zu" hinsichtlich der Aussage: „Der Staat muss dafür sorgen, dass man auch bei Krankheit, Not, Arbeitslosigkeit und im Alter ein gutes Auskommen hat." Quellen: Allbus 1991, 1994, 2000; ISSP 1990, 1996 (vgl. auch Statistisches Bundesamt 2004, 653)

Damit wird deutlich, dass sich die öffentlichen Debatten und Problemstellungen, in denen „die Wirtschaft" stärker als zu entlastender Akteur von den Kosten der sozialen Sicherung in den Mittelpunkt gerückt ist, nicht in den Einschätzungen der Bürgerinnen und Bürger widerspiegeln. Offensichtlich wird auch von den Arbeitgebern ein Beitrag für die Erhaltung der Wohlfahrt und die Abfederung sozialer Risiken erwartet. Die „Senkung der Lohnnebenkosten" ist nicht der primäre Blick der Bürgerinnen und Bürger auf die sozialen Sicherungssysteme.

Zum anderen zeigt sich, dass die „Eigenverantwortung" der Menschen für die Absicherung von sozialen Risiken grundsätzlich akzeptiert wird: nur 11% halten private Haushalte für weniger verantwortlich und kaum jemand für nicht verantwortlich. Allerdings ist daraus noch nicht ersichtlich, worauf sich die Akzeptanz der Eigenverantwortung gründet und inwieweit sie eine stärkere finanzielle Eigenverantwortung bei Eintritt eines Risikos einschließt. So kann Eigenverantwortung auf die grundsätzliche Autonomie der Lebensführung und der dadurch immer schon institutionalisierten Verantwortung des Einzelnen für sein Leben und Handeln bezogen sein. Dies impliziert die Akzeptanz eines eher primären Präventionsverhaltens zur Vermeidung von Krankheit oder Arbeitslosigkeit mit den dafür verfügbaren Mitteln, die der Einzelne hat. Davon zu unterscheiden ist jedoch die Befürwortung auch im Schadensfall, also bei Eintritt eines Risikos, für die Bewältigung und Beseitigung zuständig zu sein. Erst diese Ebene lässt auf eine größere Akzeptanz der „Individualisierung sozialer Risiken" schließen (vgl. dazu Kaufmann 2005: 112).

Begrenzte Akzeptanz zur größeren finanziellen Eigenverantwortung

Um die Vorstellungen über die Eigenverantwortung präzisieren zu können, wurde ergänzend nach der spezifischen Akzeptanz einer in Zukunft größeren Eigenverantwortung in einzelnen Teilbereichen der sozialen Sicherung gefragt, wobei auch die finanzielle Zuständigkeit eingeschlossen wurde. Die Ergebnisse in Tabelle 6 verdeutlichen zunächst, dass die Gemeinsamkeiten die Unterschiede bei den Einzelsystemen bei weitem überwiegen. In allen Bereichen plädiert eine teilweise jedoch knappe Mehrheit von 52% – 65% dafür, dass der Einzelne in Zukunft mehr Verantwortung zu übernehmen hat, ein deutlich geringerer Anteil plädiert für eine gleichbleibende Verantwortung und kaum jemand sieht den Einzelnen der Verantwortung für die soziale Sicherung enthoben. Allerdings hat die Akzeptanz einer größeren Eigenverantwortung für die soziale Sicherung Grenzen, denn erstens ist die Bevölkerung in dieser Frage gespalten und zweitens votieren nur bis zu maximal 12% dafür „sehr viel mehr" Eigenverantwortung zu übernehmen. Am stärksten ist die Akzeptanz in den Bereichen Altersvorsorge und Pflege; am geringsten hinsichtlich des sozialen Risikos der Erwerbs- und Einkommenslosigkeit, was sich damit erklären lässt, dass in diesen Fällen die finanzielle Situation den Möglichkeiten der Eigenvorsorge bereits Grenzen setzt.

5.1 Zuständigkeit für die soziale Sicherung

Tab. 6: Verantwortung des Einzelnen für die soziale Sicherung in Zukunft (in %)*

	Viel mehr / mehr Verantwortung	Gleichbleibende Verantwortung	Weniger / keine Verantwortung
Lebensstandard im Alter	65	30	5
Pflege im Alter und bei Krankheit	60	33	7
Gesundheitliche Versorgung	54	38	8
Lebensstandard bei Erwerbsunfähigkeit	53	39	8
Lebensstandard bei Arbeitslosigkeit	52	39	9
davon Ost	46	43	10
davon West	53	38	9

* Es wird ja auch diskutiert, dass die Menschen selbst in größerem Ausmaß private Verantwortung für die Absicherung von Risiken übernehmen sollten. Inwieweit sollte der Einzelne für die folgenden Dinge mehr Verantwortung übernehmen, d.h. auch mehr Eigenfinanzierung leisten?

Größere Erwartungen an staatliche Zuständigkeit in den neuen Bundesländern

Unterschiede zwischen der ostdeutschen und der westdeutschen Bevölkerung zeigen sich vor allem hinsichtlich der Rolle des Staates für die soziale Sicherung. Es bestätigt sich die bekannte Annahme, nach der die Zuschreibung staatlicher Verantwortung für die soziale Sicherheit in den neuen Bundesländern höher ist. 61% der ostdeutschen Bevölkerung – unabhängig ihres Alters – sieht den Staat in sehr großer Verantwortung für die Absicherung von Notlagen und damit ca. 11 Prozentpunkte mehr als im Westen.

Dies spiegelt sich auch geringfügig in der Akzeptanz einer größeren finanziellen Eigenverantwortung in den Teilbereichen der sozialen Sicherung wider. So ist der Anteil der ostdeutschen Bevölkerung, der für eine größere finanzielle Eigenverantwortung plädiert, durchgehend etwas geringer (2-6 Prozentpunkte; vgl. Tabellenband), wobei die größte Differenz das Thema „Arbeitslosigkeit" betrifft. Hier votiert eine Mehrheit der Ostdeutschen dafür, dass die Eigenverantwortung gleichbleibend oder geringer sein müsste. Zwar ist diese Tendenz eindeutig, da sie sich in allen Teilbereichen aufzeigen lässt, sie ist jedoch mit Differenzen bis zu 6 Prozentpunkten nicht allzu stark.

Allgemeine Tendenz

Insgesamt kann festgestellt werden, dass von einer grundlegenden kulturellen Wende in der Bevölkerung, in der die Verantwortung des Einzelnen für die

Absicherung sozialer Risiken höher geschätzt wird als die kollektive staatliche Daseinsvorsorge, nicht die Rede sein kann. Zwar wird „Eigenverantwortung" von weiten Teilen der Bevölkerung grundsätzlich akzeptiert, dies bedeutet aber nicht, dass die Zuständigkeit des Staates für die soziale Sicherung in Frage gestellt wird. Zugleich trifft die Vorstellung einer „Bürgergesellschaft" oder eines „aktivierenden Staates" (Blanke/Plaß 2005), der auf eine kooperativ zu organisierende und geteilte Verantwortung verschiedener Akteure setzt, mehrheitlich auf Zustimmung.

5.2 Zielsetzungen und Intensität des Sozialstaats

Die Legitimität des Sozialstaats im Bewusstsein der Bevölkerung lässt sich ferner an den Einstellungen zu sozialstaatlichen Zielen erkennen. Erfragt wurde zum einen, welche basalen sozialpolitischen Zielsetzungen von Sicherheit und Gleichheit von den Menschen für wie wichtig erachtet werden. Zum anderen wurde die Akzeptanz des „Einkürzens" des Sozialstaats anhand der gewünschten Erhöhung beziehungsweise Einschränkung staatlicher Ausgaben für verschiedene Teilbereiche der sozialen Sicherung erhoben.

Hohe Zustimmung zu den Grundprinzipien staatlicher Sozialpolitik

Die Ermittlung der Akzeptanz basaler sozialpolitischer Ziele berücksichtigt verschiedene Bereiche. Neben der Bedeutung der Sicherung des sozialen Friedens unterscheiden wir verschiedene Stufen von „Gleichheit und Gerechtigkeit" (vgl. Schmidt 1994: 81ff.; Merkel 2001). Dies umfasst zum einen die staatliche Intervention bei Bedürftigkeit (Vermeidung von Armut) auf einer untersten Ebene, stärker aktivierende Komponenten, die sich auf die Herstellung und Förderung individueller Erwerbschancen beziehen (Förderung der Chancen auf dem Arbeitsmarkt und von Eigenverantwortung), höhere Standards sozialer Sicherung anhand der Absicherung existierender Lebens- und Versorgungsstandards sowie schließlich die egalitaristische Zielsetzung des Ausgleichs von Einkommens- und Vermögensunterschieden. Damit wird eine Priorisierung grundlegender Ziele des Sozialstaats aufgegriffen, die ihren Ausgangspunkt in dem Schutz eines Mindestmaßes selbstbestimmter Lebensführung hat und verschiedene Dimensionen der Herstellung von Gleichheit einbezieht, wobei die jeweils höheren Stufen die darunter liegenden nicht beeinträchtigen dürfen. Andererseits wird somit der Überlegung Rechnung getragen, dass sich sozialstaatliche Deutungsmuster danach unterscheiden werden, ob eher ein aktivierender auf Chancengleichheit abzielender Sozialstaat oder ein stärker egalitaristischer und versorgender Sozialstaat akzeptiert werden.

5.2 Zielsetzungen und Intensität des Sozialstaats

Die Frage danach, wie wichtig diese Ziele aus Sicht der Bevölkerung sind, verdeutlicht zunächst wiederum die hohe Akzeptanz des Sozialstaats, denn keines der basalen sozialpolitischen Ziele wird von einer entscheidenden Population für unwichtig gehalten und kaum eines für weniger wichtig. Umgekehrt stuft eine überwältigende Mehrheit von ca. 76% bis 96% der Befragten in Ost und West die angeführten Ziele staatlicher Sozialpolitik für mindestens wichtig ein (vgl. Tabellenband). Sowohl die Sicherung des Versorgungsstandards und die Vermeidung von Armut als auch Maßnahmen, die sich darauf beziehen, den Einzelnen in den Stand zu versetzen, selbst für seinen Lebensunterhalt aufkommen zu können (Förderung der Arbeitsmarktchancen und der Eigenverantwortung), treffen auf Zustimmung.

Geringere Bedeutung der Herstellung von Gleichheit und Lebensstandardsicherung

Betrachten wir die Unterschiede zwischen den Bewertungen der Ziele anhand des Vergleichs der Ausprägungen „sehr wichtig" in der folgenden Tabelle, lässt sich erkennen, dass vor allem die Verbesserung der Arbeitsmarktchancen (62%), die Sicherung des sozialen Friedens (ca. 59%) und die Vermeidung von Armut (55%) Priorität genießen. Damit dominieren neben der gesellschaftspolitisch relevanten Harmonisierung von Konfliktlagen, „Gleichheitsvorstellungen" auf der unteren Ebene, nämlich die Förderung von Zugangs- und Erwerbschancen und der Mindestschutz für ein würdiges und selbstbestimmtes Leben oberhalb der Armutsgrenze.

Insbesondere die sehr hohe Bedeutung, die der Förderung von Arbeitsmarktchancen zugesprochen wird, ist Ausdruck davon, dass in den Einstellungen der Bevölkerung die Auffassung dominiert, dass es vor allem darauf ankommt, dass sie selbst durch Erwerbstätigkeit ihren Lebensunterhalt verdienen können. Die diskutierte „Entmündigung" des Bürgers durch den Sozialstaat, die dazu führe, dass die Eigenverantwortung geschwächt werde, spiegelt sich somit nicht in den subjektiven Präferenzen sozialstaatlicher Ziele wider.

Umgekehrt erhalten die Zielsetzungen, die sich auf die Herstellung von Gleichheit und die Aufrechterhaltung eines hohen Standards sozialer Sicherung beziehen, die geringste Zustimmung. Ein umfassender und stark in die Einkommensverteilung eingreifender Sozialstaat wird für weniger wichtig erachtet, aber auf einem insgesamt noch hohem Niveau (70% „wichtig"). Dies bestätigt bisherige Ergebnisse der Einstellungsforschung, die ebenfalls eine vergleichsweise geringere Relevanz der Ziele ermittelt haben, die sich auf Ergebnisgleichheit beziehen (vgl. Andreß/Heien/Hofäcker 2001: 107).

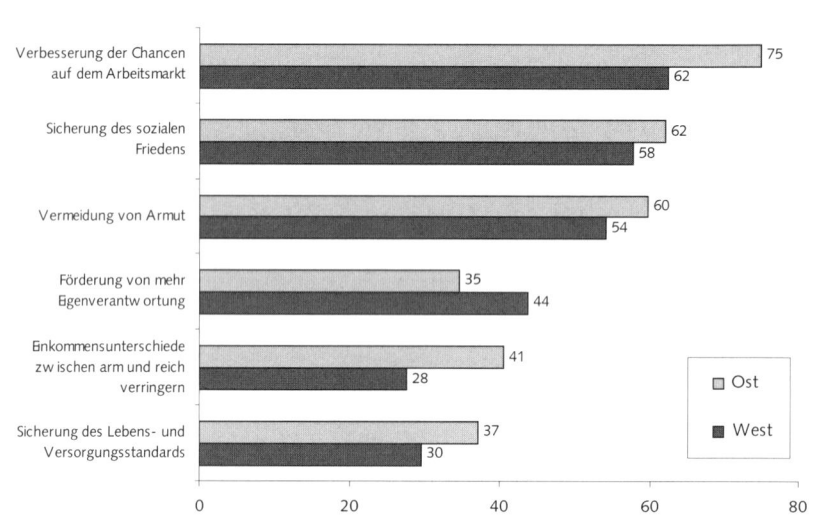

Abb. 18: Bedeutung von Sozialstaatszielen
(Antwortkategorie „sehr wichtig", in %)*

Ziel	Ost	West
Verbesserung der Chancen auf dem Arbeitsmarkt	75	62
Sicherung des sozialen Friedens	62	58
Vermeidung von Armut	60	54
Förderung von mehr Eigenverantwortung	35	44
Einkommensunterschiede zwischen arm und reich verringern	41	28
Sicherung des Lebens- und Versorgungsstandards	37	30

* Ein Sozialstaat kann ja mehrere Ziele verfolgen. Bitte geben Sie für jede der folgenden Zielsetzungen an, ob Sie dieses Ziel für sehr wichtig, eher wichtig, weniger wichtig oder unwichtig halten.

Umfassenderes Sozialstaatsmodell im Osten

Grundsätzlich ist der Anteil der ostdeutschen Bevölkerung, der die sozialpolitischen Ziele für sehr wichtig erachtet, bei allen Teilbereichen höher als im Westen – mit einer Ausnahme: der Förderung von Eigenverantwortung. Dieses Ziel wird eher in den alten Bundesländern für sehr wichtig gehalten. Dies zeigt, dass der staatlichen Sozialpolitik im Osten grundsätzlich ein noch größerer Stellenwert eingeräumt wird. Insbesondere die Bedeutung der Reduktion von Einkommensunterschieden wird unterschiedlich gesehen. So halten 41% der Ostdeutschen dieses Ziel für sehr wichtig, während es im Westen nur 28% sind. Dies lässt sich als kultureller Sozialisationseffekt durch die Erfahrungen mit dem realsozialistischen Gesellschaftssystem werten, zumal die Älteren über 35 diese Auffassung eher vertreten als die Jüngeren (vgl. Anhang), der zu stärker egalitären Orientierungen und umfassenderen Versorgungsansprüchen an die staatliche Sozialpolitik führt. Dies beinhaltet jedoch keine Absage an eine aktivierende Sozialpolitik, die sich auf die Verbesserung der Arbeitsmarktchancen bezieht. Vielmehr halten auch hier deutlich mehr Menschen aus den neuen Bundesländern, nämlich drei Viertel der Bürgerinnen und Bürger, dieses Ziel für sehr wichtig, während es in den alten Bundesländern 13 Pro-

5.2 Zielsetzungen und Intensität des Sozialstaats

zentpunkte weniger sind. Aufgrund der angespannteren Arbeitsmarktlage in den neuen Bundesländern überrascht dieser Unterschied jedoch nicht.

Ausweitung statt Einschränkung staatlicher Ausgaben

Trotz „leerer Kassen" und der starken Akzeptanz der Eigenverantwortung für die Absicherung in den verschiedenen Teilbereichen wird eine Einschränkung der staatlichen Sozialausgaben nicht gewünscht. Das Wissen und die Bereitschaft einer in Zukunft größeren individuellen Verantwortung hätten eigentlich erwarten lassen, dass das Ausmaß der staatlichen Leistungen zurückgeschraubt oder doch zumindest konstant gehalten werden sollte. Dies ist nicht der Fall. In fast allen Teilbereichen plädiert eine Mehrheit für die Ausweitung der staatlichen Ausgaben, wie die folgende Tabelle zeigt.

Betrachtet man die Unterschiede zwischen den Teilbereichen, dann bestätigt sich zunächst der bereits bekannte Befund, dass die Unterstützung von Familien und Kindern in der Bevölkerung hohe Priorität genießt. Hier wünscht sich sogar eine Mehrheit von knapp 78%, dass mehr Geld für diesen Bereich ausgegeben werden soll, wobei rund ein Drittel dafür votiert, „viel mehr" zu investieren. Es folgen in deutlichem Abstand die Bereiche Pflege, Gesundheit und Grundsicherung für Bedürftige.

Die Teilbereiche, in denen ein etwas größerer Anteil die Beibehaltung des Status quo oder sogar mit 8% bis 14% eine Einschränkung des Umfangs sozialstaatlichen Handelns wünscht, sind jene, die sich auf die Lebensstandardsicherung beziehen und zwar bei Erwerbsunfähigkeit, im Alter und bei Arbeitslosigkeit.

Tab. 7: Ziele, für die der Staat mehr oder weniger ausgeben sollte (in %)*

		Viel mehr	Etwas mehr	Etwas / viel weniger
Familien und Kinder unterstützen	Gesamt	32	46	2
	Ost	36	47	1
	West	31	46	3
Pflege im Alter und bei Krankheit	Gesamt	16	50	3
	Ost	19	51	2
	West	16	50	3
Gesundheitliche Versorgung	Gesamt	17	41	7
	Ost	22	46	4
	West	16	40	7

		Viel mehr	Etwas mehr	Etwas / viel weniger
Grundsicherung für Bedürftige	Gesamt	14	41	6
	Ost	18	46	4
	West	14	40	7
Lebensstandard im Alter	Gesamt	10	40	9
	Ost	12	43	6
	West	10	39	10
Lebensstandard bei Erwerbsunfähigkeit	Gesamt	9	42	7
	Ost	11	46	5
	West	8	41	8
Lebensstandard bei Arbeitslosigkeit	Gesamt	7	36	14
	Ost	9	40	9
	West	6	35	15

* Und für welche Ziele sollte der Staat mehr oder weniger Geld ausgeben? Bitte geben Sie für die folgenden Bereiche an, ob die Regierung sehr viel mehr ausgeben, etwas mehr ausgeben, die Ausgaben auf dem jetzigen Stand halten, etwas weniger oder viel weniger ausgeben sollte. Bedenken Sie dabei, dass höhere Ausgaben auch höhere Steuern und Abgaben erfordern können.
an 100 Prozent fehlende: gleichbleibende Ausgaben erwünscht

Es ist zunächst naheliegend, aber in Verbindung mit anderen Einstellungsdimensionen dieser Befragung höchst unplausibel, dass das Niveau und damit die Zielerreichung der bestehenden Sozialleistungen gerade in diesen Teilbereichen für ausreichend und angemessen angesehen werden. Dagegen spricht sowohl die hohe Wertschätzung des gegenwärtigen Standards des Gesundheitswesens als auch die vergleichsweise niedrigere Bewertung der Güte des Versorgungsstandards bei Arbeitslosigkeit (vgl. Kap. 7.1.3). Es scheint eher so zu sein, dass der Anspruch der Aufrechterhaltung bisheriger Lebensstandards, ein Kernelement des traditionellen bundesdeutschen Sozialstaats, im Vergleich zu anderen Zielen auf geringere Akzeptanz stößt. Eine Erklärung hierfür könnte sein, dass die Einstellungen an den bereits durchgeführten Reformen orientiert sind, mit denen die Zielsetzung der „Lebensstandardsicherung" relativiert wurde, und sie damit einer politischen Definition des Machbaren und Möglichen sozialer Sicherung folgen. Darin drückt sich ansatzweise eine Akzeptanz von Abstrichen im Niveau der sozialen Sicherung aus. Allerdings äußert sich diese darin, dass knapp unter 50% für eine Ausweitung der staatlichen Sozialausgaben plädieren. Insgesamt zeigt das Ergebnis eher, dass Reformen, die auf eine Reduzierung sozialstaatlicher Leistungen zielen, nicht den Erwartungen und Wünschen der Bürgerinnen und Bürger entsprechen. Grundsätzlich sollen die Leistungen der sozialen Sicherung nicht eingeschränkt, sondern ausgeweitet oder zumindest beibehalten werden.

Höhere Erwartungen an das Leistungsniveau im Osten

Die existierenden Sozialleistungen werden insbesondere von der ostdeutschen Bevölkerung als zu niedrig wahrgenommen. So stimmten 1994 beispielsweise 28% der Westdeutschen, aber 71% der Ostdeutschen dafür, dass Sozialleistungen global ausgeweitet werden sollten (Allbus 1994; vgl. Andreß/Heien/Hofäcker 2001: 110). Diese große Differenz fand zwar in der Tendenz, nicht aber in ihrem konkreten Ausmaß Bestätigung in der Ermittlung des gewünschten Umfangs der Staatsausgaben für einzelne Teilbereiche.[25] Dieses Ergebnis zeigt sich auch in unserer Untersuchung. Der Anteil der Ostdeutschen, der für eine Ausweitung der staatlichen Ausgaben plädiert, ist generell höher als der Anteil der Westdeutschen. Die größten Differenzen liegen für die gesundheitliche Versorgung mit rund 13 Prozentpunkten und der Grundsicherung für Bedürftige mit 11 Prozentpunkten vor. Es folgen der Lebensstandard bei Arbeitslosigkeit mit 9 und die Unterstützung von Kinder und Familien sowie der Lebensstandard im Alter mit jeweils rund 6 Prozentpunkten. Die konkreten Erwartungen an das Leistungsniveau variieren, anders als die globale Zuschreibung der Verantwortung an den Staat, wiederum mit dem Alter der Bürgerinnen und Bürger und lassen sich als Bestätigung der Sozialisationsthese lesen (vgl. Anhang).

5.3 Gründe sozialstaatlicher Einstellungen

Die bisherigen Ergebnisse zeigen, dass der traditionelle expansive Sozialstaat große Zustimmung erfährt und eine Einsparung von Sozialausgaben in den verschiedenen Teilbereichen der sozialen Sicherung nicht gewünscht wird. Zugleich akzeptieren die Bürgerinnen und Bürger jedoch auch in weiten Teilen eine in Zukunft höhere Eigenverantwortung für die soziale Absicherung,

---

25 Die Autoren konnten anhand verschiedener Quellen (vor allem Allbus, ISSP) aufzeigen, dass die ostdeutsche Bevölkerung stärker als die Westdeutsche für eine Erhöhung der Staatsausgaben in den Bereichen Gesundheit, Renten und Pensionen sowie insbesondere der Arbeitslosenunterstützung votierte (ebd. S. 110).

die eine wesentliche Säule und „Leitidee" der gegenwärtigen Reformpolitik darstellt. Dabei sind die Erwartungen an das Leistungsniveau der sozialen Sicherung im Osten deutlich ausgeprägter als im Westen.

Aus welchen Gründen die Menschen diesen sozialstaatlichen Positionen eher zustimmen, soll im Folgenden untersucht werden. Dabei gehen wir auch explizit der Frage nach, ob Unterschiede zwischen Ost- und Westdeutschland auch dann bestehen bleiben, wenn zusätzliche kulturelle und strukturelle Bestimmungsfaktoren berücksichtigt werden. Analysiert wird der Einfluss der sozioökonomischen Lage, der subjektiv wahrgenommenen Lebensqualität, von Gerechtigkeitsvorstellungen und der Informiertheit der Menschen sowie von weiteren soziodemografischen Faktoren.[26] Zunächst werden bivariate Zusammenhänge zwischen den Bestimmungsfaktoren und den beiden sozialstaatlichen Positionen dargestellt[27] und anschließend der relative Einfluss der gefundenen Zusammenhänge in einer multiplen linearen Regression überprüft.

Dabei ist festzuhalten, dass beide Einstellungen grundlegende Deutungsmuster darstellen. Eine Faktoranalyse hat gezeigt, dass diejenigen, die eine höhere Eigenverantwortung oder höhere Staatsausgaben bejahen, dies mehrheitlich für alle sozialen Risiken beziehungsweise für die verschiedenen Systeme der sozialen Sicherung tun (vgl. Anhang). Die darauf basierenden neu entwickelten Variablen bilden den globalen Wunsch nach höherer Eigenverantwortung und höheren Staatsausgaben ab. Allerdings handelt es sich dabei nicht um grundsätzlich konkurrierende Einstellungsmuster, was sich bereits durch die hohe Zustimmung zu beiden sozialstaatlichen Positionen ankündigte. Der Korrelationskoeffizient r zeigt mit $-0,03$ einen schwachen negativen Zusammenhang, woraus deutlich wird, dass sich beide Einstellungsmuster zwar erwartungsgemäß negativ aufeinander beziehen, sich aber keinesfalls ausschließen. Vielmehr sind viele Menschen der Ansicht, dass sowohl die Eigenverantwortung in Zukunft als auch die staatlichen Ausgaben höher sein sollten.

Dennoch unterscheiden sich die Personengruppen, die diesen Einstellungen jeweils stärker zugeneigt sind. So verdeutlicht ein Blick auf die Tabelle 8 zunächst, dass die Bestimmungsfaktoren in der Regel erwartungsgemäß in die umgekehrte Richtung wirken. Dies bedeutet, dass die Personengruppen, die tendenziell einer höheren Eigenverantwortung in Zukunft zugeneigt sind, eine intensivere Sozialpolitik eher ablehnen und umgekehrt. Allerdings sind die Unterschiede in der Akzeptanz der Eigenverantwortung zwischen den

---

26 Die Erklärung der Bestimmungsfaktoren und Zusammenhänge wurde bereits in Kapitel 2.3 entwickelt. Ferner findet sich im Kapitel 3.3 eine Übersicht der in die Analyse aufgenommenen Variablen, die zum Teil neu gebildet wurden.

27 Für die prozentuale Darstellung wurden die Indexvariablen Eigenverantwortung und Staatsausgaben herangezogen (vgl. Kap. 3.3). Die anschließende Berechnung der bivariaten und multivariaten Zusammenhangsmaße erfolgte anhand der Skalenmittelwerte der neu gebildeten Variablen.

5.3 Gründe sozialstaatlicher Einstellungen

verschiedenen Bevölkerungsgruppen deutlich schwächer ausgeprägt als beim Wunsch nach höheren Staatsausgaben.

Tab. 8: Bivariate Auswertung von Eigenverantwortung und Staatsausgaben / Teil I

		Eigenverantwortung in Zukunft	Staatsausgaben in Zukunft
		Etwas / viel höher	Etwas / viel höher
Insgesamt		57	59
Soziodemografische Faktoren			
Region	Ost	52	69
	West	58	58
Geschlecht	Frauen	56	66
	Männer	57	52
Alter	18 – 34 Jahre	58	56
	35 – 59 Jahre	52	60
	60 Jahre und älter	64	61
Bildung[1]	Niedrig	52	67
	Hoch	59	53
Haushaltstyp	Alleinlebend	59	63
	(Ehe-)Paar o. Kindern	60	58
	(Ehe-)Paar m. Kindern	55	59
	Alleinerziehende	47	66
	Erwachsene mit Eltern	57	58
Sozioökonomische Lage			
Einkommenslage[2]	Unterstes Quintil	54	70
	Oberstes Quintil	65	49
Immobilienbesitz	Nein	55	65
	Ja	59	56
2000€ in zwei Wochen aufbringen	Nein	50	73
	Ja	59	55
Erwerbsstatus	Erwerbstätig	52	57
	Einfach	49	64
	Qualifiziert	56	50
	Selbständig	68	46
	Arbeitslos	49	73
	Langzeitarbeitslos	49	73
	Rentner/in	62	63
	Hausfrau/-mann	59	67
	Schüler/Studenten	59	48

		Eigenverantwortung in Zukunft	Staatsausgaben in Zukunft
		Etwas / viel höher	Etwas / viel höher
Insgesamt		57	59
Besondere Belastungen der Haushalte	Haushalte mit existenzsichernden Sozialleistungen	52	68
	Haushalte mit Arbeitslosen	54	65

[1] *Index höchster Schulabschluss / höchster Berufsabschluss*
[2] *Bedarfsgewichtetes Nettohaushaltseinkommen (vgl. Kap.3.3)*

Tab. 8: Bivariate Auswertung von Eigenverantwortung und Staatsausgaben / Teil II

		Eigenverantwortung in Zukunft	Staatsausgaben in Zukunft
		Etwas / viel höher	Etwas / viel höher
Insgesamt		57	59
Gerechtigkeitsvorstellung / Informiertheit			
Gerechtigkeitsvorstellungen[3]	Egalitarismus (ja / nein)	55 / 62	68 / 36
	Individualismus (ja / nein)	61 / 52	56 / 63
	Askriptivismus (ja / nein)	58 / 52	59 / 65
	Fatalismus (ja / nein)	56 / 57	67 / 54
Informiertheit[4]	Eher schlecht	58	62
	Eher gut	54	54
Subjektive Lebensqualität			
Zufriedenheit[5]	Gering	53	75
	Hoch	62	51
Gerechter Anteil	(Viel) weniger	55	69
	Gerecht u. mehr	58	53
Anomiesymptome[6]	Niedrig	58	56
	Hoch	49	73
Wirtschaftliche Lage	(Sehr) schlecht	61	55
	(Sehr) gut	50	75
	Abstieg[7]	54	57
	Aufstieg[7]	61	64

5.3 Gründe sozialstaatlicher Einstellungen

Schichtzugehörigkeit	Arbeiterschicht	54	69
	Mittelschicht	56	57
	Obere Mittelschicht / Oberschicht	68	51
Gesundheitszustand	Schlecht	52	69
	Gut	58	58

[3] Index Mittelwerte des Instruments „Gerechtigkeitsvorstellungen"
[4] Index Faktenwissen (Gesundheit und Sozialhilfe)
[5] Index Zufriedenheit mit einzelnen Lebensbereichen
[6] Index aus verschiedenen Belastungssymptomen
[7] Einschätzung der wirtschaftlichen Lage vor fünf Jahren im Vergleich zu heute (vgl. Kap. 3.3)

Die stärksten Zusammenhänge der beiden Einstellungsdimensionen sind mit den *Gerechtigkeitsvorstellungen* Individualismus und Egalitarismus in gegensätzlicher Richtung erkennbar.[28] So ist der Anteil derer, die eine höhere Eigenverantwortung akzeptieren, vor dem Hintergrund individualistischer Gerechtigkeitsvorstellungen um 6 Prozentpunkte höher und in Bezug auf höhere Staatsausgaben um 12 Prozentpunkte niedriger als vor dem Hintergrund egalitaristischer Vorstellungen. Umgekehrt liegt der Anteil der Individualisten, die eine höhere Eigenverantwortung für gut befinden, um 11 Prozentpunkte höher als der Anteil der Nicht-Individualisten. Noch deutlicher wird der Zusammenhang anhand der Korrelationsmaße: Während der Wunsch nach größerer Eigenverantwortung insbesondere durch den Individualismus geprägt scheint (r = 0,14) und egalitaristische Überzeugungen – allerdings nur geringfügig – die Akzeptanz von Eigenverantwortung mindern, werden höhere Staatsausgaben vor allem vor dem Hintergrund egalitaristischer Gerechtigkeitsvorstellungen (r = 0,40) befürwortet. Dieses Ergebnis bestätigt die große Bedeutung grundlegender Vorstellungen über eine gerechte Verteilung, die stärker durch Freiheit und Leistung des Einzelnen sowie den Markt oder durch staatliche Intervention und Umverteilung begründet wird (vgl. auch Mühleck 2003a).

---

28 Staatsausgaben: starke Zusammenhänge zeigen sich hier mit Werten von -0,40 bis -0,10 für die erklärenden Variablen Egalitarismus, gerechter Anteil, Einkommensquintile und 2000€, Zufriedenheit, wirtschaftliche Lage, Anomie, Geschlecht, Schichtzugehörigkeit, Bildung, Region, qualifizierte Erwerbstätigkeit. Werte unter 0,05 liegen für Alleinerziehende, Hausfrau, Erwerbstätigkeit sowie Alter vor und keinen signifikanten Einfluss haben die Dauer der Arbeitslosigkeit, Haushalte mit Kindern und Fatalismus.
Eigenverantwortung: Die stärksten Zusammenhänge auf Basis der Korrelationskoeffizienten ergaben sich mit Werten von 0,14 bis 0,09 für den Individualismus, die Wahrnehmung der wirtschaftlichen Lage, die Schichtzugehörigkeit, die Einkommensquintile und der Möglichkeit 2000€ in zwei Wochen zu beschaffen. Keine signifikanten Zusammenhänge ergaben sich für die Variablen Haushalte mit Arbeitslosigkeitserfahrungen, Dauer der Arbeitslosigkeit, Geschlecht, qualifizierte Erwerbstätigkeit, Hausfrau, Schüler, Informiertheitsindex.

Auch der *soziale Status* – sowohl hinsichtlich der ökonomischen Situation als auch in Bezug auf die subjektive Wahrnehmung der eigenen Position und Lage – verändert den Blick auf die gewünschte Eigenverantwortung und die Höhe der Staatsausgaben. Der Anteil der Personen des obersten Einkommensquintils, die eine höhere Eigenverantwortung in Zukunft befürworten liegt im Vergleich zum untersten Quintil um 10 Prozentpunkte höher. Diese Differenz zeigt sich auch bei den Indikatoren Immobilienbesitz oder finanzielle Liquidität. Schließlich korrespondiert sie mit vergleichbaren Unterschieden zwischen einfachen und qualifizierten Beschäftigten, dem Status der Arbeitslosigkeit oder dem Bezug von Transferleistungen. Umgehrt plädieren diejenigen, die eher zu den „Benachteiligten" zählen, in höherem Maß für zusätzliche Staatsausgaben, wobei die Zusammenhänge hier stärker zutage treten. Dies verdeutlichen sowohl die größeren prozentualen Differenzen beispielsweise in Bezug auf die Einkommensquintile (21 Prozentpunkte) als auch die höheren Korrelationskoeffizienten (siehe Fußnote 28). In beiden Fällen erklärt somit das Eigeninteresse – der Bedarf an sozialstaatlichen Leistungen und die eigenen (finanziellen) Ressourcen – einen Teil der Varianz der Einstellungen. Dies dürfte auch der Grund dafür sein, dass vor allem die Alleinerziehenden höhere Staatsausgaben befürworten.

Hinsichtlich des beruflichen Status ist zudem die „Selbständigkeit" hervorzuheben, die dazu führt, dass Eigenverantwortung stärker angenommen und höhere Staatsausgaben eher abgelehnt werden. Ob dies auf dem beruflichen Selbstverständnis und dem ausgeprägten Kontrollbewusstsein beruht oder durch die Einkommenssituation überlagert wird, kann erst die multivariate Analyse erbringen.

Analog dazu sind Zusammenhänge mit der *subjektiv wahrgenommenen Lebensqualität* erkennbar. Für die Akzeptanz einer in Zukunft größeren privaten Risikovorsorge finden wir in der Tabelle wiederum eine um rund 10 Prozentpunkte höhere Zustimmung in Abhängigkeit davon, ob jemand seine wirtschaftliche Lage als gut einschätzt, zufrieden ist oder sich der oberen Mittelschicht/Oberschicht zurechnet, wobei die höchsten Werte der Zusammenhangsmaße für die Einschätzung der wirtschaftlichen Lage und die Schichtzugehörigkeit erzielt werden. Von geringerer Bedeutung ist hier die Frage, ob jemand seinen gerechten Anteil erhält.

Im Unterschied dazu wirken sich die Determinanten der wahrgenommenen subjektiven Lebensqualität zur Erklärung des Wunsches nach höheren Staatsausgaben nicht nur erneut in die umgekehrte Richtung aus; auch spielen die (Un-)Zufriedenheit und die gerechte Partizipation am Reichtum hier eine deutlich größere Rolle. So befürworten fast 70% derer, die der Auffassung sind, weniger als ihren gerechten Anteil zu erhalten, höhere Staatsausgaben im Vergleich zu 53%, die hier keine Gerechtigkeitslücke ausmachen (r = -0,23). Hinsichtlich der Eigenverantwortung beträgt die Differenz lediglich 3 Prozentpunkte (r = 0,04). Die Zustimmung zu höheren Staatsausgaben variiert zudem stärker aufgrund der Belastung des Wohlbefindens durch Ängste,

5.3 Gründe sozialstaatlicher Einstellungen

mangelnde Zuversicht, Isolationserfahrungen oder Orientierungslosigkeit und schwächer ausgeprägt mit dem Gesundheitszustand. Beide Indikatoren zeigen eine besondere Bedürftigkeit an, die tendenziell etwas höhere Erwartungen an die staatliche Sicherung einschließt. Insgesamt deutet sich damit an, dass vor allem Gerechtigkeitsvorstellungen für den Wunsch nach expansiver Sozialpolitik von Bedeutung sind.

Ein zusätzlicher Unterschied in der Erklärung der Einstellungen liegt hinsichtlich der weiteren *soziodemografischen Faktoren* vor, die jenseits der beruflichen Situation kulturelle oder spezifische Sozialisationserfahrungen anzeigen. So unterscheidet sich die Akzeptanz einer höheren Eigenverantwortung nur geringfügig aufgrund der regionalen Zugehörigkeit, und das Geschlecht ist ohne Einfluss. Dies trifft nicht für die Erwartung einer intensiven Sozialpolitik zu. Sowohl die ostdeutsche Bevölkerung als auch Frauen neigen etwas stärker dazu, für höhere Staatausgaben zu plädieren. Dies könnte die Vermutung bestätigen, dass Normen und Werten, die aufgrund der Erfahrungen mit dem realsozialistischen System der DDR oder auf geschlechterspezifische Sozialisationsprozesse zurück geführt werden können, für diesen Bereich eine größere Erklärungskraft zukommen. Abweichend zu diesen Ergebnissen sind die Zusammenhänge der beiden Einstellungen mit dem Alter eher gleichförmig, das heißt dass vor allem ältere Menschen (Rentner) etwas eher dazu neigen, sowohl eine höhere private Absicherung in Zukunft als auch höhere Staatsaufwendungen zu begrüßen.

Schließlich verändert auch die Bildung den Blick auf den Sozialstaat. Hohe Bildung führt dazu, dass Eigenverantwortung eher befürwortet (+7 Prozentpunkte im Vergleich zu niedriger Bildung) und steigende Staatsausgaben eher abgelehnt (-14 Prozentpunkte) werden. Damit scheint Bildung keinen aufklärerischen Einfluss auszuüben, der darin gesehen wird, dass eine „Vertrautheit mit bestimmten zivilisatorischen Werten" wie Gleichheit und die Einsicht in die gesellschaftsstabilisierenden Funktionen des Sozialstaats besteht (vgl. Andreß/Heien/Hofäcker 2001: 43). Höhere Bildung führt eher dazu, dass die politischen Möglichkeiten realistischer – orientiert an dem Status quo der Politikgestaltung – eingeschätzt werden. Hierfür spricht, dass zumindest hinsichtlich der Staatsausgaben die Informiertheit einen analogen Zusammenhang aufzeigt, der auch durch den allerdings schwachen Korrelationskoeffizienten ($r = -0{,}07$) bestätigt wird.

Ferner erklären die Bestimmungsfaktoren, die den Wunsch nach höheren Staatsausgaben befördern, auch die Bedeutung, die den verschiedenen sozialpolitischen Zielen zugemessen wird (vgl. Tabellenband). Die Überprüfung der prozentualen Verteilung sowie der Korrelationsmaße bestätigt, dass wiederum mit Ausnahme der Förderung von mehr Eigenverantwortung, alle sozialpolitischen Zielsetzungen – Vermeidung von Armut, Sicherung des sozialen Friedens, Sicherung des Lebens- und Versorgungsstandards, Verringerung der Einkommensdifferenzen, Verbesserung der Chancen auf dem Arbeitsmarkt – tendenziell von den gleichen Personengruppen eher für wichtig und sehr wichtig erachtet werden, die auch für höhere Staatsausgaben eintreten.[29] Anders verhält es sich mit der Annahme, die Förderung von Eigenverantwortung sei sehr wichtig. Hier weisen die erklärenden Variablen mit Ausnahme des Alters die umgekehrten Vorzeichen auf. Eine aktivierende Sozialpolitik, die die Herstellung von Chancengleichheit vor allem mit der Stärkung der Eigeninitiative des Menschen zu erreichen sucht, wobei sich diese sowohl auf das Arbeitsmarktverhalten als auch auf die individuelle Risikovorsorge richten kann, wird etwas deutlicher von denjenigen akzeptiert, deren objektive Lage und subjektive Einschätzung der eigenen Lebensqualität vergleichsweise besser ist und die eine individualistische Verteilungsgerechtigkeit bejahen. Ebenso halten vergleichsweise mehr Personen aus dem Westen, ein größerer Anteil der Älteren sowie der Selbstständigen (herausragend der Vergleich zum Anteil der Arbeitslosen) sowie derjenigen, die sich der oberen Mittelschicht und Oberschicht zurechnen, dieses sozialpolitische Ziel für sehr wichtig.

Multivariate Betrachtung

Die Überprüfung des Erklärungsgehalts der Bestimmungsfaktoren für die beiden Einstellungsdimensionen in einer multiplen linearen Regression (vgl. auch Kap. 3.3) – eine Lesehilfe findet sich am Ende der Tabelle 9 – bestätigt zunächst die Annahme, dass Eigenverantwortung ein eher universell geteilter „Leitgedanke" ist, der nur geringfügig zwischen den Personengruppen variiert. Während für die Einstellungen zur Höhe zukünftiger Staatsaufwendungen über 23% der Varianz erklärt werden, sind es hinsichtlich der Akzeptanz einer in Zukunft größeren Eigenverantwortung nur 3,8%.

Das zweite markante Ergebnis betrifft den Einfluss der regionalen Zugehörigkeit. So verschwindet der signifikante Einfluss „Ostdeutschland", der dazu führt, dass höhere Staatsausgaben befürwortet werden und eine größere Eigenverantwortung eher abgelehnt wird, was daran erkennbar ist, dass der b-Wert für den Einfluss Ostdeutschlands sukzessive geringer und schließlich insignifikant wird. Allerdings ist dies für die beiden Einstellungsdimensionen auf unterschiedliche individuelle und kulturelle Merkmale zurückzuführen. So erhöht sich der Erklärungszuwachs für die Staatsausgaben sowohl unter Hinzuziehung der sozioökonomischen Lage als auch durch die Berücksichtigung der Vorstellungen über gerechte Verteilungsmechanismen, während die Erklärungsgüte für die private Risikovorsorge die wesentliche Verbesserung vor allem durch die Hinzufügung des Haushaltseinkommens erzielt. Ebenso liegt die markanteste Abnahme des regionalen Einflusses Ostdeutschlands für den Wunsch nach höheren Staatsausgaben in Modell 3 vor, in dem die Ge-

---

29 Am deutlichsten treten die Unterschiede zwischen den Bevölkerungsgruppen hinsichtlich der Einschätzung der Bedeutung der Reduzierung von Einkommensunterschieden zutage; am geringsten sind sie hinsichtlich der Sicherung des inneren Friedens sowie in Bezug auf die Förderung von Eigenverantwortung.

5.3 Gründe sozialstaatlicher Einstellungen

rechtigkeitsvorstellungen einbezogen werden. Demgegenüber reduziert sich dieser Einfluss auf die erwünschte Eigenverantwortung gleichermaßen durch das Einkommen und durch die Gerechtigkeitsvorstellungen. Dies bestätigt, dass der Wunsch nach höheren Staatsausgaben, der im Osten höher ist als im Westen, eher durch Normen und Werte verursacht wird, die sich auf die Verteilungsgerechtigkeit beziehen, während die insgesamt geringen Unterschiede in der Akzeptanz einer in Zukunft größeren Eigenverantwortung durch die materielle Lage und Position erklärt werden müssen.

Tab. 9: Multivariate Auswertung von Eigenverantwortung und Staatsausgaben

Multiple lineare Regression		Höhere Eigenverantwortung Modell					Höhere Staatsausgaben Modell				
		I	II	III	IV	V	I	II	III	IV	V
Ostdeutsch	b	-.07**	-.05*	-.03	-.03	-.03	.16***	.13***	.04*	.04	.02
Haushaltseinkommen	b		.04***	.03***	.03***	.03***		.06**	-.02***	-.03***	-.01
Erwerbstätig	b		-.10***	-.09***	-.09***	-.09***		-.03	-.03	.02	.02
Selbständig	b		.13***	.11**	.11**	.10**		-.14***	-.04	.02	.01
Individualismus	b			.05***	.06***	.06***			-.04***	-.04***	-.04***
Egalitarismus	b			-.03***	-.04***	-.03***			.20***	.19***	.18***
Askriptivismus	b			.01	.01	.01			-.02**	-.02**	-.02**
Fatalismus	b			.01	.01	.01			.06***	.05***	.04***
Alter	b				.00	.00				.03***	.02***
Weiblich	b				.02	.02				.04***	.04***
Bildung: hoch	b				-.00	-.00				-.04*	-.04*
Haushalte mit Kindern	b				.02	.02				-.04	-.02
Gerechter Anteil	b					-.00					-.10***
Zufriedenheit	b					.02					-.06***
Konstante	a	3,59	3,51	3,40	3,38	3,34					
Ostdeutsch	β	-.04	-.03	-.02	-.02	-.02	.11	.09	.03	.03	.02
Haushaltseinkommen	β		.10	.08	.09	.08		-.16	-.06	-.08	-.03

Multiple lineare Regression		Höhere Eigenverantwortung Modell					Höhere Staatsausgaben Modell				
		I	II	III	IV	V	I	II	III	IV	V
Erwerbstätig	β	-.09	-.08	-.08	-.08		-.03	-.03	.02	.02	
Selbständig	β	.06	.05	.05	.04		-.06	-.02	.01	.01	
Individualismus	β		.10	.11	.11			-.08	-.08	-.07	
Egalitarismus	β		-.06	-.06	-.06			.35	.34	.33	
Askriptivismus	β		.02	.02	.02			-.04	-.04	-.04	
Fatalismus	β		.02	.02	.03			.14	.11	.08	
Alter	β			.00	.00				.08	.06	
Weiblich	β			.02	.02				.07	.07	
Bildung: hoch	β			-.00	-.00				-.04	-.04	
Haushalte mit Kindern	β									-.03	-.02
Gerechter Anteil	β				-.00						-.13
Zufriedenheit	β				.03						-.08
R²		.002	.024	.040	.041	.041	.013	.045	.201	.212	.235
adj. R²		.002	.023	.038	.038	.038	.012	.044	.200	.210	.233
N		4209	4209	4209	4209	4209	4215	4215	4215	4215	4215

*: p ≤ .05; **: p ≤ .01; ***: p ≤ .001
Fehlwerte: fallweise eliminiert
Alle Berechnungen mit gewichteten Fällen durchgeführt

Lesehilfe der Tabelle:

Die b-Werte zeigen an, um wie viel die Konstante zu- oder abnimmt, wenn sich der Wert der Variable um eine Größe verändert. Damit kann angegeben werden, wie groß die Änderung der abhängigen Variable ist, wenn sich beispielsweise die regionale Zugehörigkeit von Westdeutschland auf Ostdeutschland ändert, oder wenn das Einkommen vom untersten Quintil in das nächsthöhere ansteigt. Mittels der b-Werte können Vergleiche zwischen den Modellen durchgeführt werden, die anzeigen, wie sich diese Wirkung auf die abhängige Variable verändert, wenn weitere Faktoren zur Erklärung einbezogen werden (Wirkungsprognose). Die β-Werte (Beta-Werte) zeigen an, wie stark der Einfluss der unabhängigen Variablen auf die abhängige Variable ist. Die β-Werte sind analog des Korrelationsmaßes r zu interpretieren. Sie schwanken zwischen -1 bis +1; der Nullpunkt besagt, dass beide Variablen keinen Zusammenhang aufweisen. R^2 gibt an, wie viel der Varianz der abhängigen Variablen durch die Modelle erklärt wird.

Diese Interpretation findet eine weitere Bestätigung, wenn man die Stärke der Einflussvariablen innerhalb der Modelle betrachtet (Betawerte). So dominiert im Gesamtmodell 5 hinsichtlich der gewünschten Staatsausgaben der Einfluss des Egalitarismus, gefolgt von der Wahrnehmung der gerechten Partizipation am Reichtum. Auch fatalistische Ansichten repräsentieren eine Gerechtigkeitslücke und erhöhen den Wunsch nach einer intensiven Sozialpolitik. Demgegenüber wirken askriptivistische und individualistische Vorstellungen in die umgekehrte Richtung. Dies bestätigt die große Bedeutung der Gerechtigkeitsvorstellungen für die Erwartungen und Ansprüche an den Sozialstaat.

Umgekehrt ist der Einfluss der materiellen Lage und beruflichen Stellung für die Akzeptanz einer höheren privaten Vorsorge wichtiger und bleibt auch dann noch signifikant, wenn der Einfluss der Gerechtigkeitsvorstellungen kontrolliert wird. Zwar geht auch hier die größte Wirkung von der kognitiven Dimension des Individualismus aus, der in der Richtung umgekehrte Einfluss des Egalitarismus ist jedoch bereits vergleichsweise schwach und die weiteren Maße der Gerechtigkeitsvorstellungen sowie der subjektiven Lebensbilanzierungen bleiben ohne signifikante Effekte. Dabei erweisen sich die Selbstständigkeit sowie die Erwerbstätigkeit als ergänzende Erklärungsfaktoren. Es bestätigt sich, dass Selbstständige auch jenseits der Einkommenslage, dem eigenverantwortlichen Handeln einen größeren Stellenwert beimessen, während Erwerbstätigkeit dazu führt, dass eine zukünftig größere Eigenvorsorge abgelehnt wird. Die Annahme, dass abhängig Beschäftigte die Zunahme von Eigenverantwortung fordern könnten, weil sie davon eine Reduzierung ihrer Abgaben- und Steuerlast erwarten, bestätigt sich somit nicht. Eher werden damit höhere eigene Aufwendungen in Ergänzung zu den bereits zu zahlenden Abgaben und Steuern verbunden. Hierüber muss jedoch die Analyse der Kosten und Finanzierungsmodelle der sozialen Sicherung weitere Aufschlüsse erbringen.

Während die Akzeptanz einer in Zukunft höheren Eigenverantwortung zwar auch durch individualistische Gerechtigkeitsvorstellungen, daneben aber durch die materielle Lage und den beruflichen Status bestimmt wird, erklärt sich der Wunsch nach höheren Staatsausgaben vor allem durch die Gerechtigkeitsvorstellungen der Menschen.

5.4 Zusammenfassung

Zusammenfassend kann gesagt werden, dass der Sozialstaat im Bewusstsein der Menschen nach wie vor eine große Relevanz besitzt. Dabei orientieren sich die Bürgerinnen und Bürger in ihren Ansichten über Ziele und Zuständigkeiten der sozialen Sicherung einerseits stark an dem traditionellen expansiven Sozialstaat. So werden alle sozialstaatlichen Zielsetzungen von der Vermeidung von Armut, über Absicherung von Lebensstandards bis zur Reduktion von Einkommensdifferenzen von einer großen Mehrheit der Befragten für wichtig erachtet und die Zustimmung zur Einkürzung von sozialstaatlichen Ausgaben fällt ausgesprochen niedrig aus. Vor allem aber plädiert eine Mehrheit für höhere Staatsausgaben insbesondere in den Bereichen Familie, Pflege, Grundsicherung für Bedürftige und Gesundheit. Zudem wird nach wie vor der Staat als Hauptakteur für die Absicherung sozialer Risiken angesehen und von den Arbeitgebern ebenfalls ein Beitrag dazu erwartet.

Zugleich finden sich andererseits auch Anhaltspunkte für die Akzeptanz einer stärker aktivierenden Sozialpolitik. Dies zeigt sich insbesondere daran, dass auch private Hauhalte in den Augen der Bevölkerung für die soziale Sicherung (mit)verantwortlich sind und insgesamt die Vorstellung einer „geteilten Verantwortung" zwischen Staat, Unternehmen und Haushalten existiert. Auch eine in Zukunft größere finanzielle Eigenverantwortung für verschiedene Teilbereiche der sozialen Sicherung wird mehrheitlich akzeptiert. Ferner wurde hinsichtlich der gewünschten Intensität (Staatsausgaben) des Sozialstaats deutlich, dass für jene Ziele, die sich auf Lebensstandardsicherung beziehen, ein geringerer Anteil der Menschen für höhere Staatsausgaben votiert, was als ein Indiz für eine schwache Akzeptanz von Abstrichen im Sicherungsniveau angesehen werden kann. Zudem finden auch Zielsetzungen, die stärker aktivierende Züge tragen und auf die „Zugangs- und Teilhabechancen" bezogen sind, Zustimmung.

Diese Einstellungen finden sich in Ost und West gleichermaßen. Die geringsten Unterschiede sind hinsichtlich der Akzeptanz einer in Zukunft größeren Eigenverantwortung zu verzeichnen. Dennoch sind die Erwartungen an den Sozialstaat im Osten stärker ausgeprägt als im Westen. Dies betrifft die Rolle des Staates für die soziale Sicherung, den Wunsch nach Ausweitung der Staatsausgaben sowie die wahrgenommene Bedeutung der sozialpolitischen Ziele, wobei die größten Differenzen hinsichtlich der Relevanz der Reduzierung von Einkommensdifferenzen bestehen.

Die Analyse der Ursachen für die Unterstützung einer Ausweitung staatlicher Ausgaben und einer in Zukunft höheren Eigenverantwortung zeigt, dass Eigenverantwortung eher ein allgemeiner kultureller Leitgedanke ist, während die Einstellungen zu den Staatsausgaben stärker zwischen den Gruppen differieren. Jenseits dessen lehnen tendenziell die Personen, die höhere Staatsausgaben verstärkt akzeptieren, eine größere Eigenverantwortung ab und umgekehrt. Dabei wird die Akzeptanz von größerer Eigenverantwortung für die Absicherung sozialer Risiken vor allem aufgrund von individualistischen Gerechtigkeitsvorstellungen, durch eine gute objektive und subjektive sozioökonomische Lage sowie von Selbstständigen befürwortet und von Erwerbstätigen abgelehnt. Für den Wunsch nach einer expansiven Sozialpolitik sind vor allem egalitäre Gerechtigkeitsvorstellungen und die Wahrnehmung der eigenen gerechten Partizipation entscheidend, die noch stärker wirken als die sozioökonomische Lage, was auch in Teilen die Differenzen der Einstellungen zwischen der ost- und westdeutschen Bevölkerung erklärt. Zudem sprechen sich Ältere, Frauen und Ostdeutsche etwas eher für eine solche Politik aus.

6 Kosten und Finanzierungsstrukturen

> Die Bevölkerung wünscht mehrheitlich keine Einschränkungen der Sozialleistungen, sondern befürwortet eher eine Ausweitung von Staatsausgaben für diesen Bereich. Da die Belastungen durch Steuern und Abgaben von mehr als der Hälfte der Befragten als zu hoch und nur in sehr wenigen Fällen als zu niedrig eingeschätzt werden, ist die Bereitschaft sich stärker an der Finanzierung zu beteiligen äußerst gering. Höhere Beiträge zur Krankenversicherung werden mehrheitlich abgelehnt (Osten: 75%; Westen: 71%). Über Zweidrittel der Befragten stimmen jedoch dem Vorschlag zu, auch auf Kosten höherer Steuern, die Grundsicherung auf einem angemessenen Niveau zu halten. Bei der Bereitschaft, zur Übernahme von mehr Eigenverantwortung (erfragt wurde exemplarisch der Bereich des Gesundheitswesens) lässt sich eine geteilte Zustimmung beobachten: Die Mehrheit ist gegen höhere Zuzahlungen und Eigenleistungen, eine „selbstbestimmte Gesundheitsvorsorge nach eigenem Bedarf" erfährt dagegen großen Zuspruch. Über Dreiviertel der Bevölkerung beurteilen die Finanzierung der GKV nach dem Solidarprinzip als gerecht und angemessen. Auch das Bedarfsprinzip in der Sozialhilfe findet breite Zustimmung.
>
> Bei der GKV sieht die Bevölkerung grundlegenden Reformbedarf. Die bisherigen Reformen werden mehrheitlich als nicht ausreichend eingestuft. Allerdings lehnt die Mehrheit der Befragten weitere Leistungskürzungen ab (Osten: 73%; Westen: 67%). Zur Finanzierungsreform werden verschiedene Maßnahmen (Bürgerversicherung und Gesundheitsprämie/Kopfpauschale) diskutiert. Die deutliche Mehrheit spricht sich für das Konzept der Bürgerversicherung aus.
>
> Bei der neuen Grundsicherung für Arbeitsuchende stößt die Gleichbehandlung von Langzeitarbeitslosen, die früher Arbeitslosenhilfe bezogen, und arbeitsfähigen früheren Sozialhilfeempfängern besonders in der Unterstützung bei der Arbeitssuche auf große Zustimmung. Die Notwendigkeit der finanziellen Gleichbehandlung wird deutlich seltener vertreten, die Befragten befürworten die Kopplung der Leistung an den vorherigen Lohn. Im Gegensatz dazu betrachtet ein Viertel der Bevölkerung die neuen Maßnahmen als angemessener.

Spätestens seit den 90er Jahren wird eine anhaltende Finanzierungskrise der sozialen Sicherungssysteme beklagt, die durch steigende Kosten und Aufwendungen für die Leistungsempfänger und die nicht im gleichen Maße ansteigenden Einnahmen verursacht ist. Zudem wird der Anstieg der Sozialstaatsquote (Anteil der Sozialausgaben am Bruttoinlandsprodukt) als Wettbewerbsnachteil angesehen. Betrug diese 1950 noch etwa 17%, waren es 1960 bereits 26,5% und 2003 lag sie bei 32,3% (BMGS Sozialbericht 2005).

Auch wenn dies keinesfalls die häufig konstatierte Kostenexplosion ist (vgl. Opielka 2004: 171f.), führte die Expansion des Sozialstaates unter den sich verschärfenden globalen Wettbewerbsbedingungen und den demografischen Veränderungen doch zu einem wachsenden Kostendruck, dem nicht mehr nur mit steigenden Beiträgen und Steuern begegnet wurde, sondern der auch zu Einschränkungen der sozialen Sicherung führte. Doch wie beurteilen die Menschen die Kosten und Finanzierungsstrukturen des Sozialstaats? Diese Frage wurde anhand von drei Kernbereichen untersucht:

Angesichts der gewünschten Ausweitung der Sozialleistungen wurde zunächst die Frage untersucht, inwiefern die bestehenden Belastungen der Bevölkerung als angemessen betrachtet werden und ob tatsächlich Spielräume für eine Intensivierung sozialstaatlichen Handelns gesehen werden. Anders formuliert: Nur wenn die Forderung nach Ausweitung oder zumindest Beibehaltung von Leistungen auf eine entsprechende individuelle *Finanzierungsbereitschaft* trifft, ist von einer tatsächlichen Unterstützung sozialstaatlichen Engagements auszugehen. Untersucht wurde daher die Bewertung der Belastung durch Steuern und Abgaben sowie, exemplarisch für das Gesundheitswesen, die Bereitschaft zu größeren Eigenleistungen.

Ferner ist damit, auch wenn in den jeweiligen Einzelsystemen Fehlentwicklungen und Überbeanspruchung beklagt werden können, noch nichts darüber ausgesagt, ob die zugrunde liegende Finanzierungsstruktur auf Zustimmung stößt. Es wurde daher untersucht, ob die bestehenden *Finanzierungs-Leistungsmodelle* als angemessen und gerecht betrachtet werden.

Schließlich wird aufgrund der oben genannten Probleme eine umfassende Neuorientierung der staatlichen Sicherungspolitik gefordert, die neben der reinen Kostensenkung den Aspekt des „Förderns und Forderns" in den Mittelpunkt stellt. Gefragt wurde daher, welche allgemeine *Zielrichtung die Reformen* haben sollten bzw. auf welche Akzeptanz existierende Maßnahmen stoßen.

6.1 Finanzielle Belastungen und Finanzierungsbereitschaft

Im Folgenden wird untersucht, wie die derzeitigen finanziellen Belastungen durch den Staat beziehungsweise den Sozialstaat eingeschätzt werden und ob die Bereitschaft zu größeren finanziellen Eigenleistungen existiert.

Die Hälfte der Bevölkerung befindet die finanziellen Belastungen als zu hoch

Grundsätzlich lässt sich festhalten, dass der gewünschten Ausweitung sozialstaatlicher Leistungen keine entsprechende individuelle Finanzierungsbereitschaft zugrunde liegt. Nur ein verschwindend kleiner Teil der Befragten

6.1 Finanzielle Belastungen und Finanzierungsbereitschaft

empfindet die Höhe der Abgaben bei direkter Nachfrage als zu gering, würde also auch eine höhere Belastung in Kauf nehmen. Allerdings empfindet umgekehrt nur die Hälfte der Bürgerinnen und Bürger in beiden Landesteilen die Sozialabgaben als eher oder gar viel zu hoch. Da die relative Höhe der Sozialabgaben in den letzten Jahren nicht nennenswert zunahm, ist dieses Ergebnis einerseits darauf zurückzuführen, dass zusätzliche Belastungen grundsätzlich unpopulär sind und die Mehrheit der Bevölkerung der Auffassung ist, dass ihre Belastungsgrenze erreicht sei. Umgekehrt wird die in der Öffentlichkeit breit diskutierte Sicht der Belastung der Ökonomie durch zu hohe Sozialabgaben nur von der Hälfte der Bevölkerung geteilt, was ansatzweise der Ablehnung von Kürzungen sozialer Leistungen entspricht.

Es fällt weiterhin auf, dass zwischen Steuern und Abgaben allgemein nicht sehr stark differenziert wird; es findet sich eine kleine Tendenz, die Sozialabgaben als eher angemessen zu betrachten: Dementsprechend bewertet eine größere Zahl von Bürgerinnen und Bürgern die Steuerhöhe als viel zu groß.

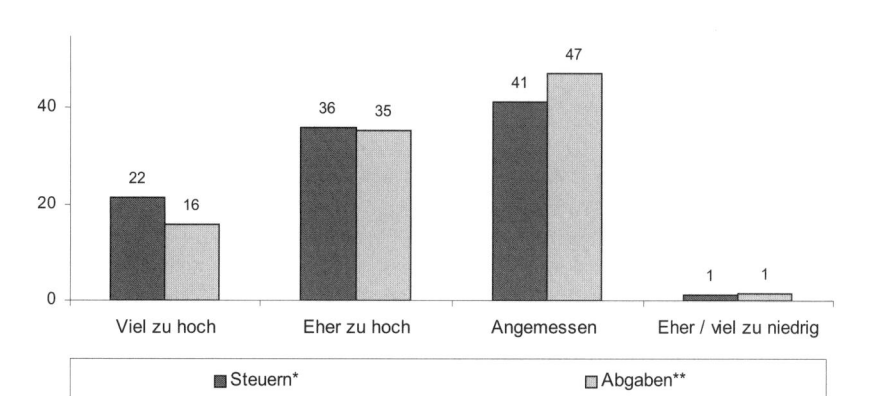

Abb. 19: Bewertung der Steuern und Sozialabgaben (in %)

	Viel zu hoch	Eher zu hoch	Angemessen	Eher / viel zu niedrig
Steuern*	22	36	41	1
Abgaben**	16	35	47	1

* Unser Sozialstaat erzielt die notwendigen Einnahmen aus Steuern und Sozialabgaben. Zunächst zu den Steuern: Empfinden Sie die Steuern, die Sie zahlen, als viel zu hoch, eher zu hoch, angemessen, eher zu niedrig oder viel zu niedrig?
** Wie ist es mit den Sozialabgaben, also z.B. den Beiträgen zur Kranken- und Rentenversicherung. Sind die Abgaben, die Sie zahlen, viel zu hoch, eher zu hoch, angemessen, eher zu niedrig oder viel zu niedrig?

Bei der Beurteilung der Steuerhöhe ist jedoch festzuhalten, dass in der allgemeinpolitischen Einschätzung die Steuerbelastungen ebenfalls als zu hoch angesehen werden, wobei nicht notwendiger Weise zwischen direkten und indirekten Steuern unterschieden wird und der Verwendungszweck aus dem Blick geraten kann. Insofern ist es denkbar, dass ein wesentlicher Teil der

Befragten nicht den Anteil der Steuereinnahmen im Kopf hat, die für soziale Leistungen verwandt werden, sondern vielmehr seine gesamte Steuerlast einem Urteil unterzieht – welches entsprechend negativ ausfällt. Ein Anhaltspunkt für diese Annahme findet sich in der Bereitschaft, höhere Steuern zu akzeptieren, wenn diese unmittelbar einem positiv besetzten Sozialstaatsziel zugeordnet werden. So stimmen über zwei Drittel dem Vorschlag zu, den Menschen auch auf Kosten höherer Steuern eine angemessene Grundsicherung zukommen zu lassen (vgl. Tabellenband). Betrachtet man die Bereitschaft zur Finanzierung der Sozialsysteme konkret beim Gesundheitswesen, bietet sich ein sehr konträres Bild: Gefragt, ob höhere Beiträge akzeptabel seien, wenn dadurch die Leistungen erhalten blieben, stimmen nur etwa 15% zu. Eine große Mehrheit lehnt dagegen eine Beitragserhöhung eindeutig ab, wobei die Ablehnung im Osten etwas stärker ausfällt.

Tab. 10: Bereitschaft zur Zahlung höherer Krankenversicherungsbeiträge (in %)*

	Zustimmung	Ablehnung
Gesamt	16	72
Ost	12	75
West	16	71

* *Es sollte höhere Beiträge geben, damit die Leistungen erhalten bleiben.*
an 100 fehlende Prozent: „weder noch"

Zusammenfassend lässt sich festhalten, dass die Bereitschaft zusätzliche Steuern und Abgaben zu zahlen derzeit nur gering ist. Obwohl ein Großteil der Bevölkerung für eine Ausweitung sozialstaatlicher Ausgaben plädiert, findet diese Forderung keine Entsprechung bei der Beurteilung der gegenwärtigen Abgaben- und Steuerlast. Umgekehrt erhält die Sicht, dass Sozialabgaben und Beiträge aufgrund der Wettbewerbsfähigkeit der Wirtschaft gekürzt werden müssten, jedoch auch keine Mehrheit, denn die Hälfte der Menschen sieht die gegenwärtige Belastung für angemessen an. Ob ersteres als Ausdruck einer stattfindenden „Entsolidarisierung" der Gesellschaft anzusehen ist oder ob die finanziellen Belastungen bei einem großen Teil der Bevölkerung tatsächlich die Grenze des Zumutbaren erreicht haben, ist dabei nicht restlos zu klären. Gegen die Annahme einer Entsolidarisierung spricht jedoch die Bereitschaft höhere Steuern für die Grundsicherung von Bedürftigen zu akzeptieren.

Individuelle Vorsorge stößt auf geteilte Zustimmung

Einen zentralen Ansatzpunkt zur Entspannung der anhaltenden Finanzierungsprobleme der Sozialversicherungen sowie zur Steigerung der Wettbewerbsfähigkeit der Unternehmen bildet die Ausweitung individueller Vorsorgemaßnahmen. Teile der Leistungen der gesetzlichen Versicherungssysteme werden in privatwirtschaftliche Systeme überführt, um damit die gesetzlichen Kassen zu entlasten bzw. auf ihre Kernaufgaben zu beschränken. Entsprechende Vorhaben wurden insbesondere in der Alterssicherung (sog. „Riester-Rente" / „Rürup-Rente") und in Teilen der Krankenversicherung (private Zusatzversicherungen, Zuzahlungen bei bestimmten medizinischen Leistungen) bereits umgesetzt.

Die Bereitschaft zur Übernahme größerer Eigenleistungen wurde exemplarisch für das Gesundheitswesen erfragt. Es zeigt sich ein geteiltes Bild: Die Forderung nach höheren Zuzahlungen und Eigenleistungen wird mehrheitlich strikt abgelehnt. Auch der Hinweis auf die damit verbundene Entlastung des Gesundheitswesens ändert nichts an der Zurückweisung von staatlich verordneten Eigenleistungen: Nur ein Viertel der Befragten kann sich damit anfreunden. Ein gänzlich anderes Ergebnis liefert die Nachfrage nach der Akzeptanz einer selbstbestimmten Gesundheitsvorsorge, bei der man seinen Bedarf individuell festlegen kann. Ein solches Modell befürworten rund 60% der Befragten, während es nur bei einem Viertel auf Ablehnung stößt.

Auffällig ist, dass beide Modelle in Ostdeutschland eine deutlich geringere Zustimmung finden. Dies unterstreicht zum einen möglicherweise die insgesamt schlechtere finanzielle Lage der Menschen im Osten und die daher geringeren Spielräume, zum anderen die Ablehnung individualistischer Reformrichtungen generell.

Tab. 11: Akzeptanz von Eigenleistungen im Gesundheitswesen (in %)

		Zustimmung	Ablehnung
Höhere Zuzahlungen*	Gesamt	25	62
	Ost	16	71
	West	27	60
Gesundheitsvorsorge selbst regeln**	Gesamt	60	28
	Ost	55	31
	West	61	27

* Es sollten höhere Zuzahlungen und Eigenleistungen erbracht werden, um das Gesundheitswesen zu entlasten.
** Es ist besser, wenn man einem Teil der Gesundheitsvorsorge selbst regeln kann. Dann kann man seinen Bedarf selbst bestimmen.
an 100 fehlende Prozent: „weder noch"

6.2 Akzeptanz bestehender Finanzierungs-Leistungsmodelle

Wenn auch die Mehrheit der Bevölkerung die Höhe der finanziellen Belastungen durch den Sozialstaat für grenzwertig hält, so ist damit noch nicht entschieden, ob die Prinzipien der Finanzierung und Leistungsgewährung als solche ebenfalls nicht akzeptiert werden. Denkbar ist zunächst, dass sowohl die Art und Weise, in der die notwendigen Mittel bei den Bürgerinnen und Bürgern erhoben werden, als auch die Grundsätze, nach denen diese verteilt werden, für nicht (mehr) akzeptabel gehalten werden. Untersucht wurde daher, ob die zugrunde liegenden Finanzierungs-Leistungsmodelle als gerecht empfunden werden.

Derzeitige Regelung im Gesundheitswesen gilt als gerecht

Beim Solidarprinzip der Gesetzlichen Krankenversicherung fällt das Urteil eindeutig aus: Über drei Viertel der Befragten hält dieses Modell für gerecht, über 26% sogar für vollkommen gerecht. Nur eine verschwindend geringe Minderheit empfindet es als vollkommen ungerecht, dass die Leistungsgewährung nach Bedarf erfolgt, während die Finanzierung lohnabhängig ist. Die Unterschiede zwischen West- und Ostdeutschland sind hierbei minimal.

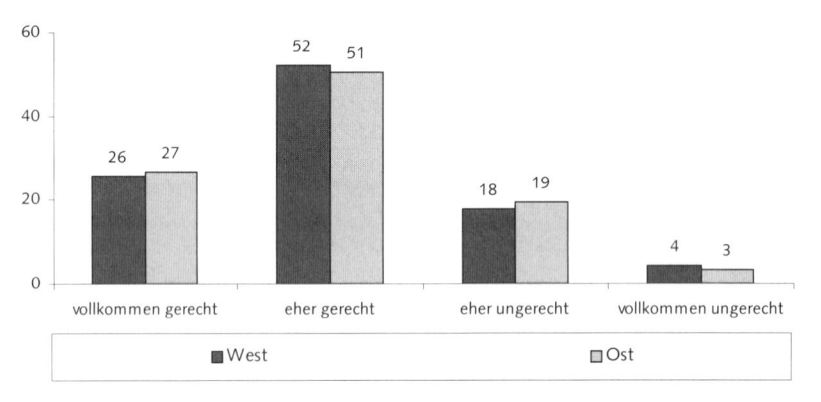

Abb. 20: Gerechtigkeit des Solidarprinzips der Krankenversicherung (in %)*

	vollkommen gerecht	eher gerecht	eher ungerecht	vollkommen ungerecht
West	26	52	18	4
Ost	27	51	19	3

*   *Die Gesetzliche Krankenversicherung ist solidarisch organisiert. Dass heißt, die Beiträge sind lohnabhängig, aber die Leistungen sind für alle gleich. Halten Sie dieses Prinzip für gerecht?*

Zustimmung zum Bedarfsprinzip der Sozialhilfe

Weiterhin wurde die Zustimmung zum Funktionsprinzip der steuerfinanzierten Sozialhilfe erfasst. Im Vordergrund stand hierbei das Prinzip der Leistungsgewährung, die erst bei Erschöpfung aller anderen Möglichkeiten eintritt. Auch hier ist eine deutliche Mehrheit überzeugt, dass dies gerecht sei, und erneut etwa ein Viertel der Befragten hält dies für vollkommen gerecht. Allerdings gibt es hier eine größere Zahl von Kritikern, und der Anteil derer, die dieses Prinzip für vollkommen ungerecht halten, hat sich im Vergleich zur Krankenversicherung verdoppelt. Die insgesamt trotzdem klar positive Einschätzung geht dabei stärker auf die Befragten in Westdeutschland zurück.

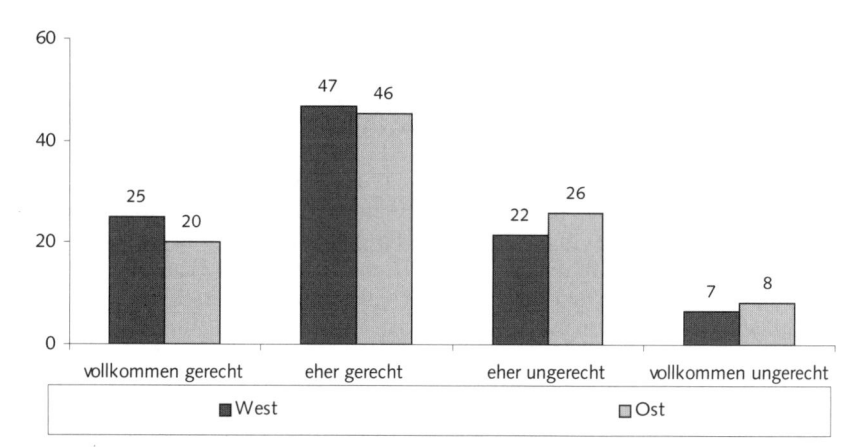

Abb. 21: Gerechtigkeit des Bedarfsprinzips der Sozialhilfe (in %)*

	vollkommen gerecht	eher gerecht	eher ungerecht	vollkommen ungerecht
West	25	47	22	7
Ost	20	46	26	8

* Die Sozialhilfe wird nach Bedarf gewährt, dass heißt, sie setzt erst dann ein, wenn keine anderen Mittel mehr vorhanden sind. Halten Sie dieses Prinzip für gerecht?

6.3 Akzeptanz von Reformen und Reformzielen

Als Ziele aller durchgeführten oder geplanten Veränderungen zur generellen Kostenreduktion sind zwei grobe Stoßrichtungen zu unterscheiden: Zum einen eine Senkung der finanziellen Belastungen von Staat, Bürgern und Unternehmen, insbesondere die finanzielle Entlastung des Faktors Arbeit. Eine wesentliche Begründung für die Umgestaltung der sozialen Sicherung bildet der Bezug auf externe Faktoren wie die zu hohen Lohnnebenkosten, die allgemeine Wettbewerbsfähigkeit der deutschen Unternehmen oder die demografische Entwicklung. Zum anderen die Aufrechterhaltung der Funktionsfähigkeit der Systeme selbst. Hierbei werden systemspezifische Fehlentwicklungen ebenso berücksichtigt wie generelle Ziele sozialpolitischen Handelns. Da die Wahrnehmung des Reformbedarfs sowie die Bewertung verschiedener Reformrichtungen in der Bevölkerung zwischen den Einzelsystemen variieren können, steht der zweite Aspekt im Vordergrund. Die Positionen und Präferenzen zu sozialstaatlichen Reformen werden anhand der Gesetzlichen Krankenversicherung und der Sozialhilfe / der Grundsicherung für Arbeitsuchende diskutiert.

6.3.1 Reformen des Gesundheitswesens

Die konstatierte Finanzierungskrise ist im Gesundheitswesen in besonderem Maße ausgeprägt. So wurden 2003 ca. 11% des Bruttoinlandsprodukts für Gesundheitsleistungen aufgewendet, während dies 1970 nur 6,5% waren.[30] Entsprechend stiegen die Beiträge für die Gesetzliche Krankenversicherung im gleichen Zeitraum von durchschnittlich 8% auf über 14% der Bruttoeinkommen. Darüber hinaus werden die fehlende Effizienz des Gesundheitssystems sowie die mangelnde Kostentransparenz und -sensibilität beklagt.

Erste Maßnahmen zur Kostenreduktion, wie Festbudgets und Ausgabenobergrenzen für Ärzte, die Förderung ambulanter statt stationärer Versorgung, die Ausweitung von Zuzahlungspflichten für Medikamente und medizinische Leistungen sowie die Propagierung privater Zusatzversicherungen konnten zumindest für Beitragsstabilität sorgen, die erhofften umfangreichen Beitragssenkungen bleiben bislang aber aus.

Bisherige Reformen reichen nicht aus

Die stattgefundenen Reformmaßnahmen hatten mehrheitlich den kurzfristigen Erhalt der Funktionsfähigkeit der Gesetzlichen Krankenversicherung bzw. ein Eindämmen der Beitragssteigerungen zum Ziel. Die Notwendigkeit einer grundlegenden Umgestaltung des Gesundheitswesens wird jedoch von den allermeisten Experten gesehen. Daher wurde weiter gefragt, inwiefern sich diese Einschätzung mit dem Urteil der Bürgerinnen und Bürger deckt.

Die Ergebnisse zeigen, dass tatsächlich weitergehende Umbaumaßnahmen für notwendig gehalten werden. Nur eine kleine Minderheit denkt, dass die stattgefundenen Reformen das Gesundheitswesen bereits ausreichend stabilisiert haben. Immerhin 39% halten die Reformen für einen Schritt in die richtige Richtung, dem aber weitere folgen müssen. Eine klare Mehrheit aber sieht in den bisherigen Maßnahmen keinen Beitrag zur Stabilisierung des Systems und hält eine grundlegende Veränderung für nötig.

---

30 Deutschland liegt damit im internationalen Vergleich weit vorne; lediglich in der Schweiz (11,2%) und in den USA (14,6%) wurde anteilig mehr ausgegeben (vgl. OECD 2004).

6.3 Akzeptanz von Reformen und Reformzielen

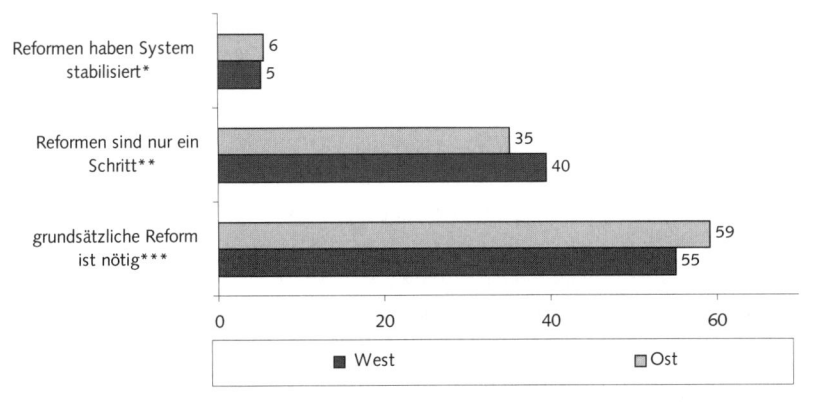

Abb. 22: Erfolge der Reformen der Gesetzlichen Krankenversicherung (in %)

	West	Ost
Reformen haben System stabilisiert*	6	5
Reformen sind nur ein Schritt**	35	40
grundsätzliche Reform ist nötig***	59	55

* *Die Reformen haben im großen und ganzen unser Gesundheitswesen stabilisiert, so dass keine weiteren Reformen nötig sind.*
** *Die Reformen sind nur ein Schritt zur Stabilisierung des Gesundheitswesens, weitere Schritte sind notwendig.*
*** *Die Reformen haben unser Gesundheitswesen nicht wirklich stabilisiert. Eine grundsätzliche Reform ist notwendig.*

Weitere Leistungskürzungen werden nicht akzeptiert

Neben Beitragserhöhungen, die von einer Mehrheit der Bevölkerung abgelehnt werden, kann eine Stabilisierung der Krankenversicherung auch durch partielle Leistungskürzungen erzielt werden. Daher wurde gefragt, ob Leistungskürzungen akzeptiert würden, um die Beiträge weiterhin stabil zu halten. Das Urteil ist eindeutig: Über zwei Drittel der Befragten lehnen weitere Einschnitte bei den Leistungen der Gesetzlichen Krankenversicherung ab. Auch der explizite Hinweis auf die resultierende Beitragsstabilität ändert nichts an der Einschätzung der großen Mehrheit, dass auch hier die Grenze des Zumutbaren erreicht ist. Die Ablehnung ist in Ostdeutschland wiederum etwas höher, während sich im Westen ein knappes Viertel der Befragten mit weiteren Leistungskürzungen abfinden könnte.

Tab. 12: Akzeptanz von Leistungskürzungen der Krankenversicherung (in %)*

	Zustimmung	Weder noch	Ablehnung
Gesamt	22	10	68
Ost	18	9	73
West	23	10	67

* *Die Leistungen sollten eingeschränkt werden, um die Beiträge stabil zu halten.*

Größere Zustimmung zur Idee der Bürgerversicherung

Wenn auch weitgehend Konsens hinsichtlich der Notwendigkeit zur Umgestaltung des Gesundheitswesens besteht, so herrscht doch Uneinigkeit über die entsprechenden Maßnahmen. Derzeit existieren vereinfacht zwei konkurrierende Modelle, denen jedoch eines gemeinsam ist: Aufgrund der Ablehnung weiterer Leistungseinschränkungen werden zur Lösung bestehender und zu erwartender Probleme derzeit vor allem alternative Modelle diskutiert, welche die Finanzierungsstruktur der Gesetzlichen Krankenversicherung grundlegend ändern möchten:

- Die sog. „Bürgerversicherung", die als wesentliches Element die Abkehr vom Arbeitnehmerstatus und die Hinwendung zum „Einwohnerstatus" vorsieht. In ihrer extensivsten Form meint sie daher die Versicherungs- und Beitragspflicht für alle Erwerbseinkommen, also auch jene von Selbstständigen und Beamten, sowie alle Einkommensarten, worunter auch Zins-, Vermietungs- und Kapitaleinkünfte fallen.

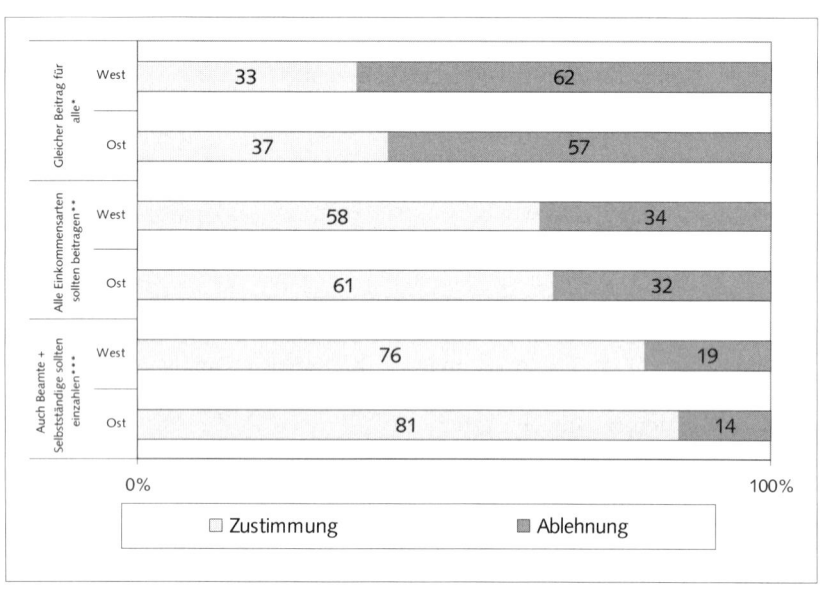

Abb. 23: Reformvorschläge zur Finanzierung der Krankenversicherung (in %)

		Zustimmung	Ablehnung
Gleicher Beitrag für alle *	West	33	62
	Ost	37	57
Alle Einkommensarten sollten beitragen **	West	58	34
	Ost	61	32
Auch Beamte + Selbstständige sollten einzahlen ***	West	76	19
	Ost	81	14

* Alle sollten den gleichen Geldbetrag zahlen, denn die Leistungen sind auch für alle gleich.
** Nicht nur Löhne und Gehälter, sondern alle Einkommensarten sollten zur Finanzierung der Gesetzlichen KV beitragen.
*** Alle Beamten und Selbstständigen sollten in die Gesetzliche Krankenversicherung einzahlen.
An 100 Prozent fehlende: weder noch.

- Die sog. „Gesundheitsprämie" bzw. „Kopfpauschale" schlägt dagegen eine völlige Entkopplung von den Einkommen vor und möchte stattdessen einen einheitlichen Betrag von allen Versicherten erheben. Diese Pauschale betrifft die gesamte Wohnbevölkerung über 18 Jahre, inklusive Arbeitsloser und Familienangehöriger. Diskutiert wird ein Beitrag zwischen 210 und 260€ für jeden, wobei Zuschüsse für geringe Einkommen aus Steuermitteln gedeckt werden sollen.

Wenn nun die Grundprinzipien beider Modelle auf ihre Zustimmung hin getestet werden, fällt das Urteil eindeutig aus: Die Ausweitung der Versicherungspflicht findet großen Anklang, während die Vereinheitlichung des Beitrags mehrheitlich auf Ablehnung stößt. Es bestätigt sich damit das in Kapitel 6.2 dargestellte Ergebnis, nach dem eine einkommensbezogene Beitragsleistung mehrheitlich als gerecht bzw. wünschenswert betrachtet wird.

Interessant ist darüber hinaus, dass beide Modelle im Osten eine etwas größere Zustimmung finden, wofür möglicherweise der zwar unterschiedliche, aber jeweils vorhandene Gleichheitsgrundsatz verantwortlich ist.

6.3.2 Reformen der bisherigen Sozialhilfe / Arbeitslosenhilfe

Die immer größer werdende Zahl an Leistungsempfängern im Bereich der Arbeitslosenunterstützung (und der – steuerfinanzierten – Sozialhilfe) bei gleichzeitigem Rückgang an Beitragszahlern galt in den letzten Jahren als zentrales Problem der sozialen Sicherung. Aufgrund der hohen Sockelarbeitslosigkeit und des Rückgangs sozialversicherungspflichtiger Arbeitsverhältnisse entstand eine größer werdende Finanzierungslücke. Die daraus resultierenden Maßnahmen zur Umgestaltung folgen der Leitlinie des „aktivierenden" Sozialstaats, mit der Orientierung an den Prinzipien „Fördern", „Fordern" und „Kontrollieren": Die Arbeitsuchenden werden bei ihren Bemühungen unterstützt, müssen hierzu jedoch selbst einen entsprechenden Beitrag leisten und unterliegen hierbei stärker als bislang entsprechender Kontrolle.

Die Umgestaltungen im Bereich der Sozialhilfe bzw. der Unterstützung bei länger andauernder Arbeitslosigkeit gehören zu den tief greifendsten Reformen der sozialen Sicherung. Mehrere Millionen Menschen waren unmittelbar von der Leistungsumstellung betroffen, die öffentliche Aufmerksamkeit war dementsprechend groß. Ausgangsthese war daher, dass die Menschen in diesem Bereich im besonderen Maße über die Veränderungen informiert und für eventuelle Verschlechterungen der Situation sensibilisiert sind.

Um ein umfassendes Bild der Einschätzungen der Reformen zu gewinnen, wurden unterschiedliche Aspekte der Gestaltung zur Beurteilung vorgelegt:

- Die Orientierung an der Lebensstandardsicherung auch bei längerer Arbeitslosigkeit, wie sie im alten Modell der Arbeitslosenhilfe realisiert war,

- die Gleichbehandlung arbeitsfähiger Sozialhilfeempfänger und Langzeitarbeitsloser, wie sie durch die „Hartz IV"-Reformen vollzogen wurde,
- und die Akzeptanz von permanenten Kontrollen der Leistungsbezieher zur Verhinderung des Missbrauchs von Sozialleistungen.

Tab. 13: Gestaltung des Arbeitslosengelds II (in %)

		Zustimmung	Ablehnung
Lohnabhängigkeit der Leistungen*	Gesamt	68	23
	Ost	72	19
	West	67	24
Gleichbehandlung**	Gesamt	90	6
	Ost	93	4
	West	90	7
Missbrauchskontrolle***	Gesamt	89	8
	Ost	88	8
	West	89	8

*   *Auch bei längerer Arbeitslosigkeit sollte die Leistung vom vorherigen Lohn abhängen, damit der Lebensstandard gesichert wird.*
** *Es ist richtig, dass arbeitsfähige Sozialhilfeempfänger und Langzeitarbeitslose gleichermaßen bei der Arbeitssuche unterstützt werden.*
*** *Es ist nötig, Leistungsbezieher permanent zu kontrollieren, um den massenhaften Missbrauch von Sozialleistungen zu bekämpfen.*
an 100 fehlende Prozent: „weder noch"

Grundsätzlich finden alle drei Aspekte breite Mehrheiten, jedoch ergeben sich durchaus Differenzen im Grad der Zustimmung. So erhält die Gleichbehandlung von Langzeitarbeitslosen und arbeitsfähigen Sozialhilfeempfängern die größte Unterstützung, wobei der Akzent jedoch auf der Unterstützung bei der Arbeitssuche und weniger auf der finanziellen Gleichbehandlung liegt. Diesbezüglich befürworten die Menschen eher die Leistungsgerechtigkeit der ehemaligen Arbeitslosenhilfe, die eine Kopplung der Leistungen an den vorherigen Lohn vorsah, was auch ein Grund für die Unzufriedenheit und die Vorbehalte gegen diese Reformen sein dürfte. Entsprechend fällt die Zustimmung zum Prinzip der Leistungsgerechtigkeit bei der Unterstützung von Langzeitarbeitslosen im Osten noch etwas entschiedener aus. Insgesamt werden jedoch die Gleichbehandlung bei der Unterstützung der Arbeitsuche und ein lohnabhängiger Leistungsanspruch nicht in Konkurrenz zueinander gesehen. Anderseits stößt das „alte" Modell der Arbeitslosenhilfe jedoch auch auf die größte Ablehnung, woraus vorsichtig geschlossen werden kann, dass etwa ein Viertel der Bevölkerung die neuen Regelungen für angemessener befindet. Darüber hinaus findet die Kontrolle zur Missbrauchsbekämpfung in Ost- und Westdeutschland eine sehr breite Unterstützung, nur eine kleine Minderheit hält dies für nicht notwendig oder wünschenswert.

6.4 Gründe sozialstaatlicher Einstellungen

Vor dem Hintergrund einer brüchig gewordenen Basis der Finanzierung sozialer Sicherung wächst offenkundig die Einsicht, dass Veränderungen in den Finanzierungs-Leistungsmodellen notwendig sind. Allerdings weisen die bisherigen Ergebnisse auf ein Grundproblem bei der Umgestaltung der sozialen Sicherungssysteme hin: Je konkreter die Vorschläge zur Kostenanpassung und Umstellung der Finanzierung sind und je genauer Kosten und Nutzen für den Einzelnen abgeleitet werden können, desto geringer fällt die Bereitschaft aus, diese auch mitzutragen. Es gewinnt daher die Frage an Bedeutung, ob die eigene soziale Lage, Sozialisationseffekte, Gerechtigkeitsvorstellungen oder die subjektiv empfundene Lebensqualität für Zustimmung oder Ablehnung der jeweiligen Vorschläge verantwortlich sind. Mit anderen Worten: Es ist zu untersuchen, *wer* den Forderungen zustimmt und *warum* er dies tut.

Um die Bestimmungsgründe der Akzeptanz unterschiedlicher Finanzierungsmodelle zu analysieren, wurden zwei neue Variablen gebildet, die die gegensätzlichen Grundvorstellungen von mehr Eigenbeteiligung bzw. höheren Steuern und Abgaben repräsentieren.[31]

Beide Finanzierungsmodelle stoßen auf nur mäßige Akzeptanz. Die Zahlung von höheren Steuern und Abgaben hält nur ein Drittel der Bevölkerung für das richtige Mittel der Finanzierung, eine Ausweitung der Eigenleistungen befürwortet gar nur ein Viertel. Diese geringe Zustimmung bestätigt zunächst obige Erkenntnis, nach der keine Reformrichtung auf breite Zustimmung bauen kann, wenn damit unmittelbar größere Belastungen drohen. Umso interessanter ist die Betrachtung der Differenzen zwischen unterschiedlichen Bevölkerungsteilen.

---

31 Zum exakten Vorgehen vgl. Kap. 3.3, Neubildung von Variablen.

Tab. 14: Bivariate Auswertung von höheren Abgaben und Eigenbeteiligung / Teil I

		Höhere Steuern + Abgaben Zustimmung	Höhere Eigenbeteiligung Zustimmung
Insgesamt		33	25
Soziodemografische Faktoren			
Region	Ost	31	18
	West	33	27
Geschlecht	Frauen	32	21
	Männer	34	30
Alter	18 – 34 Jahre	33	28
	35 – 59	38	22
	60 und älter	40	28
Bildung[1]	Niedrig	35	18
	Hoch	33	31
Haushaltstyp	Alleinlebend	35	23
	(Ehe-)Paar o. Kindern	35	26
	(Ehe-)Paar m. Kindern	29	24
	Alleinerziehende	31	19
	Erwachsene mit Eltern	38	32
Sozioökonomische Lage			
Einkommenslage[2]	Unterstes Quintil	31	20
	Oberstes Quintil	32	39
Immobilienbesitz	Nein	33	23
	Ja	33	27
2000€ in zwei Wochen	Nein	32	16
	Ja	33	29
Erwerbsstatus	Erwerbstätig	29	27
	Einfach	28	18
	Qualifiziert	29	31
	Selbständig	23	37
	Arbeitslos	30	19
	Langzeitarbeitslos	32	14
	Rentner/in	42	27
	Hausfrau/-mann	31	18
	Schüler/Studenten	38	35
Besondere Belastungen der Haushalte	Haushalte mit existenzsichernden Sozialleistungen	30	20
	Haushalte mit Arbeitslosen	29	22

[1] Index höchster Schulabschluss/höchster Berufsabschluss
[2] Bedarfsgewichtetes Nettohaushaltseinkommen (vgl. Kap. 3.3)

6.4 Gründe sozialstaatlicher Einstellungen

Bivariate Auswertung von höheren Abgaben und Eigenbeteiligung / Teil II

		Höhere Steuern + Abgaben	Höhere Eigenbeteiligung
		Zustimmung	Zustimmung
Insgesamt		33	25
Gerechtigkeitsvorstellung / Informiertheit			
Gerechtigkeits-vorstellungen[3]	Egalitarismus (ja / nein)	36 / 25	22 / 33
	Individualismus (ja / nein)	35 / 31	33 / 19
	Askriptivismus (ja / nein)	33 / 32	26 / 19
	Fatalismus (ja / nein)	32 / 34	21 / 28
Informiertheit[4]	Eher schlecht	35	25
	Eher gut	28	25
Subjektive Lebensqualität			
Zufriedenheit[5]	Gering	32	16
	Hoch	37	33
Gerechter Anteil	(Viel) weniger	29	19
	Gerecht u. mehr	36	30
Anomiesymptome[6]	Niedrig	32	27
	Hoch	39	20
Wirtschaftliche Lage	(Sehr) schlecht	28	16
	(Sehr) gut	36	30
	Abstieg[7]	32	21
	Aufstieg[7]	32	32
Schichtzugehörigkeit	Arbeiterschicht	32	16
	Mittelschicht	33	25
	Obere Mittelschicht/ Oberschicht	34	42
Gesundheitszustand	Schlecht	36	17
	Gut	33	27

[3] Index Mittelwerte des Instruments „Gerechtigkeitsvorstellungen"
[4] Index Faktenwissen (Gesundheit und Sozialhilfe)
[5] Index Zufriedenheit mit einzelnen Lebensbereichen
[6] Index aus verschiedenen Belastungssymptomen
[7] Einschätzung der wirtschaftlichen Lage vor fünf Jahren im Vergleich zu heute (vgl. Kap.3.3)

Die bivariate Betrachtung zeigt, dass die Bereitschaft, höhere Steuern und Abgaben zu zahlen, relativ gleichmäßig in allen Teilen der Bevölkerung verbreitet ist. Insbesondere die sozioökonomische Lage hat hier offenkundig nur einen geringen Einfluss. Jedoch ragt die geringere Zustimmung der Selbstständigen (-10 Prozentpunkte) und Beschäftigten (-4 Prozentpunkte) sowie die höhere Akzeptanz bei den Rentnern (+9 Prozentpunkte) heraus. Mit anderen Worten:

Diejenigen, die befürchten müssen, im Falle höherer Abgaben zur Kasse gebeten zu werden, sind eher dagegen, die potentiellen Nutznießer eher dafür.[32]

Eher gering fällt die Differenzierung hinsichtlich soziodemografischer Merkmale aus: Weder Region noch Geschlecht oder Bildung spielen eine Rolle. Lediglich die Altersvariable und, in geringerem Maße, der Haushaltstyp variieren das Ergebnis: Ältere können sich eher mit höheren Belastungen anfreunden, Familien weniger.

Von den Gerechtigkeitsvorstellungen zeigt einzig der Egalitarismus einen maßgeblichen Einfluss. Die Personen, die diese Orientierung nicht teilen, zeigen eine signifikant geringere Zustimmung zu höheren Steuern und Abgaben (-11 Prozentpunkte). In allen anderen Fällen liegt diese Differenz bei weniger als 5 Prozentpunkten. Bei der Informiertheit ist ein leichter (und sonst nirgendwo im Kostenblock beobachteter) Zusammenhang zwischen dem Grad der Informiertheit und dem Abnehmen der Akzeptanz von höheren Steuern und Abgaben zu beobachten – wobei das Korrelationsmaß jedoch sehr gering ist.

Ferner differenziert sich die Zustimmung entlang der subjektiven Faktoren aus. So ist die Bereitschaft zur Leistung höherer Beiträge um 7-8 Prozentpunkte geringer bei den Unzufriedenen, jenen, die sich um ihren gerechten Anteil betrogen sehen, sowie den Befragten, die ihre wirtschaftliche Lage als schlecht einschätzen. Besonderes Augenmerk erfordert die Betrachtung der Anomiesymptome: Während die anderen subjektiven Faktoren nahe legen, dass sich besonders Belastete tendenziell gegen höhere Steuern und Beiträge aussprechen, verhält es sich hier umgekehrt: Personen mit starken Anomiesymptomen fordern deutlich häufiger ein Ansteigen der Beiträge. Verantwortlich hierfür könnte die Hoffnung sein, dass man auf diesem Weg zu einer Verbesserung der eigenen Situation beiträgt, da man sich als Nutznießer der Sozialleistungen betrachtet. Ohne Effekt sind hier die Schichtzugehörigkeit, der individuelle Gesundheitszustand und die Entwicklung der wirtschaftlichen Situation in den letzten fünf Jahren.

Zusammenfassend lässt sich festhalten, dass neben egalitaristischen Grundorientierungen vor allem der Aspekt des Eigeninteresses, und dabei vor allem der Blick auf die Kosten der sozialen Sicherung, entscheidend ist.

Ein etwas anderes Bild bietet sich bei der Überprüfung der Bereitschaft zu mehr Eigenbeteiligung: Hier findet sich über nahezu alle Merkmale hinweg eine deutlich ausgeprägtere Differenzierung zwischen den verschiedenen

---

32 Die bivariaten Ergebnisse werden durch die entsprechenden Korrelationsmaße gestützt. So gibt es einen signifikant positiven Effekt bei den Variablen Egalitarismus (r=0,18), Rentner (r=0,14), Alter (r=0,10), gerechter Anteil (r=0,08), Individualismus (0,07), Anomie (r=0,06) und wirtschaftliche Lage (r=0,06), einen signifikant negativen Zusammenhang bei erwerbstätig (r=-0,09) einfache Erwerbstätigkeit und selbstständig (beide r=-0,08). In allen anderen Fällen waren die Korrelationen kleiner 0,05 oder nicht signifikant.

6.4 Gründe sozialstaatlicher Einstellungen

Bevölkerungsgruppen.[33] So ist bei nahezu allen soziodemografischen Faktoren ein zum Teil deutlicher Unterschied zu beobachten. Die Forderung nach mehr Eigenbeteiligung stößt dabei auf größere Zustimmung bei Männern (+9 Prozentpunkte), Westdeutschen (+9 Prozentpunkte), höher Gebildeten (+13 Prozentpunkte), sowie den jüngeren und älteren Befragten (+6 Prozentpunkte gegenüber der mittleren Altersgruppe). Uneinheitlich ist das Bild bei den Haushaltstypen: Während Alleinerziehende eine größere Eigenbeteiligung überdurchschnittlich ablehnen, gibt es bei Paaren mit und ohne Kindern sowie bei den Alleinlebenden keine klare Tendenz. Erwachsene, die noch bei ihren Eltern leben, können sich dagegen in hohem Maße damit anfreunden.

Ferner variieren die Einstellungen klar in Abhängigkeit von den Gerechtigkeitsvorstellungen, wobei das Ergebnis so erwartet werden konnte: Nur 22% der zum Egalitarismus und nur 21% der zum Fatalismus Neigenden wünschen eine Ausweitung, während dies 33% der Individualisten befürworten. Im Vergleich zu denjenigen, die individualistischen Gerechtigkeitsvorstellungen nicht zugeneigt sind, liegt die Differenz mit 14 Prozentpunkten noch etwas höher. Die Informiertheit hat dagegen keinen Einfluss auf das Ergebnis.

Ferner sind deutliche Unterschiede gemäß der sozioökonomischen Lage und Position zu erkennen. Zwar liegen die Erwerbstätigen insgesamt noch im Durchschnitt, unterscheidet man sie jedoch nach ihrer Qualifikation, ergeben sich klare Differenzen: Nur 18% der geringer qualifizierten, aber über 30% der qualifizierten Beschäftigten sprechen sich für mehr Eigenleistungen aus. Dieser Wert steigt bei Schülern und Studenten sowie den Selbstständigen nochmals deutlich an, während die Arbeitslosen und Hausfrauen und -männer sich eher am unteren Ende der Zustimmung wiederfinden. Bei den Einkommensklassen schließlich ergibt sich eine klare Differenz von 19 Prozentpunkten zwischen unterstem und oberstem Quintil, die ihre Entsprechung bei der kurzfristigen finanziellen Liquidität findet.

Dies korrespondiert mit den deutlichen Unterschieden in Abhängigkeit der subjektiven Lebensqualität der Menschen. So beträgt die Differenz zwischen den Unzufriedenen und den Zufriedenen 17 Prozentpunkte, wobei mit der Zufriedenheit der Wunsch nach mehr Eigenbeteiligung steigt. Zugleich wünschen nur 16% derer, die ihre wirtschaftliche Lage schlecht einschätzen, eine größere Eigenbeteiligung, während es bei den gut Situierten 30% sind. Am deutlichsten wird diese Tendenz jedoch bei der subjektiven Schichteinstufung: Die Angehörigen der oberen Mittelschicht bzw. Oberschicht fordern zu 42% eine höhere Eigenbeteiligung – dies ist der höchste Einzelwert überhaupt. Da nur 16% der sich der Arbeitsschicht zugehörig Fühlenden gleiches denken,

---

[33] Die höchsten Korrelationsmaße hierzu sind Individualismus (r=0,22), Schichtzugehörigkeit (r=0,19), wirtschaftliche Lage (r=0,19), Einkommen (r=0,16), Beschaffung von 2000€ (r=0,16), Zufriedenheitsindex (r=0,16), gerechter Anteil (r=0,15) Bildung (r=0,13), wirtschaftlicher Aufstieg (r=0,11) wirtschaftlicher Abstieg (r=-0,11) einfache Erwerbstätigkeit (r=-0,13) und Egalitarismus (r=-0,17).

ist der Abstand von 26 Prozentpunkten der größte gemessene zwischen zwei Bevölkerungsgruppen. Schwächere, aber analoge Zusammenhänge finden sich hinsichtlich der wirtschaftlichen Entwicklung in den letzten fünf Jahren, der subjektiven Verteilungsgerechtigkeit und den Anomiesymptomen.

In der Gesamtschau zeigt sich, dass alle Faktoren zur Einstellung bezüglich der erwünschten Eigenbeteiligung beitragen. Sowohl kulturelle als auch sozioökonomische Umstände beeinflussen die Zustimmung. Die deutlichsten Einflüsse sind für individualistische Gerechtigkeitsvorstellungen sowie für die objektive und subjektive Lebensqualität erkennbar: je höher der soziale Status ist und je zufriedener die Menschen mit ihrem Leben sind, desto größer ist die Bereitschaft zu größeren Eigenleistungen.

Multivariate Analyse

Überprüft wurde auch hier, ob die gefundenen bivariaten Zusammenhänge auch einer multivariaten Analyse standhalten. Mit anderen Worten: Es wurde untersucht, ob die dargestellten Einflüsse tatsächlich in diesem Ausmaß vorhanden sind, oder ob sie doch auf die Überlagerung durch andere Faktoren zurückgeführt werden können.

6.4 Gründe sozialstaatlicher Einstellungen

Tab. 15: Multivariate Auswertung von höheren Abgaben und Eigenbeteiligung

Multiple lineare Regression		Höhere Steuern und Abgaben Modell					Mehr Eigenbeteiligung Modell				
		I	II	III	IV	V	I	II	III	IV	V
Ostdeutsch	b	-,02	-,01	-,07*	-,09*	-,07*	-,20***	-,15***	-,09**	-,09**	-,07*
Haushaltseinkommen	b		,02*	,04***	,02*	,01		,09***	,06***	,07***	,05***
Erwerbstätig	b			-,16***	-,17***	-,11***	-,10***		-,09***	-,07**	-,16***	-,16***
Selbständig	b			-,31***	-,26***	-,20***	-,20***		,18***	,10	,07	,07
Individualismus	b				,04**	,04***	,04***			,14***	,14***	,14***
Egalitarismus	b				,19***	,20***	,21***			-,10***	-,09***	-,09***
Askriptivismus	b				-,01	-,01	-,02			,05***	,06***	,05***
Fatalismus	b				-,03*	-,03**	-,02			-,04***	-,02	-,02
Alter	b					,06***	,07**				-,06***	-,05***
Weiblich	b					-,06	-,02				-,04	-,05*
Bildung: hoch	b					,01	,01				,12***	,12***
Haushalte mit Kindern	b					-,02	-,04				,04	,02
Gerechter Anteil	b						,10***					,06***
Zufriedenheit	b						,07**					,09***
Konstante	a	2,966	2,989	2,195	2,038	1,623	2,644	2,396	2,306	2,358	1,995
Ostdeutsch	β	-,01	-,01	-,03	-,04	-,03	-,09	-,07	-,04	-,04	-,03
Haushaltseinkommen	β		,04	,07	,04	,00		,16	,11	,13	,09
Erwerbstätig	β			-,10	-,10	-,06	-,06		-,06	-,05	-,10	-,10
Selbständig	β			-,09	-,07	-,06	-,06		,05	,03	,00	,00
Individualismus	β				,05	,06	,05			,19	,18	,18
Egalitarismus	β				,21	,22	,23			-,11	-,11	-,10
Askriptivismus	β				-,01	-,01	-,02			,05	,06	,06

Multiple lineare Regression		Höhere Steuern und Abgaben Modell					Mehr Eigenbeteiligung Modell				
		I	II	III	IV	V	I	II	III	IV	V
Fatalismus	β			-,03	-,05	-,02			-,05	-,02	,00
Alter	β				,09	,11				-,09	-,08
Weiblich	β				-,00	-,01				-,03	-,03
Bildung: hoch	β				,01	,01				,08	,08
Haushalte mit Kindern	β				-,01	-,02				,02	,01
Gerechter Anteil	β					,09					,06
Zufriedenheit	β					,05					,08
R²		0,000	0,013	0,054	0,061	0,071	0,008	0,041	0,100	0,112	0,122
adj. R²		0,000	0,012	0,052	0,058	0,068	0,008	0,040	0,098	0,110	0,119
N		4217	4217	4217	4217	4217	4217	4217	4217	4217	4217

*: p ≤ .05; **: p ≤ .01; ***: p ≤ .001
Fehlwerte: fallweise eliminiert
Alle Berechnungen mit gewichteten Fällen durchgeführt
Lesehilfe siehe Tabelle 9

Die Ergebnisse bestätigen im Wesentlichen die bivariat gefundenen Zusammenhänge.[34] Die Zustimmung zu höheren Steuern und Abgaben wird vor allem durch egalitaristische Gerechtigkeitsvorstellungen beeinflusst, die auch bereits den Wunsch nach höheren Staatsausgaben erklärten.[35] Darüber hinaus befürworten vor allem Ältere und in schwächerem Maß diejenigen, die mit ihren Lebensbedingungen und ihrem Abschneiden im Vergleich zu anderen zufrieden sind, höhere Belastungen, während Erwerbstätige und Selbstständige diese ablehnen. Auch die Zugehörigkeit zu Ostdeutschland zeigt noch einen schwachen Effekt der Ablehnung, was auf die wahrgenommenen Grenzen weiterer Belastbarkeit zurückgeführt werden muss. Es zeigt sich somit,

---

34 Betrachtet man zunächst nur die Varianz der beiden abhängigen Variablen im letzten der geprüften Modelle, so fällt auf, dass die Forderung nach höheren Steuern und Abgaben nur zu 6,8% erklärt wird, während bei der Variable „Mehr Eigenbeteiligung" dieser Anteil mit 11,9% nahezu doppelt so hoch liegt und folglich eine größere Differenzierung zwischen den Bevölkerungsgruppen aufweist.

35 Allerdings zeigt sich in dieser Frage keine Polarisierung (unterschiedliche Vorzeichen) zwischen egalitaristischen und individualistischen Einstellungen wie bei den übrigen Dimensionen und Fragen.

dass erstens diejenigen, die dem Staat eine starke Rolle zur Herstellung einer gerechten Ordnung zusprechen, auch bereit sind hierfür höhere Belastungen durch Steuern und Abgaben zu akzeptieren. Zweitens ist das Eigeninteresse und damit die Perspektive entscheidend, inwiefern man sich selbst als denjenigen ansieht, der diese Kosten zu tragen hat, weswegen vor allem die Erwerbstätigkeit zu einer Ablehnung und das Alter zu einer Befürwortung höherer Steuern und Abgaben führen dürften. Idealtypisch ist somit der/die klassische Befürworter/in höherer Steuern und Abgaben egalitaristisch eingestellt, älter, Rentnerin oder Rentner und mit seinem/ihrem Leben insgesamt zufrieden. Einschränkend ist zu sagen, dass die Unterschiede jedoch eher gering ausfallen.

Betrachtet man die Einflussgrößen auf die Erwünschtheit größerer Eigenbeteiligung, fällt zunächst die größere Zahl an signifikanten erklärenden Variablen auf. Dies bestätigt, dass bei der Forderung nach Eigenleistungen mehr Aspekte von Bedeutung sind und das Ergebnis entsprechend stärker „streut" als bei den Einstellungen zu höheren Steuern und Abgaben. Die Detailbetrachtung zwischen den Modellen (b-Werte) verdeutlicht zudem, dass der starke regionale Einfluss die stärksten Abnahmen durch die Hineinnahme der sozioökonomischen Lage und der Gerechtigkeitsvorstellungen verzeichnet, die diese Differenz somit in weiten Teilen erklären. Insgesamt wirken sich alle Einflussvariablen in den vermuteten Richtungen aus. Den stärksten Einfluss auf die Akzeptanz einer größeren privaten Vorsorge haben der Individualismus, die Zufriedenheit mit der subjektiven Lebensqualität und das Haushaltseinkommen, gefolgt von hoher Bildung. Etwas eher ablehnend eingestellt sind Erwerbstätige, Personen mit egalitaristischen Einstellungen, Ältere und Frauen. Versucht man hier eine Typisierung der Ergebnisse, ergibt sich ein klareres und differenzierteres Bild als bei der Forderung nach höheren Steuern und Abgaben: Der typische Unterstützer der Forderung nach mehr Eigenbeteiligung ist männlich, aus Westdeutschland, qualifizierter Angestellter oder Selbstständiger, gehört zu den Einkommensstarken und wirtschaftlich Leistungsfähigen, ist individualistisch orientiert, zufrieden mit seiner Situation und ordnet sich selbst den oberen Bevölkerungsschichten zu.

6.5 Zusammenfassung

Die hohen Wohlfahrtsansprüche der Bevölkerung, die mehrheitlich keine Einschränkungen der sozialen Sicherung akzeptiert, sondern eher eine Ausweitung von Staatsausgaben befürwortet, schlagen sich nur teilweise in einer entsprechenden Finanzierungsbereitschaft nieder, denn die Hälfte der Befragten erachtet die gegenwärtigen Belastungen durch Steuern und Sozialabgaben als zu hoch und kaum jemand sieht sie als zu gering an. Dies drückt sich auch in der Ablehnung höherer Krankenkassenbeiträge aus, wird jedoch durch die gleichzeitige Akzeptanz von höheren Steuern für die Grundsicherung von Bedürftigen wiederum relativiert. Dies zeigt, dass die Bereitschaft, finanzielle Belastungen in Form von Steuern und Abgaben in Kauf zu nehmen, zwischen den Teilbereichen der sozialen Sicherung variieren kann und von weiteren Bewertungen der Organisation der Sozialsysteme oder der Gründe von „Finanzierungskrisen" abhängen dürfte.

Die geringe Finanzierungsbereitschaft führt allerdings nicht zu einer negativen Einschätzung der Bürgerinnen und Bürger hinsichtlich der Gerechtigkeit der bestehenden Finanzierungs-Leistungsmodelle. Insbesondere das Solidarprinzip der Gesetzlichen Krankenversicherung, aber auch das Bedarfsprinzip der Sozialhilfe treffen auf breite Zustimmung.

In Bezug auf die gesetzliche Krankenversicherung geht die Bevölkerung jedoch von einem grundlegenden Reformbedarf aus. Allerdings werden sowohl Leistungseinschränkungen wie auch Beitragserhöhungen mehrheitlich abgelehnt. Auf zumindest geteilte Zustimmung stößt dagegen die Forderung nach größerer Eigenverantwortung. Zwar werden weitere Zuzahlungen auch mehrheitlich abgelehnt, auf Zuspruch stößt jedoch das Prinzip, „die Gesundheitsvorsorge nach eigenem Bedarf regeln zu können". Ebenso wird eine Reform der Finanzierungsstrukturen und hier insbesondere das Modell der Bürgerversicherung, das anstrebt, Beiträge auf alle Einkommen zu erheben und auch Beamte und Selbstständige in die Pflichtversicherung einzubeziehen, mehrheitlich begrüßt.

Die Einstellungen zu einzelnen Reformrichtungen der bisherigen Sozialhilfe beziehungsweise Arbeitslosenhilfe fallen unterschiedlich aus. Einerseits halten rund zwei Drittel der Menschen die mit der Grundsicherung für Arbeitsuchende aufgegebene Kopplung der Leistungsansprüche an den vorherigen Lohn für angemessen, was unter anderem die Unzufriedenheit mit der durchgeführten Reform begründen könnte. Andererseits befürworten sie jedoch, dass die Unterstützung von Sozialhilfeempfängern und Langzeitarbeitslosen gleichermaßen erfolgen sollte. Weiterhin sieht eine große Zahl von Bürgerinnen und Bürgern einen Kontrollbedarf, um Missbrauch zu vermeiden.

Die Analyse der Gründe für sozialstaatliche Einstellungen zur Finanzierung der Leistungen hat ergeben, dass die aktuelle sozioökonomische Situation des Einzelnen und die subjektive Bewertung dieser Situation vor allem die Akzeptanz einer größeren Eigenvorsorge beeinflusst. Der Aspekt des Eigeninteresses ist dagegen bei der Bereitschaft zur Zahlung von höheren Steuern und Abgaben besonders wirksam: Vor allem diejenigen, die sich von den Kosten betroffen sehen – abhängig und selbständig Erwerbstätige – äußern sich ablehnend. Darüber hinaus befördert eine individualistische Haltung die Akzeptanz von Eigenvorsorge, während Egalitaristen eine Erhöhung von Steuern und Abgaben für adäquater halten.

7 Leistungen des Sozialstaats und Vertrauen

Die Zufriedenheit der Bürger mit der sozialen Sicherung hat im Zeitverlauf abgenommen. Der Zufriedenheitswert mit dem Netz der sozialen Absicherung erzielt den niedrigsten Wert aller abgefragten Lebensbereiche. Die Realisation der beiden zentralen wohlstaatlichen Werte, soziale Sicherung und Solidarität mit Hilfebedürftigen, werden von der Bevölkerung sehr unterschiedlich beurteilt. Die eine Hälfte sieht diese Werte eher verwirklicht, die andere sieht sie eher nicht verwirklicht. Auch die wahrgenommenen Verwirklichungsgrade von Chancengleichheit und Freiheit (selbstbestimmte Lebensführung) haben sich im Zeitverlauf deutlich verschlechtert.

Bei der Beurteilung gibt es teilweise deutliche Unterschiede zwischen den neuen und den alten Bundesländern. Seit der Wiedervereinigung nähern sich die Einschätzungen stetig an, bedingt durch eine immer positiver werdende Beurteilung im Osten und eine negativer werdende Sichtweise im Westen. Die Leistungen der einzelnen Sicherungssysteme werden sehr unterschiedlich bewertet: Das Gesundheitswesen wird positiv eingeschätzt, die Sozialhilfe wird skeptischer betrachtet und die Grundsicherung für Arbeitsuchende wird mehrheitlich schlecht beurteilt.

Das Vertrauen der Bevölkerung in die bestehenden Sicherungssysteme ist von mittlerer Höhe; über die Hälfte der Befragten hat weniger oder kein Vertrauen. Hinsichtlich der Bewertung der Einzelsysteme sind allerdings enorme Schwankungen festzustellen: der GKV bringen drei Viertel der Befragten etwas oder großes Vertrauen entgegen, der Unfallversicherung etwa zwei Drittel, die Hälfte vertraut der Pflegeversicherung, deutlich weniger als die Hälfte vertrauen der Arbeitslosenversicherung und der Sozialhilfe. Nur ein Drittel vertraut auf die Absicherung durch die Rentenversicherung, und der Grundsicherung für Arbeitsuchende bringen weniger als ein Drittel der Befragten Vertrauen entgegen.

Die zukünftige Leistungsfähigkeit der sozialen Sicherungssysteme wird sehr unterschiedlich eingeschätzt. Dem Gesundheitswesen werden akzeptable Leistungen zugetraut. Die Befragten rechnen jedoch mit einer Verringerung der gesetzlichen Absicherung. Das Vertrauen in die Zukunftfähigkeit der Sozialhilfe ist dagegen gering. Noch geringer fällt das Vertrauen in die Grundsicherung für Arbeitsuchende aus.

Die Fähigkeiten des politischen Systems, die Probleme des Sozialstaats zu lösen, werden äußerst negativ beurteilt. Nicht einmal ein Viertel der Befragten schreibt dem politischen System die Kompetenz zu, die Probleme zufrieden stellend zu lösen. Über die Hälfte spricht der Politik die Kompetenz zur Problemlösung ab.

Die individuellen Gerechtigkeitsvorstellungen und die subjektive Bewertung der eigenen Lebenssituation sind maßgeblich für die Wahrnehmung der Maßnahmen, die zur Realisierung sozialer Sicherheit beitragen. Eine individualistische Sichtweise hat eine positivere Sicht auf den Sozialstaat zur Folge, eine egalitaristische Sicht-

> weise ein negativere. Je höher die allgemeine Lebenszufriedenheit und die subjektive Verteilungsgerechtigkeit ist, desto positiver wird die Zielerreichung der allgemeinen Absicherung beurteilt.
>
> Die subjektive Lebensbewertung ist zur Erklärung des Vertrauens in den Sozialstaat bedeutsam. Es besteht jedoch auch ein starker Zusammenhang zwischen Vertrauen und Berufsstatus. Erwerbstätigkeit oder berufliche Selbstständigkeit wirken sich negativ aus und reduzieren das Vertrauen.

Die bisherigen Analysen haben gezeigt, dass die Bürgerinnen und Bürger Leistungskürzungen in den verschiedenen Teilsystemen der sozialen Sicherung tendenziell ablehnend gegenüberstehen. Hinzu kommt, dass die anhaltenden Reformdiskussionen zum Umbau des Sozialstaats einen veränderten Blick auf den individuellen und gesellschaftlichen Nutzen des Sozialstaats werfen. Galt der Sozialstaat bis in die 80er Jahre als Garant für die materiale sowie persönliche Freiheit des Einzelnen und die Legitimität der Gesellschaft (vgl. Kaufmann 2005: 305; Bäcker et al 2000; Althammer/Lampert 2004: 464), so werden inzwischen verstärkt Defizite betont: Einerseits belasteten die Kosten des Sozialstaats zunehmend die Wettbewerbsfähigkeit des Standorts, andererseits gelänge es nicht, die Situation hilfebedürftiger Menschen zu verbessern, sie würden vielmehr in ihrer Eigeninitiative und Eigenverantwortung geschwächt. Als Konsequenz wird ein „schlanker" Sozialstaat gefordert, der der Autonomie der Subjekte und der wirtschaftlichen Prozesse weniger Grenzen setze (vgl. Blanke/Plaß 2005; Heinze et. al. 2005). Zugleich mehrt sich aber auch die Kritik am „neoliberalen" Umbau sozialstaatlicher Steuerungsmechanismen (vgl. Butterwegge 2001). Souveränität und Selbstverantwortung der Bürgerinnen und Bürger, die ihr Maß an gewünschter Absicherung selbst bestimmen, erscheinen hier als Privatisierung sozialer Risiken und Unterordnung der Sozialpolitik unter die Imperative des Marktes, wodurch die Möglichkeiten einer selbst bestimmten Lebensführung beschränkt würden. Das Resultat könne eine „Vertrauenskrise" und der Verlust der sozialintegrativen Wirkung des Sozialstaats sein (Kaufmann 2005: 305).

Vor diesem Hintergrund ist zu untersuchen, wie die Bürgerinnen und Bürger den Status Quo der Leistungen des Sozialstaats für ihre eigene Absicherung sowie für die Gesellschaft bewerten und was sie für die Zukunft erwarten. Lassen sich Anzeichen für eine „Vertrauenskrise" und Unzufriedenheit mit den Leistungen der sozialen Sicherung erkennen, die auf den Umbau des Verhältnisses von kollektiver Absicherung und individueller Risikovorsorge und Selbstbestimmung zurückgeführt werden können?

Die Diskussion dieser Fragen erfolgt anhand der globalen Bewertungen der gegenwärtigen Leistungen des Sozialstaats und der spezifischen Beurteilung einzelner Sicherungssysteme. Darüber hinaus wird das Vertrauen die Bürgerinnen und Bürger in die bestehenden Sicherungssysteme sowie in die

Fähigkeiten des politischen Systems ermittelt, die anstehenden Probleme des Sozialstaats lösen zu können. Anschließend betrachten wir, welche sozialen Gruppen es sind, die mit den Leistungen des Sozialstaats zufrieden sind und ihm ein großes Maß an Vertrauen entgegen bringen.

7.1 Beurteilung der Leistungen der sozialen Sicherung

Um den Erfolg des bestehenden institutionellen Arrangements in den Augen der Bevölkerung untersuchen zu können, haben wir auf unterschiedliche Indikatoren zurückgegriffen, für die teilweise auch eine Entwicklung nachgezeichnet werden kann. Allgemein interessiert uns sowohl die Frage nach der Zufriedenheit der Bürgerinnen und Bürger mit dem Netz der sozialen Sicherung, als auch der wahrgenommene Realisierungsgrad zweier zentraler wohlfahrtsstaatlicher Werte – der sozialen Absicherung der Menschen und der Solidarität mit Hilfebedürftigen. Auf der Ebene der einzelnen Instrumente untersuchen wir die Leistungsbewertung der Sicherungssysteme Gesundheitswesen, Sozialhilfe und Grundsicherung für Arbeitssuchende.

7.1.1 Zufriedenheit mit dem Netz der sozialen Sicherung

Zunächst ist zu konstatieren, dass die Zufriedenheit mit der sozialen Sicherung im Zeitverlauf deutlich abgenommen und das niedrigste Niveau, seit der ersten Erhebung 1978, erreicht hat. Auf einer Skala von 0 bis 10 erhält das Sicherungsnetz nur einen durchschnittlichen Zufriedenheitswert von 5,5. Verglichen mit anderen Lebensbereichen stellt dies den höchsten Grad an Unzufriedenheit dar (vgl. Kap 4.4.3). Die Menschen aus Ostdeutschland sind dabei nach wie vor unzufriedener. Während die Westdeutschen einen Zufriedenheitswert von etwa 5,6 angeben, liegt derjenige der Ostdeutschen bei nur knapp 5.

Die Entwicklung der Zufriedenheit mit der sozialen Sicherung verlief in beiden Landesteilen jedoch unterschiedlich. Im Westen ist seit dem hohen Zufriedenheitswert von 1988 (7,0) ein kontinuierliches Absinken zu bemerken. Besonders ab 1998 kommt es zu einem drastischen Unzufriedenheitsschub. Im Osten stieg die Zufriedenheit vor dem Hintergrund eines nur mäßigen Niveaus direkt nach der Wiedervereinigung (5,0) in den 90er Jahren zunächst an, ist nach 1998 jedoch wieder auf ihren Ausgangswert herabgesunken. Trotz weiterhin vorhandener Unterschiede haben sich die Werte also stetig angenähert. Hierbei ist eindeutig eine „Verostung" der Zufriedenheit zu erkennen.

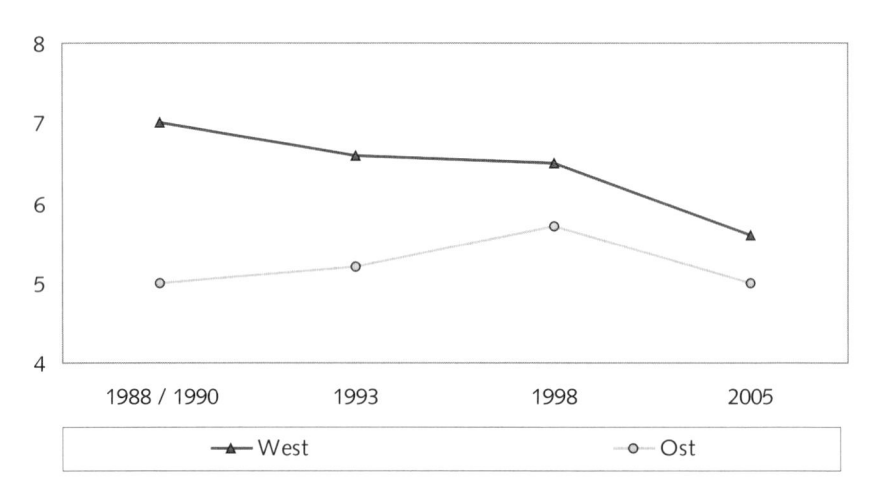

Abb. 24: Zufriedenheit mit der sozialen Sicherung
(Skala 0-10, Mittelwerte)*

[Liniendiagramm: West von ca. 7,0 (1988/1990) auf 6,6 (1993), 6,5 (1998), 5,6 (2005); Ost von 5,0 (1988/1990) auf 5,2 (1993), 5,7 (1998), 5,0 (2005)]

—▲— West   —o— Ost

* *Ich benenne Ihnen jetzt verschiedene Lebensbereiche. Bitte sagen Sie mir, wie zufrieden oder unzufrieden Sie alles in allem damit sind. Hierfür gibt es Werte von 0 bis 10.*

Zwar ist zunächst nicht ersichtlich, auf welche Beurteilungsmaßstäbe und Erwartungshaltungen dieser Zufriedenheitsverlust zurückgeführt werden kann. Angesichts der nach wie vor hohen Bedeutung, die der sozialen Sicherung zugesprochen wird, und der von weiten Teilen der Bevölkerung abgelehnten „Einkürzung" (vgl. Kap. 5.2) spricht jedoch einiges für einen Zusammenhang zwischen den wahrgenommenen Konsequenzen der Sozialstaatsreformen der letzten fünfzehn Jahre und der größeren Unzufriedenheit der Bürgerinnen und Bürger mit dem Sicherungssystem.

Die Unterschiede zwischen Ost- und Westdeutschland können vor dem Hintergrund dessen, dass sich Einstellungen auf Basis der bisherigen Erfahrungen und institutionalisierten Ansprüche herausbilden, folgendermaßen erklären werden: Der kontinuierliche Abfall der Zufriedenheit der westdeutschen Bürgerinnen und Bürger seit dem Höchstwert von 1988 deutet darauf hin, dass vermehrt Erfahrungen von Leistungsabbau und Verringerung von sozialer Absicherung gemacht worden sind. Dieses verringerte Sicherungsniveau, welches sich komplementär zu einer stärker eingeforderten Eigenverantwortlichkeit des Einzelnen verhält, wird aber nach wie vor an den Erwartungen eines Sozialstaatsgefüges gemessen, wie es bis Ende der 80er Jahre vorgefunden wurde. In dem Maße wie von den Bürgerinnen und Bürgern ein Absinken dieses Sicherungsniveaus erlebt wurde, nahm die Unzufriedenheit zu.

Für die ostdeutsche Bevölkerung sieht das etwas anders aus. Hier dürften direkt nach der Wiedervereinigung sowohl die Orientierung an den Maßstäben sozialistischer Gesellschaftspolitik als auch die enttäuschten Hoffnungen angesichts der Erfahrung von Arbeitslosigkeit für die geringe Zufriedenheit mit den sozialen Sicherungssystemen maßgeblich gewesen sein. Im Laufe der 90er Jahre scheint der Bedeutungsverlust der realsozialistischen Idee einer Totalversorgung durch den Staat zu neuen Erwartungshaltungen und einer günstigeren Bewertung des Sicherungsniveaus geführt zu haben. Das erneute Sinken des Zufriedenheitswertes könnte analog zu der Entwicklung im Westen auf Erfahrungen des „Einkürzens" zurückzuführen sein.

7.1.2 Realisierungsgrad sozialstaatlicher Grundwerte

Allerdings sind in der Beurteilung des Erfolgs sozialer Sicherung auch Differenzierungen erkennbar. Die Bevölkerung ist hinsichtlich der Beurteilung der Realisierung von sozialer Sicherheit und Solidarität mit Hilfebedürftigen in Deutschland gespalten. Die eine Hälfte sieht diese Werte eher verwirklicht, die andere sieht sie eher nicht verwirklicht.

Dabei ist auffällig, dass die Einschätzung der Realisation von Generationengerechtigkeit noch negativer ausfällt als die der sozialen Sicherung im Allgemeinen. Dies ist ein Indiz dafür, dass die in öffentlichen Diskussionen in den Vordergrund gerückte Problematik der Verteilungsgerechtigkeit zwischen den Generationen neben der Beurteilung des Leistungsniveaus ein weiterer Maßstab zur Beurteilung der sozialen Sicherheit geworden ist.

Ein Unterschied in den Einstellungen von Ost- und Westdeutschen ist besonders mit Blick auf den Verwirklichungsgrad der sozialen Sicherheit festzustellen. Dieser wird in den neuen Bundesländern deutlich skeptischer gesehen. Hier gehen 62% davon aus, dass der demokratische Wert eines sozial abgesicherten Lebens eher nicht oder überhaupt nicht realisiert ist. Dies sind rund 15 Prozentpunkte mehr als im Westen. Bezüglich der Solidarität mit Hilfebedürftigen ergeben sich keine nennenswerten Unterschiede.

Vor dem Hintergrund unserer These eines sich auf der Makroebene herausbildenden sozialisatorischen Effekts aufgrund von unterschiedlichen sozialstaatlichen Verteilungsarrangements ist es jedoch auch interessant, inwiefern die hauptsächlich durch den westdeutschen Sozialstaat sozialisierten jüngeren Ostdeutschen die Sichtweise ihrer älteren Mitbürger teilen. Es zeigt sich, dass bei den älteren Bürgerinnen und Bürgern, deren Erfahrungen durch die Wirtschafts- und Sozialpolitik der DDR strukturiert wurden, eine deutlich pessimistischere Einschätzung vorliegt, die sich gegenüber den unter 35jährigen in einem um 18 Prozentpunkte höheren Anteil an Befragten ausdrückt, der eine soziale Sicherung eher oder überhaupt nicht realisiert sieht. Somit dürfte für die jüngeren Ostdeutschen eine andere Erwartungshaltung an den gewünschten Umfang von sozialer Sicherheit vorliegen, die sich stärker an den Normen bürgerlicher Marktgesellschaften orientiert.

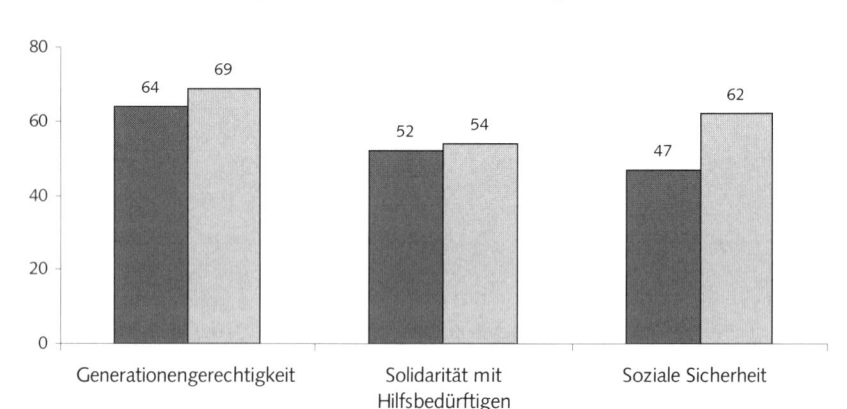

Abb. 25: Realisierung grundlegender demokratischer Werte
(Antwortkategorien „eher nicht / überhaupt nicht realisiert", in %)*

	Generationengerechtigkeit	Solidarität mit Hilfsbedürftigen	Soziale Sicherheit
West	64	52	47
Ost	69	54	62

* In welchem Maße sind die folgenden Freiheiten, Rechte, Chancen und Sicherheiten in Deutschland realisiert?

Tab. 16: Realisierung sozialer Sicherung nach Region und Alter
(Antwortkategorien „eher nicht / überhaupt nicht realisiert", in %)

Bis 34 Jahre		35 und älter	
Ost	West	Ost	West
48	36	66	50

* exakte Frageformulierung s. Abb. 25

Es zeigt sich jedoch auch für Westdeutschland ein vergleichbarer und nur leicht schwächerer Effekt, der sich allerdings auf einem insgesamt niedrigeren Niveau abspielt. Somit dürften sich auch hier die Ansprüche der Jüngeren an einem gewandelten Sozialstaatsmodell mit stärker aktivierenden Zügen orientieren, während für die Wahrnehmung der über 35jährigen die versorgende Absicherungspolitik stärker im Vordergrund steht.

Bezogen auf Gesamtdeutschland nimmt der wahrgenommene Realisierungsgrad der sozialen Sicherung im Zeitverlauf etwas ab. So war der Anteil der Bürgerinnen und Bürger, der sie als mindestens eher realisiert ansah, 1998 um 6 Prozentpunkte größer (vgl. Tabellenband). Das Problembewusstsein hat hier also zugenommen. Allerdings lässt sich auch eine gewisse Polarisierung

7.1 Beurteilung der Leistungen der sozialen Sicherung

der Einschätzungen erkennen. So sind heute mehr Menschen der Meinung, dass die soziale Sicherheit voll und ganz realisiert ist. Bei der Beurteilung der Solidarität mit Hilfebedürftigen ergeben sich gegenüber 1998 keine signifikanten Veränderungen. Dieser demokratische Grundwert bleibt in der Einschätzung der Bevölkerung somit sowohl in seiner zeitlichen als auch seiner regionalen Dimension konstant.

Skeptischere Einschätzung der Realisation von Freiheit und Chancengleichheit

Wie weiter oben angeführt wird momentan diskutiert, dass eine zu starke Expansion sozialer Absicherung in Widerspruch zu zentralen Freiheitsprinzipien bürgerlicher Marktgesellschaften gerate, indem sie eine Abhängigkeit gegenüber diesen Leistungen aufbaue (vgl. Breyer et al. 2004). Umgekehrt könnte die Aufwertung der Eigenverantwortung als Zugewinn von Freiheit und Autonomie interpretiert werden.

Die Bevölkerung scheint diese Ansicht jedoch nicht zu teilen. Betrachtet man die Realisierungsgrade der zentralen bürgerlichen Werte Freiheit (im Sinne einer selbst bestimmten Lebensführung) und Chancengleichheit (als Gleichheit der Gesellschaftsmitglieder in ihren Startbedingungen) im Zeitverlauf, wird eine deutliche Verschlechterung der Einschätzungen, insbesondere hinsichtlich der Freiheit, so leben zu können, wie man will, ersichtlich (vgl. Abb.27; Tabellenband). So wird diese 2005 von der Hälfte der Befragten als eher oder überhaupt nicht realisiert angesehen, während 1998 nur ein Drittel diese Sichtweise vertrat. Im gleichen Zeitraum vergrößerte sich der Anteil der Bürgerinnen und Bürger um 8 Prozentpunkte, der von einer tendenziellen Nichtrealisierung der Chancengleichheit ausgeht. Sie sind der Überzeugung, dass die soziale Herkunft über eine attraktive Position im gesellschaftlichen Gefüge entscheidet.

Es ist nicht ersichtlich, welche Gründe im Einzelnen für diese Einschätzung verantwortlich sind. Die sukzessive Einschränkung sozialer Leistungen mit der Folge einer stärkeren Vermarktlichung der Individuen ist von der Bevölkerung jedoch nicht als ein Zugewinn an neuen Freiheiten interpretiert worden. Eine Erklärung könnte sein, dass im Zuge einer Bedeutungszunahme der privaten Eigenvorsorge die soziale Herkunft wieder stärker als wichtige Ressource für eine angemessene Partizipation an der Gesellschaft wahrgenommen wird. Die durch die Verringerung der Leistungsansprüche unmittelbarer hervortretenden Zwänge des Marktes könnten in der Einschätzung der Bürgerinnen und Bürger in einen Konflikt mit dem Bedürfnis nach einer selbst bestimmten Lebensführung geraten. Möglicherweise stellt die „Krise des Sozialstaats" aus Sicht von Teilen der Bevölkerung nicht nur ein Gleichheits-, sondern auch ein Freiheitsproblem dar.

Allerdings sind die Entwicklungen regional unterschiedlich. Verglichen mit Ergebnissen des Wohlfahrtssurveys von 1998 ergibt sich für die vier Grundwerte soziale Sicherheit, Solidarität, Chancengleichheit und selbst bestimmte Lebensführung eine Annäherung der Ost- und Westdeutschen in ihren Beurteilungen. Während in Westdeutschland die wahrgenommenen Verwirklichungsgrade eine, wie oben dargestellt, zum Teil dramatische Verschlechterung erfahren, werden in Ostdeutschland bis auf die freie Wahl bei Lebensentscheidungen, bei der sich auch für die neuen Bundesländer starke Verschlechterungen in den Einschätzungen ergeben, alle weiteren Werte positiver gesehen als in der Vergleichsstudie.

Abb. 26: Entwicklung der wahrgenommenen Realisierung sozialstaatlicher Werte (Antwortkategorien „eher nicht / überhaupt nicht realisiert", in %)

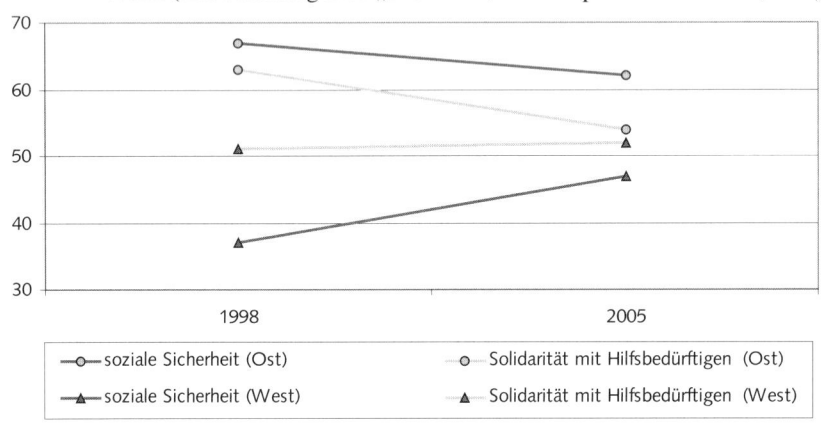

Abb. 27: Entwicklung der wahrgenommenen Realisierung von Freiheit und Chancengleichheit (Antwortkategorien „eher nicht / überhaupt nicht realisiert", in %)

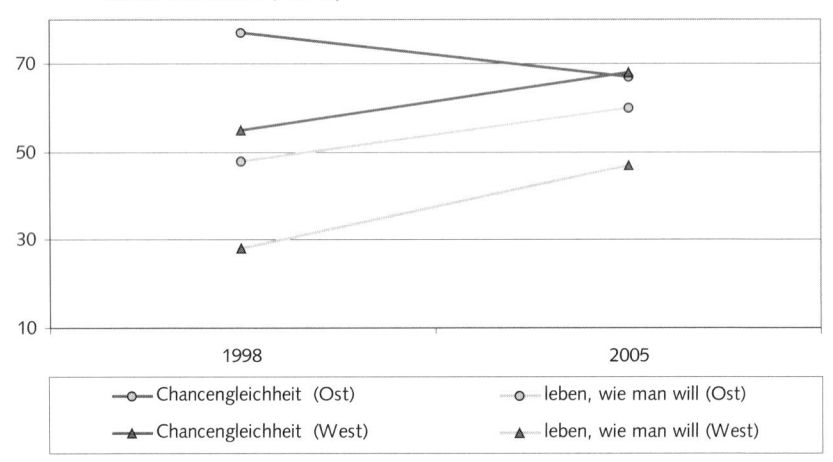

Bezieht man die Befunde über die Zufriedenheit mit der sozialen Sicherung in die Betrachtung mit ein, schälen sich zwei unterschiedliche soziokulturelle Entwicklungen in Ost- und Westdeutschland immer deutlicher heraus. *Erstens* tritt die Ideologie der ehemaligen DDR, die sich durch einen starken Gleichheitsgedanken und eine geringer ausgeprägte individuelle Leistungsorientierung ausgezeichnet hat, im Bewusstsein der Ostdeutschen mehr und mehr in den Hintergrund. Der Wertekanon einer kapitalistisch-marktwirtschaftlich verfassten Gesellschaft mit ihrem starken Leistungsbezug wird immer stärker auch von der Bevölkerung in Ostdeutschland akzeptiert. *Zweitens* wird aber die Ideologie von Freiheit und selbst bestimmter Lebensgestaltung, die für westliche Industriegesellschaften kennzeichnend ist, aufgrund des ökonomischen Drucks (sowohl hinsichtlich der Arbeitsmarktlage als auch bezogen auf die Einschränkungen der sozialen Absicherung) brüchiger. Daher die im Zeitverlauf deutlich pessimistischer werdende Sicht der Westdeutschen. Zugespitzt ergibt sich eine Situation, bei welcher die Ideologie des „real existierenden Sozialismus" verschwindet, ohne dass man mit den Lebensbedingungen im Kapitalismus zufrieden wäre.

7.1.3 Gesundheitswesen und Absicherung bei Erwerbslosigkeit

Für die Analyse der Beurteilung der sozialstaatlichen Absicherung ist es interessant, in welchem Verhältnis die globalen Einschätzungen des Sozialstaats zu den Einstellungen hinsichtlich der konkreten Sicherungssysteme und ihrer Leistungsgewährung stehen. Zieht sich zum Beispiel die globale Einstellung durch alle konkreten Instrumente durch, oder gibt es einen differenzierteren Blick, bei welchem einzelne Sicherungssysteme positiver und andere kritischer beurteilt werden? Unterscheidet sich der soziale Einfluss der Region auf die Einstellung je nachdem, ob sich diese auf das Gesundheitswesen, die Sozialhilfe oder das Sicherungssystem insgesamt richtet? Wir untersuchen diese Fragen anhand der Bewertung der Leistungen der Gesetzlichen Krankenversicherung, der Sozialhilfe und der Grundsicherung für Arbeitsuchende.

Das Gesundheitssystem gilt als Erfolg

Für das Gesundheitswesen muss der niedrige Zufriedenheitswert für das Gesamtsystem relativiert werden. Die Gesetzliche Krankenversicherung wird von den Bürgerinnen und Bürgern deutlich positiver eingeschätzt.

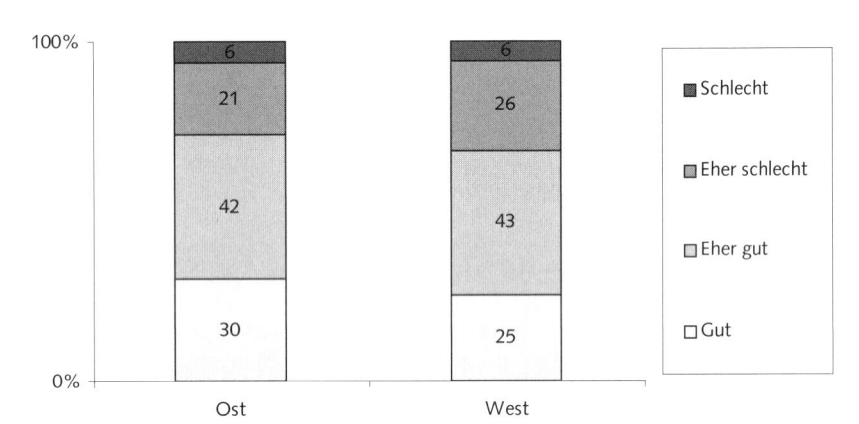

Abb. 28: Bewertung der aktuellen Absicherung durch die Gesetzliche Krankenversicherung (in %)*

	Ost	West
Schlecht	6	6
Eher schlecht	21	26
Eher gut	42	43
Gut	30	25

* Ist die Absicherung im Krankheitsfall durch die Gesetzliche Krankenversicherung Ihrer Meinung nach in der heutigen Zeit gut, eher gut, eher schlecht oder schlecht?

Über zwei Drittel der Bevölkerung sehen sich tendenziell gut abgesichert. Ein Viertel ist mit dem Leistungsniveau sogar vollkommen zufrieden. Besonders in den neuen Bundesländern genießt das Gesundheitssystem große Zustimmung. Fast drei Viertel der Befragten gehen hier von einer guten oder eher guten Absicherung aus.

Skeptische Betrachtung der Sozialhilfe

Hinsichtlich der Leistungen der Sozialhilfe ist die Bevölkerung in ihrer Beurteilung jedoch gespalten. Der Anteil von positiven und negativen Bewertungen ist relativ ausgeglichen, wobei der etwas größere Teil zu einer positiven Einschätzung neigt. So gehen 58% von einer angemessenen Leistung der Sozialhilfe aus. Mehr als jeder Fünfte sieht diese sogar als gut an. Allerdings ist über ein Drittel der Bürgerinnen und Bürger mit den Leistungen eher unzufrieden und 8% empfinden sie als schlecht.

Die Menschen im Osten Deutschlands sind im Gegensatz zur Beurteilung des Gesundheitswesens bei der Sozialhilfe kritischer als die Befragten im Westen. Knapp über die Hälfte gehen von eher schlechten Leistungen dieses Sicherungssystems aus. Dieser Anteil ist somit um rund 11 Prozentpunkte größer als bei den Westdeutschen.

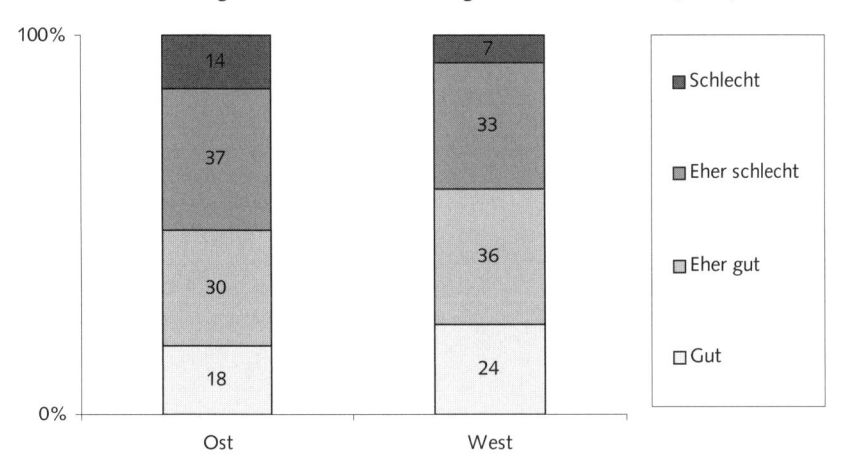

7.1 Beurteilung der Leistungen der sozialen Sicherung

Abb. 29: Bewertung der aktuellen Leistungen der Sozialhilfe (in %)*

	Ost	West
Schlecht	14	7
Eher schlecht	37	33
Eher gut	30	36
Gut	18	24

* Sind die Leistungen der Sozialhilfe Ihrer Meinung nach in der heutigen Zeit gut, eher gut, eher schlecht oder schlecht?

Mehrheitlich schlechte Beurteilung der Grundsicherung für Arbeitsuchende

Der Protest gegen den Umbau der Sicherungssysteme entzündete sich insbesondere an der neu geschaffenen Grundsicherung für Arbeitsuchende. Gerade die ostdeutsche Bevölkerung sah hierin zum großen Teil eine Diskriminierung Arbeitsloser, die auf das Niveau der Sozialhilfe gezwungen würden, und reagierte mit Protestkundgebungen wie den Montagsdemonstrationen. Dieser verstärkt in den neuen Bundesländern vorgetragene Unmut spiegelt sich auch in den Einstellungen der Bevölkerungsgruppen wider. Während in den alten Bundesländern 60% der Bürgerinnen und Bürger von einer eher schlechten Leistung ausgehen, sind dies in den neuen Bundesländern deutlich über zwei Drittel. Noch stärker tritt der Unterschied bei der Gruppe hervor, die vollkommen unzufrieden mit dem Leistungsniveau ist. In Westdeutschland gehört jeder Siebte bis Achte dieser Gruppe an, in Ostdeutschland nahezu jeder Vierte.

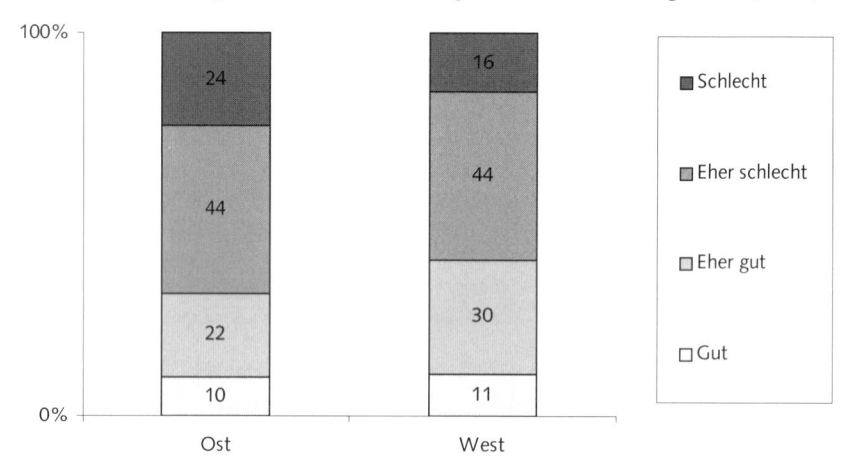

Abb. 30: Bewertung der aktuellen Leistungen des Arbeitslosengelds II (in %)*

	Ost	West
Schlecht	24	16
Eher schlecht	44	44
Eher gut	22	30
Gut	10	11

* Seit diesem Jahr erhalten Langzeitarbeitslose und arbeitsfähige Sozialhilfeempfänger gemeinsam eine Grundsicherung für Arbeitssuchende, das so genannte Arbeitslose II. Halten Sie die Leistungen des Arbeitslosgelds II für gut, eher gut, eher schlecht oder schlecht?

7.2 Vertrauen der Bürger in die Sozialversicherungen

Vertrauen wird als eine „grundlegende Voraussetzung des alltäglichen Handelns" in komplexen modernen Gesellschaften angesehen (vgl. Endress 2002: 5). Das Zusammenwirken von Menschen bedarf notwendigerweise eines Vertrauensvorschusses in die Handlungsweisen von Institutionen, Organisationen und Mitmenschen, da ansonsten das Wagnis eines kollektiven Handelns nicht eingegangen wird. In der empirischen Politikforschung wird der Ermittlung des Institutionenvertrauens zentrale Bedeutung beigemessen, da zum einen ein nachhaltiger Zweifel gegenüber demokratischen Kerninstitutionen auf Dauer zu einem Akzeptanzverlust demokratischer Verhältnisse führt, und zum anderen ein zufriedenstellendes Funktionieren des politischen Systems nicht möglich ist, wenn dessen Institutionen sich aufgrund von fehlendem Vertrauen der Bürgerinnen und Bürger ständig neu legitimieren müssen (vgl. Simonson 2003).[36]

---

36 Dagegen wird allerdings eingewendet, dass eine substanzielle Demokratie auch auf das Misstrauen der Bevölkerung gegenüber Macht- und Herrschaftsstrukturen angewiesen ist, um einem möglichen Missbrauch vorzubeugen (für einen Überblick über die Debatte vgl. Döring 1990).

7.2 Vertrauen der Bürger in die Sozialversicherungen

Vertrauen kann als das Gefühl definiert werden, sich darauf verlassen zu können, dass die eigenen Interessen im politischen Alltag Berücksichtigung finden, auch ohne dass die hierfür relevanten Institutionen permanent kontrolliert werden müssen (vgl. Easton 1975). Dieses Vertrauen kann in diffuses und spezifisches Vertrauen differenziert werden (vgl. Gräf/Jagodzinski 1998). Wenn auf eine bestimmte, klar umrissene Leistung vertraut wird, liegt ein spezifisches Vertrauen vor. Bei objektiv nicht eindeutig feststellbaren Leistungen, wie der Orientierung an sozialer Gerechtigkeit, wird diffus vertraut. Dieses diffuse Vertrauen ist, wenn einmal vorhanden, enttäuschungsfester, da ein Vertrauensmissbrauch nicht sofort festgestellt werden kann. Allerdings dürfte sich der Vertrauensaufbau, bei einmal verlorenem Vertrauen, auch schwieriger gestalten.

Vor dem Hintergrund von Restrukturierungsprozessen im sozialen Sektor wird in den öffentlichen Diskussionen immer wieder von einer Vertrauenskrise des Sozialstaats gesprochen (vgl. Kaufmann 2005: 305; Roller 2002). In dem Maße wie der Sozialstaat mit seinem Versprechen einer gerechten Sozialordnung zur Legitimität von Staat und Marktwirtschaft beigetragen hat, stellte er auch einen stabilisierenden Faktor der politischen Verhältnisse dar. Aufgrund von enttäuschten Erwartungen, verschärfter Verteilungskonflikte und zunehmender Finanzierungsprobleme könnte der sozialintegrative Wert von Sozialpolitik bedroht sein. Ein möglicher Vertrauensverlust erfasst hierbei sowohl die diffuse als auch die spezifische Ebene. Zum einen kann eine Veränderung der Sicherungsmechanismen mit einsozialisierten Gerechtigkeitsvorstellungen in Konflikt geraten. Zum anderen kann der wahrgenommene Nutzen sozialstaatlicher Institutionen immer geringer werden, da ihnen nicht mehr zugetraut wird, ihre Aufgabe einer Absicherung von Risiken in Zukunft angemessen erfüllen zu können.

Welches Vertrauen die Bürgerinnen und Bürger in den Sozialstaat haben, wird anhand von drei Bereichen untersucht: Es wurde erfragt, wie groß das Vertrauen der Menschen in die einzelnen Sicherungssysteme ist, welche Erwartungen sie an die Güte der zukünftigen Absicherung bei verschiedenen Risiken haben und wie sie die Fähigkeiten des politischen Systems einschätzen, sozialstaatliche Probleme lösen zu können.

7.2.1 Vertrauen in die einzelnen Sicherungssysteme

Das Vertrauen der Bevölkerung in die einzelnen Sicherungssysteme ist insgesamt nicht sehr hoch. Durchschnittlich hat rund die Hälfte der Befragten weniger oder kein Vertrauen.

Das Antwortverhalten der Befragten weist allerdings, bezogen auf die spezifischen Sicherungssysteme, starke Schwankungen auf. Am stärksten ist das Vertrauen in die Krankenversicherung, der drei Viertel der Bevölkerung etwas oder großes Vertrauen entgegenbringen. Auch die Unfallversicherung schneidet mit zwei von drei Deutschen, die ihr vertrauen, gut ab.

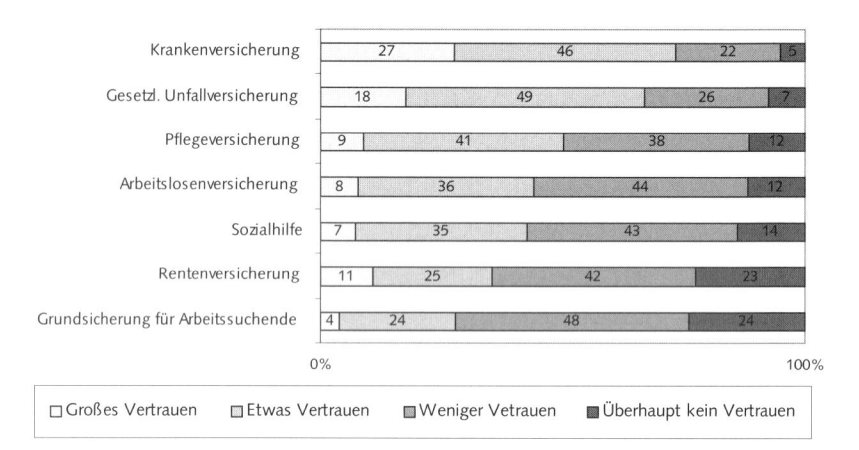

Abb. 31: Derzeitiges Vertrauen in Einzelsysteme sozialer Sicherung (in %)*

System	Großes Vertrauen	Etwas Vertrauen	Weniger Vertrauen	Überhaupt kein Vertrauen
Krankenversicherung	27	46	22	5
Gesetzl. Unfallversicherung	18	49	26	7
Pflegeversicherung	9	41	38	12
Arbeitslosenversicherung	8	36	44	12
Sozialhilfe	7	35	43	14
Rentenversicherung	11	25	42	23
Grundsicherung für Arbeitssuchende	4	24	48	24

- *Ich nenne Ihnen jetzt eine Reihe von Einrichtungen der sozialen Sicherung und Sie sagen mir bitte bei jeder Einrichtung, wie groß das Vertrauen ist, dass Sie ihr entgegenbringen*

Nur noch die Hälfte der Befragten hat Vertrauen in die Pflegeversicherung und bei der Arbeitslosenversicherung und der Sozialhilfe sinkt dieses auf deutlich unter 50%. Der Rentenversicherung vertraut nur noch ein Drittel der Bürgerinnen und Bürger und bei der neu geschaffenen Grundsicherung für Arbeitsuchende liegt dieser Anteil sogar unter 30%. Ein knappes Viertel hat in die beiden zuletzt genannten Systeme überhaupt kein Vertrauen mehr.

Dem Gesundheitswesen scheint somit im Gegensatz zur Renten- und Arbeitslosenversicherung eine grundsätzliche Stabilität zugetraut zu werden. Wenn man sich auch auf geringere Leistungsansprüche und höhere Zuzahlungen einzustellen hat, so sehen die Bürgerinnen und Bürger das Grundprinzip der Gesetzlichen Krankenversicherung anscheinend als zukunftsfest an.

Ganz anders sieht dies bei den Bereichen Rente und Arbeitslosigkeit aus. Sowohl die Absenkung des Rentenniveaus als auch die weiterhin konstatierte demografische Entwicklung mit ihren problematischen Auswirkungen auf die finanzielle Basis der Rentenversicherung lassen das Vertrauen in deren Zukunftsfähigkeit deutlich sinken.

Bezüglich der Arbeitslosenversicherung und besonders der Grundsicherung für Arbeitssuchende sind Auswirkungen der letzten Reformen des Arbeitsmarkts, insbesondere „Hartz IV", auf die Vertrauenswerte zu erwarten. So dürfte der sehr niedrige Vertrauensgrad für die Grundsicherung für Arbeitsuchende (das Arbeitslosengeld II), dem fast drei Viertel der Bevölkerung weniger oder gar kein Vertrauen entgegenbringen, nicht so sehr Ausdruck von geringer Zukunftsfestigkeit sein. Vielmehr scheint sich der Output des

Arbeitslosengelds II für einen Großteil der Bevölkerung nicht im Einklang mit verinnerlichten Werten einer sozialen Gerechtigkeit zu befinden (vgl. Kap. 6.3.2). Menschen, die jahrelang gearbeitet haben, nach der verkürzten einjährigen Bezugsdauer von Arbeitslosengeld auf das Sozialhilfeniveau zu drücken, erscheint vielen als ungerecht.

Zwischen Ost und West bestehen keine auffälligen Unterschiede. Lediglich bei der Einschätzung der Rentenversicherung zeigt sich, dass der Vertrauensverlust im Westen mit einer Differenz von 6 Prozentpunkten noch größer ist als im Osten. Die ostdeutsche Bevölkerung hat dagegen zu einem größeren Anteil überhaupt kein Vertrauen in die Grundsicherung für Arbeitsuchende und die Sozialhilfe (+5 Prozentpunkte), womit sich einmal mehr bestätigt, dass die Absicherung bei Arbeitslosigkeit im Osten eine etwas höhere Brisanz besitzt.

7.2.2 Erwartungen an die Leistungen des Gesundheitswesens

Der Diskurs einer Krise der sozialen Sicherung bezieht sich weniger auf die Bewertung der aktuellen Situation, sondern artikuliert zum größeren Teil die Sorge, dass ein Festhalten an den institutionalisierten Mechanismen für die Zukunft zu einer Überlastung der Sicherungssysteme führen wird. Dies tritt besonders deutlich in der Debatte über die demografische Entwicklung und ihrer Auswirkungen auf die gesetzliche Altersvorsorge zutage, betrifft aber gleichermaßen auch die Diskussionen über das Gesundheitswesen, die Arbeitslosenversicherung und die Sozialhilfe.

Für eine Einstellungsanalyse reicht es also nicht aus, nur die aktuelle Bewertung der Situation zu erfassen. Um ein umfassendes Bild des Vertrauens der Bürgerinnen und Bürger in den Sozialstaat zu erhalten, ist es vielmehr notwendig auch deren Erwartungen in die zukünftige Leistungsfähigkeit der Systeme zu messen.

Verschlechterungen des Absicherungsniveaus bei Krankheiten werden erwartet

Wie wir weiter oben gesehen haben, ist das gesetzliche Gesundheitssystem eines der wenigen sozialstaatlichen Bereiche, dem die Bevölkerung in der aktuellen Situation ein großes Maß an Vertrauen entgegenbringt. Wie sieht es aber mit einer direkten Beurteilung der zukünftigen Absicherung durch das Kassensystem aus?

Die Ergebnisse zeigen, dass aus Sicht der Bevölkerung der Gipfel des Absicherungsniveaus erst mal erreicht ist. So geht eine überwältigende Mehrheit von über 80% von einer Verringerung des Niveaus der gesetzlichen Absicherung aus, und jeder Vierte sieht für die Zukunft sogar deutliche Verschlechterungen. Es scheint der Glaube vorhanden zu sein, dass der Einzelne immer stärker privat vorsorgen muss, da die gesetzliche Absicherung zunehmend erodieren wird. Diese Einschätzung gilt für die Bürgerinnen und Bürger in den neuen und alten Bundesländern gleichermaßen.

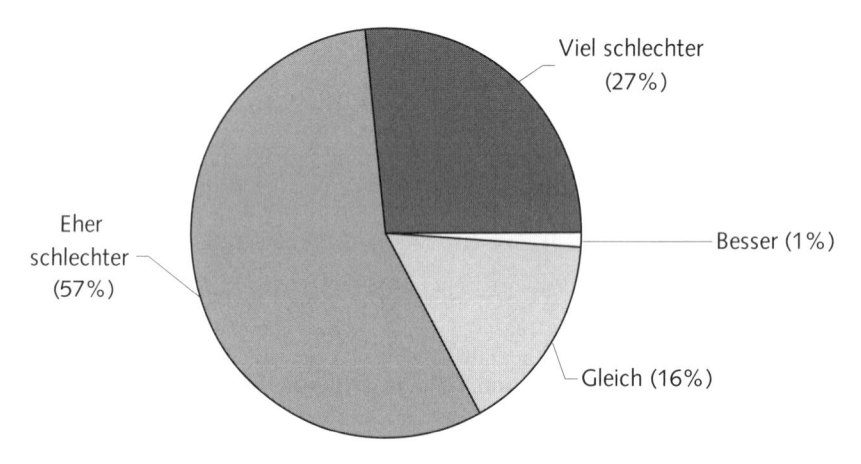

Abb. 32: Zukünftige Absicherung durch die Gesetzliche Krankenversicherung (in %)*

Viel schlechter (27%)

Eher schlechter (57%)

Besser (1%)

Gleich (16%)

* *Was denken Sie: werden die gesetzlich Versicherten in Zukunft eine bessere, eine etwas schlechtere, eine viel schlechtere Absicherung als heute haben, oder bleibt das gleich?*

Allerdings scheint sich ein großer Teil diese stärker notwendig werdende Eigenvorsorge zuzutrauen. So fühlen sich knapp 60% der Bevölkerung auch in Zukunft im Krankheitsfall eher gut abgesichert. Dieses Ergebnis differiert nur geringfügig hinsichtlich der Regionen, wobei die Westdeutschen eine leicht positivere Sichtweise haben.

Im Zeitverlauf ist eine etwas pessimistischere Einfärbung der Beurteilung festzustellen. Verglichen mit den Ergebnissen aus dem Wohlfahrtssurvey von 1998 nimmt, bezogen auf Gesamtdeutschland, der Anteil der Befragten, der von einer eher guten oder guten Absicherung ausgeht, um 5 Prozentpunkte ab.

Die Beurteilung der zukünftigen Entwicklung im Gesundheitswesen muss also als zweigeteilt angesehen werden. Auch wenn überwiegend eine Verschlechterung des Versichertenstatus angenommen wird, trauen die Bürgerinnen und Bürger dem Gesundheitssystem auch für die Zukunft eine in weiten Teilen akzeptable Absicherung im Krankheitsfall zu. Sie scheinen hier, anders als möglicherweise bei der Rentenversicherung, eher zu erwarten, dass es in Zukunft zu einer funktionierenden Ergänzung zwischen einer gesetzlichen Grundversicherung und einer wichtiger werdenden privaten Vorsorge kommen kann.

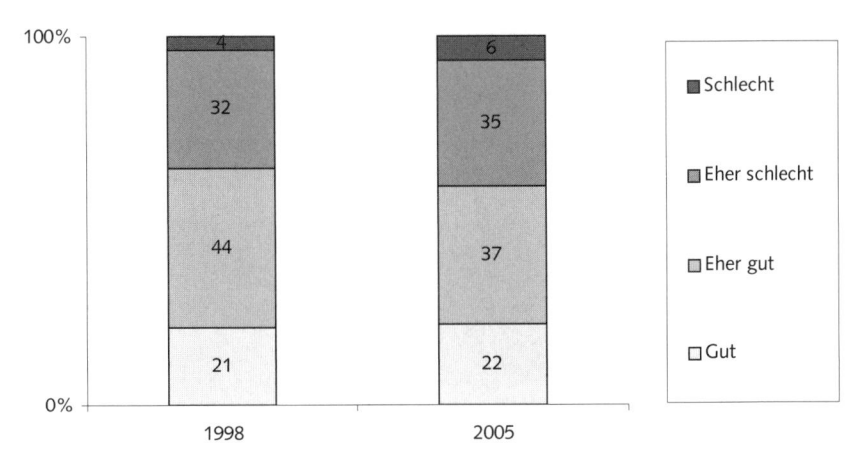

7.2 Vertrauen der Bürger in die Sozialversicherungen

Abb. 33: Eigene Absicherung im Krankheitsfall in Zukunft (in %)*

	1998	2005
Schlecht	4	6
Eher schlecht	32	35
Eher gut	44	37
Gut	21	22

* Und wenn Sie an die Zukunft denken, was meinen Sie: Werden Sie in Zukunft bei Krankheit gut, eher gut, eher schlecht oder schlecht abgesichert sein?

7.2.3 Erwartungen an Sozialhilfe und Grundsicherung für Arbeitssuchende

Abweichend zur Wahrnehmung der Krankenversicherung ist das Vertrauen in das System der Sozialhilfe eher gering. Während für die gegenwärtigen Leistungen der Anteil der Bevölkerung, der diese für gut befindet, noch überwiegt, sind die Erwartungen für die Zukunft deutlich pessimistischer. So rechnen drei von vier Befragten zumindest mit einer gewissen Verschlechterung des Absicherungsniveaus. Jeder Fünfte erwartet sogar ein entschiedenes Absinken. Eine Verbesserung der Situation kann sich kaum jemand vorstellen. Diese Einschätzung wird von den Bewohnern in Ost- und Westdeutschland geteilt.

Das geringste Vertrauen, gemessen an den Zukunftserwartungen, wird der Grundsicherung für Arbeitssuchende entgegengebracht. Fast drei Viertel der Befragten erwarten für sich zukünftig bei längerer Arbeitslosigkeit bestenfalls eine eher schlechte Absicherung. Über ein Fünftel geht sogar von einer schlechten Absicherung aus. Dieses niedrige Vertrauen in die zukünftige Sicherung kann sowohl mit der Unsicherheit verbunden sein, inwieweit das gegenwärtige Leistungsniveau die Deckung der Lebenshaltungskosten in Zukunft gewährleistet, als auch die Befürchtung zum Ausdruck bringen, dass zukünftig mit einer weiteren Verschlechterung der Leistungen gerechnet werden muss.

Die Bürgerinnen und Bürger in Ostdeutschland sind bei der Einschätzung der eigenen Absicherung noch mal skeptischer. Hier sehen sich fast 30% in

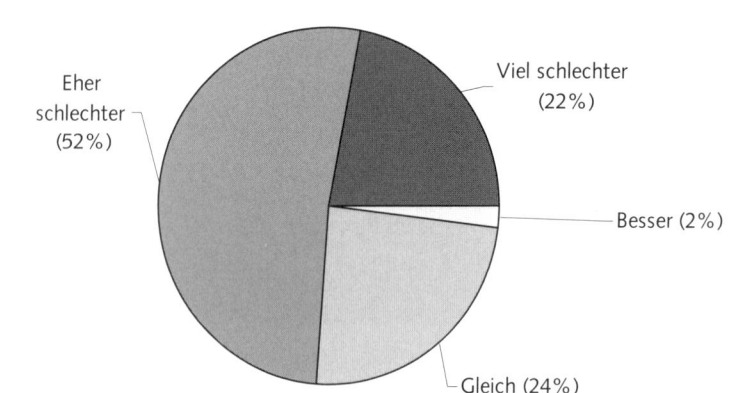

Abb. 34: Zukünftige Absicherung durch die Sozialhilfe (in %)*

- Eher schlechter (52%)
- Viel schlechter (22%)
- Besser (2%)
- Gleich (24%)

* Und wie sehen Sie das in der Zukunft: wird die Sozialhilfe in Zukunft eine bessere, eine etwas schlechtere, eine viel schlechtere Absicherung als heute bieten, oder bleibt das gleich?

Zukunft schlecht abgesichert. Im Vergleich mit den alten Bundesländern ist der Anteil somit um 8 Prozentpunkte größer.

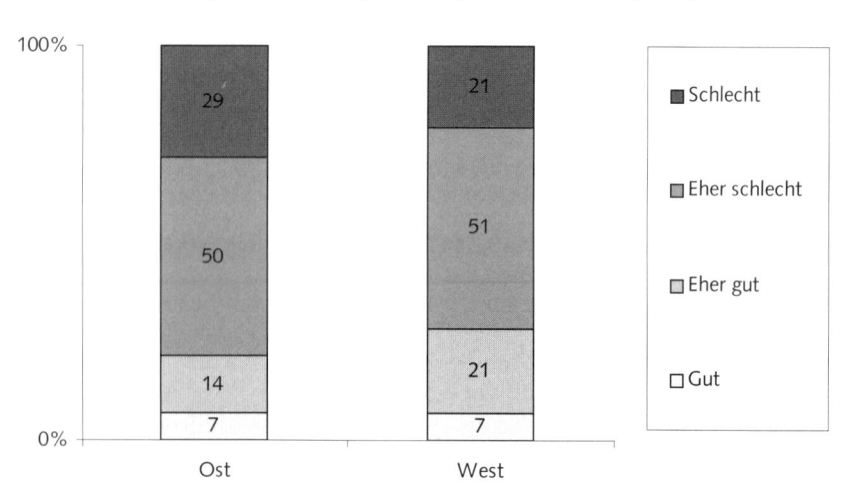

Abb. 35: Zukünftige Absicherung bei längerer Arbeitslosigkeit (in %)*

	Ost	West
Schlecht	29	21
Eher schlecht	50	51
Eher gut	14	21
Gut	7	7

* Und wenn Sie an Ihre Zukunft denken, was meinen Sie: Werden Sie in Zukunft bei einer länger andauernden Arbeitslosigkeit gut, eher gut, eher schlecht oder schlecht abgesichert sein?

7.2.4 Globales Vertrauen in die sozialstaatliche Steuerungskompetenz

„Die wesentliche Rolle des Staates im Kontext der Wohlfahrtsproduktion besteht in der Gewährleistung sozialer Rechte und der Schaffung funktionsfähiger Strukturen der Leistungserbringung" (Kaufmann 2005: 242). In dem Maße wie den politischen Entscheidungsträgern die Fähigkeit abgesprochen wird, zur Weiterentwicklung der Sicherungsnetze im Sinne einer zukunftsträchtigen sozialen Infrastruktur beitragen zu können, besteht die Gefahr eines generellen Verlusts von Vertrauen und Unterstützung in das politische System.

So ist schon seit längerem eine Verdrossenheit mit den Strukturen und Verfahren offizieller Politik festgestellt worden.[37] Exemplarisch zeigt sich diese in dem seit dem Ende der 70er Jahre bis zur Mitte der 90er Jahre kontinuierlich gestiegenen und seitdem stabil bleibenden Anteil an Nichtwählern bei Bundes- und Landtagswahlen. Außerdem hat die Bindekraft der etablierten Parteien im gleichen Zeitraum stetig abgenommen (vgl. Maier 2000: 92ff.). Damit verbunden ist ein Rückgang des Vertrauens in die Funktionsfähigkeit des politischen Systems, worauf Ergebnisse der Allbus-Umfrage hindeuten. Wenngleich auch 1994 noch fast zwei Drittel aller Westdeutschen Vertrauen bekundeten, war dieser Anteil um mehr als 20 Prozentpunkte geringer als sieben Jahre zuvor.[38]

Ein noch deutlich geringeres Vertrauen zeigt sich bei der von uns formulierten Fragestellung, ob das politische System zur Lösung der Probleme der sozialen Sicherungssysteme beitragen kann. Fasst man die Kategorien gut und eher gut zusammen, geht noch nicht einmal ein Viertel der Bevölkerung von einer zufrieden stellenden Kompetenz aus. Deutlich über die Hälfte attestiert dem politischen System eine eher schlechte Lösungsfähigkeit der sozialstaatlichen Probleme, und jeder fünfte Bürger (22%) hat diesbezüglich sogar jegliches Vertrauen verloren. Besonders in den neuen Bundesländern ist diese Sichtweise stark vertreten. Hier halten 30 Prozent das politische System Deutschlands für überhaupt nicht in der Lage eine Problemlösung herbeiführen zu können.

Die negative Beurteilung der aktuellen und zukünftigen sozialstaatlichen Arrangements geht also nicht spurlos an der Einschätzung des politischen Sys-

---

37 Die Verwendung des Begriffs der Politikverdrossenheit ist allerdings aus mehreren Gründen problematisch. Zum einen zeichnet er sich durch ein hohes Maß an analytischer Unschärfe aus. So wurde bisher nur eine unzureichende systematische Unterscheidung zwischen einer Unzufriedenheit mit einzelnen Autoritäten und einem Legitimitätsverlust des politischen Regimes insgesamt vorgenommen. Außerdem wird dem Konzept eine germanozentrische Perspektive vorgeworfen, die gegenüber der internationalen empirischen Politikforschung keine fruchtbare Erweiterung darstellt (vgl. Arzheimer 2002). Der Begriff Verdrossenheit wird von uns deswegen nur im eingeschränkteren Sinne eines empirisch gut belegten Zerfalls der Parteienidentifikation verwendet.

38 Die exakte Formulierung der Frage lautete: „Wie gut funktioniert das politische System im Land?"

tems vorbei. Es scheint vielmehr so, dass die Unzufriedenheit mit der sozialen Sicherung sich deutlich stärker auf die politischen Entscheidungsträger als auf die Instrumente selbst auswirkt. Auch wenn dies nicht mit einem grundsätzlichen Misstrauen in das politische System der Bundesrepublik gleichzusetzen ist, kann sich bei länger anhaltender Wahrnehmung eines Scheiterns der politischen Akteure die Gefahr eines nachhaltigen Vertrauensverlusts in demokratische Prozesse und Strukturen ergeben. Nicht zuletzt kann eine als gering wahrgenommene Steuerungskompetenz auch Relevanz für die Situation der jeweiligen Regierungsparteien besitzen, da diese im Falle, dass die Wählerinnen und Wähler mit den unpopulären Reformen keine wirklichen Lösungen der Probleme verbunden sehen, permanent von Machtverlust bedroht sein dürften.

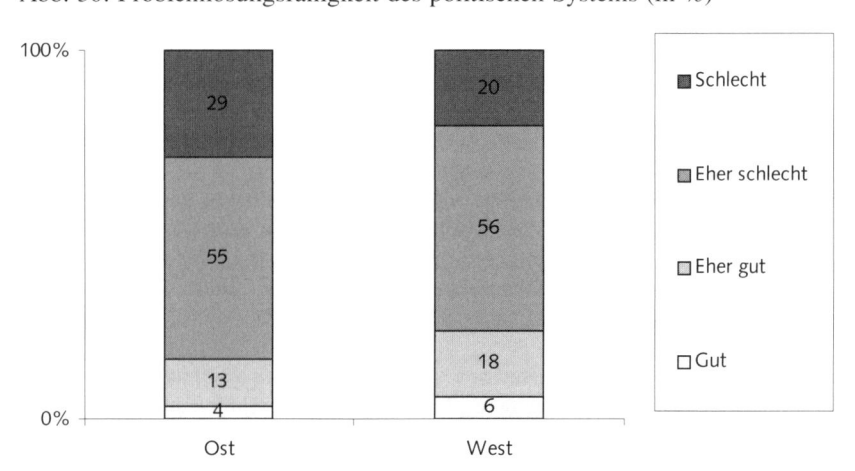

Abb. 36: Problemlösungsfähigkeit des politischen Systems (in %)*

	Ost	West
Schlecht	29	20
Eher schlecht	55	56
Eher gut	13	18
Gut	4	6

* Und wenn Sie jetzt an die Zukunft denken: Glauben Sie, dass das politische System Deutschlands in der Lage ist, die bestehenden Probleme der sozialen Sicherungssysteme gut, eher gut, eher schlecht oder überhaupt nicht zu lösen?

7.3 Gründe sozialstaatlicher Einstellungen

In der Sozialstaatsdebatte taucht vermehrt die Sorge auf, dass die Beschneidung der staatlichen Absicherung zu einem starken Vertrauensverlust der Bevölkerung in die sozialen Sicherungssysteme führt. Unsere erste Analyse wies denn auch auf eine im Zeitverlauf stärker werdende Unzufriedenheit der Bevölkerung mit der sozialen Sicherung sowie auf ein teilweise geringes Ver-

7.3 Gründe sozialstaatlicher Einstellungen

trauen in ihre Institutionen hin. Hier gilt es nun die sozialen Einflussfaktoren zu identifizieren, die sich auf die Beurteilung der Leistungen des Sozialstaats sowie das Vertrauen in diesen auswirken. Da der Fokus auf die allgemeine Leistung gerichtet werden soll, ziehen wir für die bi- und multivariate Analyse als zu erklärende Variablen die Realisierung der sozialen Sicherheit und das Vertrauen in die Einzelsysteme sozialer Sicherung heran.[39] Während sich die Frage nach der Verwirklichung der sozialen Sicherheit an der aktuell institutionalisierten Funktionsweise orientiert und von uns im Sinne eines von allen angestrebten demokratischen Grundwerts operationalisiert wurde, der bei Nichterfüllung auf eine geringer wahrgenommene Qualität der Gesellschaft schließen lässt, richtet sich das Vertrauen stärker auf die zukünftige Entwicklung und soll darüber hinaus Aufschluss über Konflikte zwischen der Interventionsweise des Sozialstaats und gesellschaftlichen Gerechtigkeitsvorstellungen sowie über die Bewertung des individuellen Nutzens, den der Einzelne mit dem Sicherungssystem verbindet, geben. Hierzu wurde anhand der Mittelwerte aus den sieben Vertrauensvariablen zu den Einzelsystemen ein Vertrauensindex berechnet, der das globale Vertrauen in den Sozialstaat misst (siehe Kap. 3.3).[40]

Betrachten wir die Unterschiede zwischen verschiedenen Personengruppen in Tabelle 17, dann zeigt sich, dass die Beurteilung der Realisierung der sozialen Sicherheit vor allem aufgrund der *subjektiv wahrgenommenen Lebensqualität* variiert. Hier weisen alle unabhängigen Variablen einen deutlichen positiven oder negativen Zusammenhang auf.[41] Am stärksten wirkt sich

---

39 Für die Analyse der Auswirkung sozialer Determinanten auf die Bewertung des aktuellen Sicherungssystems hätte auch die Variable Zufriedenheit mit dem Netz der sozialen Sicherung Berücksichtigung finden können. Eine Überprüfung des Zusammenhangs beider Variablen ergab eine starke Korrelation mit dem Koeffizienten r=0,395. Auch wirken sich vielfach dieselben sozialen Determinanten auf die Werte beider Variablen aus. Allerdings stellte sich bei einer probeweise durchgeführten Zusammenhangsprüfung heraus, dass von allen unabhängigen Variablen die allgemeine Zufriedenheit sowohl bivariat (r=0,396) als auch multivariat (Beta=0,349) den stärksten Einfluss ausübt und darüber hinaus den größten Teil der Gesamtvarianz erklärt. Gerade in der Regressionsanalyse wird der Einfluss anderer Determinanten demgegenüber an den Rand gedrängt. Die abhängige Variable Realisierung der sozialen Sicherheit grenzt sich dagegen deutlicher von den erklärenden sozialen Einflüssen ab.
40 Zwar hat eine Faktoranalyse der Vertrauensvariablen zwei Faktoren extrahiert. Der zweite Faktor hat jedoch das Kaiserkriterium Eigenwert >1 nur knapp erreicht, und die Komponentenmatrix weist für den ersten Faktor nur Faktorladungen > 0,5 aus. Zudem hat die Überprüfung der Zusammenhangsmaße gezeigt, dass die Determinanten hinsichtlich des Vertrauens in die Einzelsysteme in dieselbe Richtung wirken.
41 Die höchsten Korrelationskoeffizienten für den Zusammenhang aller unabhängigen Variablen mit der Realisierung der sozialen Sicherheit liegen für die allgemeine Zufriedenheit (r=0,24), den gerechten Anteil (r=0,21), die wirtschaftliche Lage (r=0,19), den Individualismus (r=0,18) und die subjektive Schichtzugehörigkeit (r=0,18) vor. Etwas schwächer aber immer noch über der Grenze von 0,1 wirken die Beschaffung von 2000€ (r=0,13), die Verbesserung der wirtschaftlichen Situation (0,12) und der Gesundheitszustand (0,12).

die allgemeine Lebenszufriedenheit aus. Ist diese hoch, sehen zwei Drittel der Befragten die soziale Sicherheit als eher oder voll realisiert an, ist sie niedrig, reduziert sich der Anteil auf ein Drittel.

Aber auch diejenigen, die sich in gerechter Weise am gesellschaftlichen Reichtum beteiligt sehen, gehen mit 58% deutlich häufiger von einer Realisierung aus als die mit der gesellschaftlichen Verteilung subjektiv Unzufriedenen, die nur zu 40% ein gut funktionierendes Sozialsystem erkennen. Vergleichbare Unterschiede sind hinsichtlich der Einschätzung der eigenen Wirtschaftslage, der subjektiven Schichteinstufung und des Einflusses des Gesundheitszustandes sowie des Leidensdrucks aufgrund von Anomiesymptomen zu erkennen.

Diese starke Bedeutung der subjektiven Beurteilung der eigenen sozialen Lage korrespondiert mit der *sozioökonomischen Lage* der Bürgerinnen und Bürger. So steigt die wahrgenommene Verwirklichung der sozialen Sicherheit auch mit dem verfügbaren Einkommen, was sich in einem Prozentsatzunterschied von 14 Punkten zwischen dem obersten und dem untersten Einkommensquintil ausdrückt und sie ist bei qualifizierten Beschäftigten ausgeprägter als bei unqualifizierten Beschäftigten. Die Bewertung der Selbstständigen fällt nochmals etwas positiver aus. Umgekehrt führt die Erfahrung von Arbeitslosigkeit vor allem dann zu einer drastischen Verschlechterung der Beurteilung der sozialen Sicherung, wenn der Befragte selbst betroffen ist und wenn sie länger andauert.

Somit wird dem Sozialstaat um so eher attestiert in der Erfüllung seiner Ziele erfolgreich zu sein, je weniger man auf eine Versorgung durch diesen angewiesen ist und vor allem je geringer die subjektiv wahrgenommene Bedürftigkeit und Unzufriedenheit mit der eigenen sozialen Lage ausfällt.

Die stärksten negativen Zusammenhänge ergeben sich für die Dauer der Arbeitslosigkeit ($r=-0,17$), die beiden Gerechtigkeitstypen Egalitarismus ($r=-0,16$) und Fatalismus ($r=-0,13$) sowie für die Region ($r=-0,13$) und die Anomiesymptome ($r=-0,10$).

7.3 Gründe sozialstaatlicher Einstellungen

Tab. 17: Bivariate Auswertung von sozialer Sicherheit und Vertrauen / Teil I

		Realisierung sozialer Sicherheit	Vertrauen in die soziale Sicherung (Index)
		Eher / voll realisiert	Etwas / hohes Vertrauen
Insgesamt		**51**	**46**
Soziodemografische Faktoren			
Region	Ost	38	48
	West	54	46
Geschlecht	Frauen	46	46
	Männer	56	46
Alter	18 – 34 Jahre	62	50
	35 – 59 Jahre	48	37
	60 Jahre und älter	47	59
Bildung[1]	Niedrig	43	46
	Hoch	56	47
Haushaltstyp	Alleinlebend	46	49
	(Ehe-)Paar o. Kindern	50	51
	(Ehe-)Paar m. Kindern	52	40
	Alleinerziehende	41	45
	Erwachsene mit Eltern	63	55
Sozioökonomische Lage			
Einkommenslage[2]	Unterstes Quintil	46	45
	Oberstes Quintil	60	45
Immobilienbesitz	Nein	48	45
	Ja	53	47
2000€ in zwei Wochen	Nein	41	41
	Ja	54	48
Erwerbsstatus	Erwerbstätig	51	37
	Einfach	47	37
	Qualifiziert	57	41
	Selbständig	59	28
	Arbeitslos	42	44
	Langzeitarbeitslos	35	41
	Rentner/in	46	59
	Hausfrau/-mann	47	48
	Schüler/Studenten	68	60
Besondere Belastungen der Haushalte	Haushalte mit existenzsichernden Sozialleistungen	45	46
	Haushalte mit Arbeitslosen	45	38

[1] Index höchster Schulabschluss/höchster Berufsabschluss
[2] Bedarfsgewichtetes Nettohaushaltseinkommen (vgl. Kap. 3.3)

Tab. 17: Bivariate Auswertung von sozialer Sicherheit und Vertrauen / Teil II

		Realisierung sozialer Sicherheit	Vertrauen in die soziale Sicherung (Index)
		Eher / voll realisiert	Etwas / hohes Vertrauen
Insgesamt		33	25
Gerechtigkeitsvorstellung / Informiertheit			
Gerechtigkeitsvorstellungen[3]	Egalitarismus (ja / nein)	47 / 60	46 / 47
	Individualismus (ja / nein)	57 / 44	48 / 45
	Askriptivismus (ja / nein)	52 / 44	47 / 45
	Fatalismus (ja / nein)	44 / 56	45 / 47
Informiertheit[4]	Eher schlecht	49	44
	Eher gut	53	47
Subjektive Lebensqualität			
Zufriedenheit[5]	Gering	32	37
	Hoch	65	55
Gerechter Anteil	(viel) weniger	40	39
	gerecht u. mehr	58	52
Anomiesymptome[6]	niedrig	54	48
	hoch	38	45
Wirtschaftliche Lage	(sehr) schlecht	56	51
	(sehr) gut	34	32
	Abstieg[7]	44	43
	Aufstieg[7]	60	46
Schichtzugehörigkeit	Arbeiterschicht	39	41
	Mittelschicht	52	48
	Obere Mittelschicht/ Oberschicht	68	53
Gesundheitszustand	Schlecht	39	46
	Gut	53	44

[3] Index Mittelwerte des Instruments „Gerechtigkeitsvorstellungen"
[4] Index Faktenwissen (Gesundheit und Sozialhilfe)
[5] Index Zufriedenheit mit einzelnen Lebensbereichen
[6] Index aus verschiedenen Belastungssymptomen
[7] Einschätzung der wirtschaftlichen Lage vor fünf Jahren im Vergleich zu heute (vgl. Kap. 3.3)

7.3 Gründe sozialstaatlicher Einstellungen

Doch nicht nur die subjektive Verteilungsgerechtigkeit, sondern auch die *Vorstellungen über gerechte Verteilungsprinzipien* wirken sich auf die Wahrnehmung der Realisierung der sozialen Sicherheit aus (vgl. auch Fußnote 42). Stärker an staatlicher Absicherung und gesellschaftlicher Gleichheit orientierte Bürgerinnen und Bürger sehen den Sozialstaat hinsichtlich seiner Hauptaufgabe einer adäquaten Existenzsicherung eher als verbesserungswürdig an, was sich damit erklärt, dass auch ihre Anforderungen und Erwartungen an die soziale Sicherung höher sind. Bei einer stärkeren Betonung der individuellen Leistungsgerechtigkeit gerät die Verfassungsnorm des sozialen Sicherungssystems, für eine menschenwürdige Gewährleistung des Lebensunterhalts zu sorgen, dagegen weniger mit der Verfassungswirklichkeit in Konflikt. So sehen die Bürgerinnen und Bürger mit egalitaristischen und fatalistischen Sichtweisen nur zu 47% bzw. 44% die Zielsetzungen des Sicherungssystems als erfüllt an, während dies Menschen, die einem individualistischen Gerechtigkeitsbild zuneigen, zu 57% so wahrnehmen.[42]

Des Weiteren weist, wie schon im vorherigen Kapitel behandelt, die *Variable Region* einen ziemlich starken Zusammenhang mit der Wahrnehmung des Realisierungsgrades auf. Etwas schwächere Effekte zeigen sich hinsichtlich Alter, Geschlecht und Bildung. Männer, 18 bis 34jährige und hoch Gebildete gehen mit einem Prozentsatzunterschied von 10-15 Prozentpunkten von einem höheren Maß an sozialer Sicherheit aus. Die von Frauen, Älteren und Menschen mit niedrigerem Bildungsgrad stärker wahrgenommenen Mängel des Sicherungssystems geben Anlass zu der Vermutung, dass es zu sozialisationsspezifischen Einstellungsmustern kommt, auch wenn erst mit der multivariaten Analyse festgestellt werden kann, ob dieser Zusammenhang bei Konstanthalten der übrigen Variablen erhalten bleibt.

Beim globalen Vertrauen verändern sich die Einflüsse zum Teil erheblich und es sind etwas weniger starke Zusammenhänge mit den einzelnen sozialen Determinanten festzustellen.[43] Die stärksten Auswirkungen auf das vorhandene Vertrauensmaß ergeben sich auch hier aus den Werten der *subjektiven Lebensqualität*, wenn auch die Einflüsse etwas an Stärke verlieren. Wer angibt, sich in einer guten finanziellen Position zu befinden, hat mehrheitlich etwas oder hohes Vertrauen in die sozialstaatlichen Sicherungssysteme. Bei Personen

---

42 Noch deutlicher treten die Zusammenhänge hervor, wenn man einer Gerechtigkeitsvorstellung ihre Nichtentsprechung gegenüber stellt. So sind 60 Prozent derjenigen, die nicht zum Egalitarismus neigen, von einer realisierten sozialen Sicherheit überzeugt (+13%), ebenso 56 Prozent der Nicht-Fatalisten (+12%), während nur 44 Prozent derjenigen, die nicht zum Individualismus neigen, einen eher hohen Realisierungsgrad annehmen (-13%).

43 Die höchsten Korrelationskoeffizienten für alle unabhängigen Variablen mit einer Höhe von >= 0,1 lauten in abnehmender Stärke: Gerechter Anteil (r=0,19), Rentner (r=0,18), allgemeine Zufriedenheit (r=0,18), wirtschaftliche Lage (r=0,17) und Alter (r=0,11). Die stärksten negativen Zusammenhänge ergeben sich für die Erwerbstätigkeit (r=-0,16), einfache Qualifikation (r=-0,14), Haushalte mit Kindern (r=-0,11) sowie Haushalte mit Arbeitslosigkeitserfahrungen (r=-0,10).

in einer als prekär erfahrenen Lage sinkt der Anteil an Vertrauenden dagegen auf unter ein Drittel. Ähnliche Schwankungen ergeben sich hinsichtlich des Einflusses der allgemeinen Zufriedenheit, des gerechten Anteils sowie der subjektiven Schichtzugehörigkeit. Im Vergleich zur Realisierung sozialer Sicherheit haben sich die *Indikatoren des Einkommens* dagegen stark abgeschwächt. Lediglich die Frage nach der Fähigkeit in kurzer Zeit 2000€ beschaffen zu können, führt zu einem signifikantem Prozentsatzunterschied von 7 Punkten. Somit wird das Vertrauen in die soziale Sicherung weniger durch die objektive sozioökonomische Lage, sondern mehr durch die subjektive Bewertung derselben beeinflusst. Dies ist ein Hinweis auf den zum Teil diffusen Charakter von Vertrauen, bei welchem das Gefühl zuversichtlich in die Zukunft blicken zu können schwerer wiegt als die konkrete Höhe von Einkommen und Vermögen. Erst wenn die bilanzierende Sicht auf die eigenen Lebensbedingungen negativ ausfällt, in die auch Erwartungen, Normen und Werte sowie eine Bewertung von Chancen und Möglichkeiten einfließen, schwächt sich das Vertrauen deutlich ab. Umgekehrt kann bei einer positiven Bewertung der eigenen Situation auch die zukünftige Entwicklung der gesetzlichen Absicherung entspannter betrachtet werden.

Der konkrete Aspekt von Vertrauen, der sich an Nutzenerwägungen orientiert, tritt hingegen stärker beim *beruflichen Status* in den Vordergrund. Bei Erwerbstätigen, Selbstständigen und Arbeitslosen scheint die Einstellung vorzuherrschen, dass sich das individuelle Kosten/Nutzen-Verhältnis der sozialen Sicherungssysteme immer ungünstiger entwickelt. Besonders Erwerbstätige sehen sich in einer Situation, in der die Kosten der sozialen Sicherung hauptsächlich von ihnen zu tragen sind, während sich die für sie daraus ergebenden Leistungen verringern. Dementsprechend niedrig ist in dieser Bevölkerungsgruppe das Vertrauen mit nur 37% ausgeprägt. Dies gilt vermehrt für Personen mit einfachen beruflichen Tätigkeiten. Auch Selbstständige sehen die zukünftige Entwicklung des sozialen Systems mit einem Anteil an Vertrauenden von nur 28% äußerst skeptisch. Ferner senken die Erfahrung von Arbeitslosigkeit im Haushalt sowie die Dauer der Arbeitslosigkeit das Vertrauen.

Dagegen besitzen Rentner mit einem Anteil von 59% ein starkes Vertrauen in den Sozialstaat. Dies befindet sich in Übereinstimmung mit unseren Erwartungen, da das Rentenniveau im Zuge des expansiven Ausbaus des Sozialstaats kontinuierlich gesteigert wurde und aktuelle bzw. zukünftige Kürzungen die jetzigen Rentenbezieher nicht mehr so stark betreffen werden, so dass ältere Menschen nach wie vor einen hohen Nutzen aus dem Sozialstaat ziehen. Dies bestätigt sich auch durch die soziodemografische Variable Alter, bei welcher wiederum die Ausprägung der über 60jährigen mit dem höchsten Vertrauensgrad einhergeht. Vor allem die mittlere Gruppe der 35 bis 59jährigen ist von der „Vertrauenskrise" erfasst, die sich in einem geringen Vertrauensanteil von nur 37% niederschlägt. Gerade Menschen, die in diese Altersgruppe fallen, müssen, wenn sie erwerbstätig sind, die doppelte Belastung in Form von höheren Beiträgen und verringerter gesetzlicher Absicherung tragen. Das

7.3 Gründe sozialstaatlicher Einstellungen

wiederum deutlich stärker vorhandene Vertrauen in der jüngsten Altersgruppe, das mit dem hohen Vertrauen von Schülern und Studenten korrespondiert, ist möglicherweise Resultat eines sozialisatorischen Effekts, der zu einer stärkeren Ausformung des Wertes von Eigenverantwortung und Selbstvorsorge führt. Hinsichtlich der *Haushaltstypen* fällt der Einfluss von Kindern auf, der dazu führt, dass Ehepaare mit Kindern (40%) und Alleinerziehende (45%) deutlich weniger Vertrauen haben als Ehepaare ohne Kinder (51%) bzw. Erwachsene mit Eltern (55%), was sich damit erklären lässt, dass die Verantwortung für Kinder mit einem anderen Blick auf die Zukunft einhergeht und somit die Sorge über die zukünftige Entwicklung stärker ins Gewicht fällt. Demgegenüber besitzen die Variablen Region, Geschlecht und Bildung keine nennenswerte Erklärungskraft.

Am verblüffendsten ist das Ergebnis hinsichtlich der *Gerechtigkeitsvorstellungen*, von denen wir angenommen haben, dass sie das Vertrauen beeinflussen werden. Die jeweiligen Einstellungen über die Art der Verteilung des gesellschaftlichen Reichtums wirken sich auf das Vertrauen in den Sozialstaat jedoch kaum aus. Allein der Fatalismus weist ein etwas höheres Zusammenhangsmaß von r=-0,09 auf, worin sich der mit dieser Einstellung grundsätzlich verbundene Vertrauensverlust ausdrückt, da in diesem Fall die Möglichkeit der Herstellung eines gerechten gesellschaftlichen Verteilungssystems nicht mehr gesehen wird, weswegen einem solchem auch kein hohes Vertrauen entgegengebracht werden kann. Für den Vertrauensverlust scheint weniger stark der Konflikt zwischen subjektiven Gerechtigkeitsüberzeugungen und veränderten Funktionsweisen der sozialen Sicherungssysteme verantwortlich zu sein. Vielmehr wird das Vertrauen stärker durch die eigene Lebenssituation und den zu erwarteten Nutzen bestimmt, der sich jedoch nicht durch die objektive Einkommenslage definiert, sondern durch enttäuschte Erwartungen einer subjektiv gerechten und angemessenen Partizipation am gesellschaftlichen Reichtum.

Zusammenfassend ist zwischen den unterschiedlichen gesellschaftlichen Personengruppen eine starke Variation der Beurteilung der Verwirklichung der sozialen Sicherheit festzustellen. Am deutlichsten stechen einzelne erklärende Variablen der subjektiven Lebensqualität, die Gerechtigkeitsvorstellungen, die Region, die Möglichkeit in zwei Wochen 2000€ beschaffen zu können sowie die Dauer der Arbeitslosigkeit hervor. Für das Vertrauen stellt sich insgesamt ein geringerer bivariater Zusammenhang dar. Auch hier wirken einige Variablen der subjektiven Lebensqualität sehr stark. Außerdem besitzen die Variablen Erwerbstätigkeit, Haushalte mit Arbeitslosigkeitserfahrungen, Haushalte mit Kindern und Alter die höchste Erklärungskraft.

Multivariate Betrachtungen

Die multiple Regression erklärt für beide Einstellungen einen ähnlich hohen Anteil der Gesamtvarianz.[44] Dabei bestätigt sich, dass die Vorstellungen zur Verteilungsgerechtigkeit für das Vertrauen nur von untergeordneter Bedeutung sind, die Beurteilung der Realisierung sozialer Sicherheit jedoch deutlich beeinflussen. So wird der größte Teil der Varianz bei der sozialen Sicherheit durch die Gerechtigkeitsvorstellungen und erst an zweiter Stelle durch die Variablen der subjektiven Lebensqualität erklärt, während sich fast die Hälfte der Varianz des Vertrauens allein durch die subjektive Lebensqualität erklärt.

Betrachten wir die Stärke der Einflussfaktoren im fünften Modell, so wird ersichtlich, dass die Bewertung der Güte der sozialen Sicherung sowohl durch Zufriedenheit und subjektive Verteilungsgerechtigkeit als auch durch grundlegende Gerechtigkeitsvorstellungen bedingt wird, wobei individualistische und askriptivistische Einstellungen zu einer positiveren Beurteilung des Sicherungsniveaus führen, während vor dem Hintergrund egalitaristischer und fatalistischer Gerechtigkeitsvorstellungen der Blick verstärkt auf die Mängel der sozialen Sicherung gerichtet wird.

Zugleich steuern die Gerechtigkeitsvorstellungen den größten Teil zur Erklärung der Unterschiede zwischen Ost- und Westdeutschland bei. So nimmt der b-Wert der Region im Zuge der Modellerweiterungen sukzessive ab, am stärksten jedoch aufgrund der Vorstellungen über Prinzipien der Verteilungsgerechtigkeit. Trotzdem bewahrt sie sich auch im fünften Modell einen eigenständigen signifikanten Einfluss mit einem Betawert von -0,8. Dies dürfte Ausdruck von auf der Makroebene sozialisatorisch vermittelten Werten und Normen sein, die nicht in der Einstellung zur Reichtumsverteilung aufgehen. Darüber hinaus zeigen sich schwache gruppenspezifische Sozialisationseffekte, denn ältere Menschen, Frauen und geringer Gebildete sind, auch bei Kontrolle der übrigen Bestimmungsfaktoren, skeptischer hinsichtlich des wahrgenommenen Grades an sozialer Absicherung.

Die sozioökonomische Lage spielt vor allem hinsichtlich des Status „Erwerbstätigkeit" eine Rolle, worin sich der spezifische Blick auf die Übernahme der Lasten der sozialen Sicherung widerspiegeln dürfte. Aber auch das Risiko einer Arbeitslosigkeit kann sich für diese Gruppen auf die Beurteilung der Güte der sozialen Sicherheit auswirken.

Demgegenüber bestätigt sich, dass das Vertrauen in den Sozialstaat dann höher ausfällt, wenn die Menschen mit den verschiedenen Lebensbereichen zufrieden und der Auffassung sind, dass sie ihren gerechten Anteil am Wohlstand im Vergleich zu anderen erhalten. Umgekehrt nimmt das Vertrauen deutlich ab, wenn die Bürgerinnen und Bürger einer abhängigen oder selbstständigen Erwerbstätigkeit nachgehen. Zugleich üben die Gerechtigkeitsvorstellungen nur

---

44 Dieser beträgt bei der Realisierung sozialer Sicherheit 12,8% und beim Vertrauen in den Sozialstaat 12,4%.

7.3 Gründe sozialstaatlicher Einstellungen

einen sehr geringen Einfluss aus. Insbesondere egalitaristische Auffassungen spielen hier gar keine Rolle. Eher noch führen fatalistische Sichtweisen, die eine gerechte Verteilung für nicht realisierbar halten, zu einem Vertrauensverlust, während individualistische Einstellungen das Vertrauen geringfügig erhöhen. Etwas stärker wirkt das Alter. Je älter die Menschen sind, um so größer ist ihr Vertrauen in die zukünftige Entwicklung. Auch das Vorhandensein von Kindern bewahrt in der Regression einen guten Teil seiner Wirkung. Der höhere Grad an Verantwortung, der hiermit verbunden ist, führt zu einer anderen Wahrnehmung aktueller Entwicklungen. Interessant ist der Verlauf des Haushaltseinkommens. Sein vertrauensfördernder Einfluss schwächt sich mit den Modellen nach und nach ab und ändert durch die Hereinnahme von Zufriedenheit und gerechtem Anteil im fünften Modell sogar seine Richtung. Dies bedeutet, dass die Höhe des Einkommens anscheinend unterschiedlich wirkt. Nur in dem Maße, wie es die wahrgenommene Beteiligung am Wohlstand sowie die Lebenszufriedenheit erhöht, führt es zu höherem Vertrauen. Die mit einem höheren Einkommen gleichzeitig verbundene stärkere Heranziehung zur Finanzierung des Sozialstaats führt dagegen möglicherweise zu einem Vertrauensverlust.

Tab. 18: Multivariate Auswertung von sozialer Sicherheit und Vertrauen

Multiple lineare Regression		Realisierung sozialer Sicherheit					Vertrauen in den Sozialstaat				
		Modell					Modell				
		I	II	III	IV	V	I	II	III	IV	V
Ostdeutsch	b	-,29***	-,26***	-,20***	-,19***	-,16***	-,01	,00	,02	,01	,03
Haushaltseinkommen	b		,05****	,02	,03**	-,01	,03***	,02***	,01	-	-,02***
Erwerbstätig	b		-,01	,00	-,08**	-,08**	-,23***	-,23***	-,19***	-,19***	
Selbständig	b		,11*	,02	-,05	-,05	-,31***	-,33***	-,30***	-,30***	
Individualismus	b			,10***	,10***	,09***		,03***	,03***	,03***	
Egalitarismus	b			-,11***	-,11***	-,09***		-,01	-,01	,00	
Askriptivismus	b			,05***	,06***	,05***		,00	,00	-,01	
Fatalismus	b			-,07***	-,06***	-,03*		-,05***	-,05***	-,03***	
Alter	b				-,06***	-,04***				,02***	,04***
Weiblich	b				-,06**	-,08***				,00	-,02
Bildung: hoch	b				,06*	,06*				,00	,00
Haushalte mit Kindern	b				,02	-,01				-,05**	-,08***

Multiple lineare Regression		Realisierung sozialer Sicherheit					Vertrauen in den Sozialstaat				
		Modell					Modell				
		I	II	III	IV	V	I	II	III	IV	V
Gerechter Anteil	b					,11***					,10***
Zufriedenheit	b					,19***					,15***
Konstante	a	2,59	2,44	2,63	2,77	2,07	2,48	2,50	2,64	2,61	2,02
Ostdeutsch	β	-,14	-,12	-,09	-,09	-,08	-,01	,00	,01	,01	,02
Haushaltseinkommen	β		,08	,03	,05	-,02		,09	,06	,03	-,06
Erwerbstätig	β		-,01	,00	-,05	-,05		-,21	-,21	-,18	-,18
Selbständig	β		,03	,01	-,02	-,02		-,14	-,15	-,13	-,13
Individualismus	β			,14	,13	,13			,06	,06	,06
Egalitarismus	β			-,13	-,13	-,11			-,02	-,02	,01
Askriptivismus	β			,06	,06	,06			,00	,00	-,01
Fatalismus	β			-,10	-,08	-,04			-,11	-,12	-,06
Alter	β				-,11	-,08				,06	,09
Weiblich	β				-,04	-,05				,00	-,02
Bildung: hoch	β				,04	,04				,00	,00
Haushalte mit Kindern	β				,01	-,01				-,04	-,07
Gerechter Anteil	β					,10					,13
Zufriedenheit	β					,16					,19
R^2		,018	,027	,082	,093	,131	,000	,051	,067	,071	,127
adj. R^2		,018	,026	,080	,090	,128	,000	,051	,065	,069	,124
N		4189	4189	4189	4189	4189	4212	4212	4212	4212	4212

*: $p \leq .05$; **: $p \leq .01$; ***: $p \leq .001$.
Fehlwerte: fallweise eliminiert
Alle Berechnungen mit gewichteten Fällen durchgeführt
Lesehilfe siehe Tabelle 9

Zusammenfassend sind für den wahrgenommenen Grad an Realisierung sozialer Sicherheit die Einstellungen zur Gerechtigkeit und die subjektive Lebensqualität von zentraler Bedeutung. Auch ein Teil der regionalen Unterschiede erklärt sich hierdurch. Neben den Gerechtigkeitsvorstellungen wirken sich auch gruppenspezifische Sozialisationszusammenhänge aus, die sich im, insgesamt allerdings schwächeren, Einfluss von Alter und Geschlecht ausdrücken.

Bei der Höhe des Vertrauens spielt wiederum die Bewertung der eigenen sozialen Lage eine besondere Rolle; Vorstellungen zur Verteilungsgerechtigkeit haben aber entgegen der theoretischen Vorannahmen keinen starken Einfluss. Wichtiger sind hier Erwerbstätigkeit bzw. Selbstständigkeit, die beide zu einem großen Vertrauensverlust führen. Dies hängt möglicherweise mit der Wahrnehmung eines zu geringen Nutzens durch soziale Leistungen und einer zu hohen finanziellen Belastung zusammen. Gruppenspezifische Sozialisationseffekte stellen sich mit Ausnahme des Alters nicht ein. Dagegen verringert die Sorge um Kinder das Vertrauen in das soziale Sicherungssystem.

7.4 Zusammenfassung

Insgesamt fällt eine relativ schlechte Leistungsbewertung des institutionellen Arrangements sozialer Sicherung auf. So ist der Zufriedenheitswert der Bevölkerung mit dem Netz der sozialen Sicherung im Vergleich zu allen anderen Lebensbereichen am niedrigsten und im Zeitverlauf kontinuierlich abgesunken. Darüber hinaus zeigt sich an der Beurteilung zweier zentraler sozialstaatlicher Werte, der sozialen Sicherheit sowie der Solidarität mit Hilfebedürftigen, dass die Gesellschaft hinsichtlich ihrer Einschätzung, inwieweit diese Ziele und somit der Sozialstaat realisiert sind, gespalten ist, da jeweils 50% der Befragten zu einer positiven bzw. negativen Sichtweise tendieren. Es ist außerdem zu konstatieren, dass im Zeitverlauf die wahrgenommenen Verwirklichungsgrade von Chancengleichheit und selbst bestimmter Lebensführung, mehr noch als die der sozialstaatlichen Werte, im Absinken begriffen sind. Wenn in der Bewertung auch nach wie vor zum Teil sogar deutliche Unterschiede zwischen neuen und alten Bundesländern bestehen, kann für die Zeit nach der Wiedervereinigung eine stetige Annäherung zwischen den Einschätzungen festgestellt werden, wobei die positiveren Beurteilungen der Ostdeutschen mit den negativeren der Westdeutschen korrespondieren, insgesamt jedoch eine gewisse Tendenz zur „Verostung" der Einstellungen besteht.

Diese globalen Sichtweisen übertragen sich allerdings nicht bruchlos auf die Einzelinstrumente sozialer Sicherung, sondern gehen mit einer differenzierten Betrachtung einher, wobei die Leistungsbewertung des Gesundheitssystems relativ gut abschneidet, während die Sozialhilfe und vor allem die neu geschaffene Grundsicherung für Arbeitsuchende schlechter bewertet werden.

Diese Differenzierung zeigt sich auch bei der Frage nach der Höhe des Vertrauens in die einzelnen Sicherungssysteme. So wird dem Gesundheitswesen für die Zukunft zugetraut, akzeptable Leistungen zu erbringen, auch wenn eine überwiegende Mehrheit der Bürgerinnen und Bürger von einer Verringerung der gesetzlichen Absicherung ausgeht. Bei der Sozialhilfe hat sich hingegen die ebenso angenommene zukünftige Verschlechterung der Leistungen anscheinend stärker auf den Vertrauenswert ausgewirkt. Noch niedriger ist das Vertrauen allerdings in die Rentenversicherung und die Grundsicherung für Arbeitssuchende. Darüber hinaus ist ein äußerst niedriges Vertrauen in die Kompetenz des politischen Systems festzustellen, eine Lösung für die Probleme des Sozialstaats zu finden.

Die Gründe für die globalen Beurteilungen der sozialen Sicherung können hinsichtlich der Höhe der wahrgenommenen Realisierung sozialer Sicherheit primär in den individuellen Gerechtigkeitsvorstellungen und der subjektiven Bewertung der eigenen Lebenssituation identifiziert werden. So führen individualistische Einstellungen zu einer positiveren Sicht auf den Sozialstaat, während sich egalitaristische Normen in die andere Richtung auswirken, wodurch sich auch ein Teil des bivariat recht starken Zusammenhangs mit der Region erklärt. Außerdem gilt, je höher die allgemeine Lebenszufriedenheit und die subjektive Verteilungsgerechtigkeit ausfällt, desto positiver beurteilen die Bürgerinnen und Bürger die Zielerreichung allgemeiner Absicherung. Umgekehrt wächst die Kritik aufgrund eines subjektiven Ungerechtigkeitsempfindens und der Wahrnehmung von Mängeln, die die eigene aktuelle Situation betreffen. Die subjektive Lebensbewertung spielt auch bei der Erklärung des Vertrauens eine wesentliche Rolle. Die Vorstellungen über die Verteilungsgerechtigkeit stellten sich entgegen der Vorannahmen als nicht so gravierend heraus. Demgegenüber ergeben sich starke Zusammenhänge mit dem Berufsstatus, wobei sich eine Erwerbstätigkeit oder berufliche Selbstständigkeit als starke negative Einflussfaktoren auf das Vertrauen erweisen, was mit der Einschätzung einer für die Zukunft immer ungünstigeren Entwicklung des Kosten/Nutzen-Verhältnisses sozialer Sicherung für diese Gruppen zusammenhängen dürfte.

8 Liberal-aktivierende versus egalitär-versorgende Sozialpolitik

> Wie der Sozialstaat wahrgenommen wird, hängt maßgeblich ab von den grundlegenden Vorstellungen über gerechte Verteilungsprinzipien und die Legitimation staatlicher Eingriffe. Diese basalen Orientierungen, seien sie einen großen Umfang sozialstaatlicher Intervention begrüßend (egalitaristisch) oder eher individualistisch geprägt, haben insgesamt den größten Einfluss auf sozialstaatliche Einstellungen
>
> Wie erwartet konnten Unterschiede zwischen Ost- und Westdeutschland festgestellt werden. Im Osten sind die Erwartungen an eine versorgende, auch Einkommensdifferenzen ausgleichende, Sozialpolitik höher. Die ostdeutsche Bevölkerung hat nach wie vor eine egalitärere Einstellung als die westdeutsche. Dies lässt sich v. a. durch die verschiedenen Vorstellungen von Verteilungsgerechtigkeit begründen. Hier machen sich kulturelle Sozialisationseffekte bemerkbar.
>
> Doch auch die soziökonomische Lage zeigt einen Effekt. Die gesellschaftlichen „Gewinner" sprechen sich vermehrt für einen aktivierenden Sozialstaat aus. Auch die Selbstständigen, v. a. die ostdeutschen, befürworten diesen. Die westdeutschen Erwerbstätigen betrachten vorrangig die Kosten des Sozialstaats, sie versprechen sich jedoch von einer liberal-aktivierenden Sozialpolitik keine Entlastung. Eine umfassendere Sozialpolitik wird von Personen mit niedrigem Bildungsniveau, Frauen und Älteren gefordert.
>
> Die Auffassung der kollektiven Benachteiligung in den neuen Bundesländern scheint – im Vergleich zu bisherigen Forschungsergebnissen – zu schwinden. Kollektive Überzeugungen scheinen aufzubrechen und Interessenkonflikte zwischen den sozialen Gruppen werden tendenziell zunehmen.

Ein zentraler Aspekt der sozialstaatlichen Debatten und der bisherigen Analysen betrifft die Frage, welcher Umfang sozialstaatlicher Intervention und eigenverantwortlicher Vorsorge akzeptiert wird. Dabei haben die bisherigen Analysen ergeben, dass die Personengruppen, die eine in Zukunft größere Eigenverantwortung auf verschiedenen Ebenen der Zuständigkeit, der Ziele sowie der Finanzierung der sozialen Sicherung befürworten, sich tendenziell von denjenigen unterscheiden, die eine eher intensive, auch dem Ziel der Verringerung von Einkommensdifferenzen verpflichtete, Sozialpolitik begrüßen. Ferner wurde deutlich, dass egalitaristische Einstellungen auf der einen und individualistische Orientierungen auf der anderen Seite insgesamt – außer beim Vertrauen – den größten Einfluss auf sozialstaatliche Einstellungen haben.[45] Die Vorstellungen über die Legitimität sozialer Ungleichheit definieren somit die Ansprüche und Erwartungen an den Sozialstaat und können als konstitutives Element grundlegender sozialstaatlicher Deutungsmuster behandelt werden. Darüber hinaus konnte festgestellt werden, dass Unterschiede zwischen Ost- und Westdeutschland zwar teilweise durch die sozioökonomische Lage bedingt sind, in größerem Ausmaß aber auf die Vorstellungen zur Verteilungsgerechtigkeit zurückgeführt werden müssen, die als kultureller Sozialisationseffekt zu deuten sind.

Aus diesen Gründen ist es von Interesse zu überprüfen, ob sich die oben benannten Einstellungen zu basalen Deutungsmustern eines liberal-aktivierenden und eines egalitär-versorgenden Sozialstaat zusammenfügen und welche Bestimmungsfaktoren in Ost- und Westdeutschland zur Erklärung dieser Auffassungen beitragen. Damit können abschließend auch Gemeinsamkeiten und Unterschiede der Entstehungskontexte sozialstaatlicher Deutungsmuster in beiden Landesteilen ermittelt werden. In einer ersten Annäherung, die sicherlich eine Verkürzung beider Sichtweisen in Kauf nimmt, werden hierfür die folgenden Indikatoren berücksichtigt:[46]

Tab. 19: Faktoren konträrer sozialstaatlicher Deutungsmuster

	Egalitär-versorgende Sozialpolitik	Liberal-aktivierende Sozialpolitik
Akteure und Ziele der sozialen Sicherung	Hohe Intensität staatlicher Sozialpolitik Hohe Bedeutung der Verringerung von Einkommensdifferenzen Hohe Bedeutung der Sicherung von Lebens- und Versorgungsstandards	Akzeptanz einer in Zukunft größeren Eigenverantwortung Hohe Bedeutung der Förderung von mehr Eigenverantwortung

---

45 Askriptivistische Gerechtigkeitsvorstellungen wirken, sofern sie überhaupt einen Einfluss haben, in die gleiche Richtung wie individualistische Einstellungen. Dies trifft auch für fatalistische Vorstellungen zu, die in der Regel die gleichen Vorzeichen aufweisen wie egalitaristische Einstellungen. Aus diesem Grund werden für die weitere Betrachtung lediglich individualistische und egalitaristische Orientierungen einbezogen.

46 Dies kann freilich nur eine Annäherung an die jeweilige Deutungsmuster darstellen, die die Einstellungen auf polarisierende Kernorientierungen beschränken. Bezogen auf die verschiedenen Finanzierungsvariablen kann das Prinzip der „Ausdehnung der Finanzierungsbasis auf Selbstständige und Beamte" als konträre Idee zur „Ausweitung individueller Zuzahlungen und Vorsorge" betrachtet werden. Zudem zeigte sich hinsichtlich der Ausweitung der Versicherungspflicht auf Selbstständige und Beamte die größte Polarisierung zwischen egalitaristischen und individualistischen Einstellungen. Aus diesen Gründen wurde es anderen Indikatoren vorgezogen. Allerdings muss eingeräumt werden, dass der Zusammenhang mit den anderen Indikatoren in diesem Fall eher schwach ausfällt, aufgrund der Systematik jedoch nicht darauf verzichtet werden konnte.

8 Liberal-aktivierende versus egalitär-versorgende Sozialpolitik

	Egalitär-versorgende Sozialpolitik	Liberal-aktivierende Sozialpolitik
Kosten	Ausweitung der Finanzierungsbasis im Gesundheitswesen: Selbstständige und Beamte	Akzeptanz von Zuzahlungen und Eigenbeteiligungen Akzeptanz der individuellen Regelung des eigenen Versicherungsstatus
Verteilungsgerechtigkeit	Egalitaristische Gerechtigkeitsvorstellungen	Individualistische Gerechtigkeitsvorstellungen

Eine Faktoranalyse hat gezeigt, dass alle Items jeweils nur auf einen Faktor laden, die Einstellungen somit auf die beiden basalen sozialstaatlichen Deutungsmuster egalitär-versorgend und liberal-aktivierend zurückgeführt werden können (vgl. Anhang). Auf dieser Basis wurde wiederum eine multiple lineare Regression mit den abhängigen Variabeln „liberal aktivierender Sozialstaat" und „egalitär-versorgender Sozialstaat" zunächst für Gesamtdeutschland, anschließend getrennt für Ost- und Westdeutschland durchgeführt.

Betrachten wir die Ergebnisse des Einflusses der verschiedenen Bestimmungsfaktoren in der folgenden Tabellen, lässt sich sagen, dass sowohl kulturelle als auch strukturelle Bestimmungsfaktoren gemäß unseren Ausgangsthesen erklären, welches Deutungsmuster von den Bürgerinnen und Bürgern vertreten wird.

Während bei den Einzelanalysen an manchen Stellen Unterschiede zwischen Ost und West am Ende nicht mehr sichtbar waren, da sie in Teilen auf den Vorstellungen zur Verteilungsgerechtigkeit beruhen, zeigt sich hier, dass die Erwartung an eine versorgende, auch Einkommensdifferenzen ausgleichende, Sozialpolitik im Osten deutlich höher ist. Damit bestätigt sich, dass die ostdeutsche Bevölkerung nach wie vor eine egalitärere Einstellung hat und insbesondere die Rolle des Staates für die Herstellung sozialer Gerechtigkeit und Sicherheit für wichtiger erachtet. Hierfür spricht auch der Einfluss der Altersvariable (s.u.). Die Vorstellungen zur Verteilungsgerechtigkeit sind als das kognitive Erbe der Sozialisationserfahrungen in der ehemaligen DDR zu betrachten, das die sozialstaatlichen Erwartungen, Ansprüche und die Akzeptanz gegenwärtiger Reformrichtungen beeinflusst.

Auch die sozioökonomische Lage – objektiv wie subjektiv – zeigt den erwarteten Effekt, dass diejenigen, die sich zu den Gewinnern in der Gesellschaft zählen können, mit ihrem Leben zufrieden sind und keine Gerechtigkeitslücke hinsichtlich ihrer eigenen Partizipation am gesellschaftlichen Reichtum sehen, vermehrt einen aktivierenden Sozialstaat akzeptieren und eine versorgende Sozialpolitik eher ablehnen. Dies trifft auch für die Selbstständigen zu, während der abhängige Erwerbstätigenstatus mit der umgekehrten Sichtweise verbunden ist. Allerdings sind es vor allem die Selbstständigen

Tab. 20: Bestimmungsfaktoren sozialstaatlicher Deutungsmuster in Ost- und West

Multiple lineare Regression		GESAMT		WEST		OST	
		Liberal-aktivierender Sozialstaat	Egalitär-versorgender Sozialstaat	Liberal-aktivierender Sozialstaat	Egalitär-versorgender Sozialstaat	Liberal-aktivierender Sozialstaat	Egalitär-versorgender Sozialstaat
Ostdeutsch	β	-,07***	,11***				
Haushaltseinkommen	β	,09***	-,14***	,09***	-,13***	,07**	-,14***
Erwerbstätig	β	-,10***	,04*	-,12***	,05*	-,02	,01
Selbstständig	β	,05**	-,07***	,03	-,06*	,13***	-,17***
Alter	β	-,02	,09***	-,01	,07**	-,07**	,26***
Weiblich	β	-,08***	,13***	-,08***	,14***	-,08***	,08***
Bildung: hoch	β	,06***	-,18***	,08***	-,19***	-,01	-,17***
Haushalte mit Kindern	β	-,01	-,01	-,02	,00	,00	-,07**
Gerechter Anteil	β	,07***	-,14***	,06**	-,14***	,13***	-,14***
Zufriedenheit	β	,08***	-,10***	,07**	-,11***	,14***	-,11***
R^2		,072	,198	,061	,172	,104	,272
adj. R^2		,069	,197	,057	,168	,100	,269
N		4230	4230	2074	2074	2066	2066

*: $p \leq .05$; **: $p \leq .01$; ***: $p \leq .001$.
Fehlwerte: fallweise eliminiert
Alle Berechnungen mit gewichteten Fällen durchgeführt
Lesehilfe siehe Tabelle 9

in Ostdeutschland, die einen aktivierenden Sozialstaat befürworten und eine umfassendere staatliche Intervention ablehnen. Vor dem Hintergrund einer insgesamt egalitäreren Einstellung im Osten wirkt sich somit das Selbstverständnis von Selbstständigen, sich für die eigene Position und soziale Lage verantwortlich zu sehen, weil diese durch individuelle Leistungen begründet ist und durch eigenes Handeln verändert werden kann, deutlich stärker aus. Demgegenüber spielt der Status einer abhängigen Beschäftigung, der vor allem die Ablehnung größerer Eigenvorsorge und Eigenverantwortung in der sozialen Sicherung erklärt, nur im Westen eine entscheidende Rolle. Insbesondere die westdeutschen Erwerbstätigen scheinen somit die Kosten des Sozialstaats in den Blick zu nehmen und sich von einer liberal-aktivierenden Sozialpolitik keine Entlastung zu versprechen.

Ein weiterer Unterschied zwischen Ost- und Westdeutschland betrifft die Bedeutung der Zufriedenheit mit dem Leben und die Auffassung dabei seinen gerechten Anteil zu erhalten. Diese Einschätzungen erklären im Osten viel stärker als im Westen die Akzeptanz einer aktivierenden Sozialpolitik, worin sich sowohl die Wahrnehmung einer kollektiven Benachteiligung als auch einer größeren Bedürftigkeit ausdrücken kann.

Des Weiteren befürworten Personen mit niedrigem Bildungsniveau und Frauen eine umfassendere Sozialpolitik und lehnen einen liberal-aktivierenden Sozialstaat tendenziell ab. Während ersteres als geschlechterspezifischer Sozialisationseffekt interpretiert werden kann, bestätigt sich für den Einfluss der Bildung die Annahme, damit sei ein aufklärerischer Einfluss in dem Sinn verbunden, dass den zivilisatorischen Werten wie Gleichheit und Solidarität Priorität zukommt, nicht. Eher führt höhere Bildung, wie bereits an anderen Stellen diskutiert, einerseits dazu, dass die politischen Möglichkeiten realistischer – orientiert an dem Status quo der Politikgestaltung – eingeschätzt werden. Zum anderen dürfte der Effekt auf die günstigere soziökonomische Lage und die Bedeutung der Ressource Bildung zurückzuführen sein, die nicht nur unterschiedliche Bedarfe hervorbringt, sondern auch mit dem subjektiven Gefühl der „Gestaltbarkeit" des eigenen Lebens einhergeht, die die Akzeptanz von Eigenverantwortung fördert.

Die Älteren sprechen sich vor allem für eine umfassendere Sozialpolitik aus; hinsichtlich der Akzeptanz einer liberal-aktivierenden Sozialpolitik existieren keine entscheidenden Unterschiede. Dies lässt sich sowohl in Ost- wie in Westdeutschland auf kulturelle Sozialisationseffekte zurückführen. Während die älteren Ostdeutschen stärker an der Gesellschaftspolitik der DDR orientiert sind als die Jüngeren, nehmen die älteren Bürgerinnen und Bürger in Westdeutschland etwas eher Maß an der Phase des expandierenden Sozialstaats und seinen Legitimationsmustern, zumal sie die Erfahrung gemacht haben, dass eine intensive Sozialpolitik und wirtschaftliches Wachstum miteinander vereinbar sind. Aber auch die Dimension des Eigeninteresses hat hier einen gewissen Erklärungswert, denn die älteren Bürgerinnen und Bürger sind in nur geringem Maß an der Finanzierung der Sozialleistungen beteiligt. Allerdings zeigt die getrennte Analyse der Bestimmungsfaktoren für Ost und West, dass dieser Effekt in Ostdeutschland die Option für einen versorgenden Sozialstaat am stärksten erklärt, den Sozialisationsprozessen auf der Makroebene in den neuen Bundesländern folglich ein deutlich größerer Stellenwert zukommt. Es kann somit umgekehrt davon ausgegangen werden, dass die jüngeren Ostdeutschen nicht mehr in dem Maße wie die Älteren von den sozialistischen Vorstellungen der ehemaligen DDR geprägt sind.

Zudem zeigt ein weiterer interessanter Unterschied im Vergleich zu den bisherigen Forschungen, dass sich die Auffassung einer kollektiven Benachteiligung abzuschwächen scheint. Bislang konnte in der Einstellungsforschung zur sozialen Ungleichheit und zum Wohlfahrtsstaat in den neuen Bundesländern ein geringerer Anteil der Varianz erklärt werden als in den alten Bundesländern (vgl. Braun 1998). Dieser Sachverhalt wurde mit dem über alle sozialen Gruppen hinweg wahrgenommenen Gefühl einer kollektiven Benachteiligung erklärt, das Sozialisations- und Interessensunterschiede überdeckt. In dieser Analyse dreht sich das Verhältnis jedoch um, was zumindest auf ein Aufbrechen kollektiver Überzeugungen und auf sich vergrößernde Interessenkonflikte zwischen den sozialen Gruppen hindeutet, womit auch ein Schwinden der „Wir-Mentalität" verbunden sein dürfte.

9 Zusammenfassung und Fazit

Die mit der Globalisierung einhergehende Einschränkung nationaler Handlungsfreiheit, die Kosten der Wiedervereinigung sowie der demografische Wandel und die anhaltend hohe Arbeitslosigkeit haben dazu geführt, dass die sozialen Sicherungssysteme unter Druck geraten sind. Diskrepanzen zwischen dem steigenden Bedarf nach sozialstaatlichen Leistungen und einer nicht in gleichem Maße anwachsenden Finanzierungsbasis führten zu verschiedenen Stabilisierungsreformen der sozialen Sicherungssysteme. Diese waren auch mit Kürzungen der Leistungen verbunden. Innerhalb der sozialpolitischen Diskurse weicht die konstatierte Einheit von wirtschaftlichem Wachstum, Wohlfahrt und Sicherheit einer zunehmenden Kritik, die die Belastungen der Ökonomie durch das erreichte Niveau der sozialen Sicherung in den Vordergrund rückt. Daraus erwächst die Sorge um die Tragfähigkeit des wohlfahrtsstaatlichen Konsens in der Bundesrepublik (vgl. Kaufmann 1997; Roller 2002).

Vor diesem Hintergrund wurden die Einstellungen der Menschen zum Sozialstaat erhoben. Dabei war die Fragestellung leitend, inwiefern die Bevölkerung einen ex- und intensiven Sozialstaat befürwortet, ob sie aufgrund der derzeitigen Situation, Diskussion und Reform des Sozialstaats stärker an den Kosten sozialer Sicherung orientiert ist und ob eine in Zukunft größere Eigenverantwortung für die Absicherung sozialer Risiken akzeptiert wird. Der Schwerpunkt lag auf der Bewertung der Reformen und Reformansätze und die Einschätzung von Anzeichen für wachsende Unzufriedenheit mit der sozialen Sicherung. Die Analyse hierzu umfasste verschiedene Dimensionen:

- Verteilungsgerechtigkeit und soziale Ungleichheit,
- Zuständigkeiten und Ziele der sozialen Sicherung,
- Finanzierungsstrukturen und Reformrichtungen,
- die Leistungen des Sozialstaats sowie
- das Vertrauen in seine Institutionen.

Ermittelt wurden sowohl globale Einstellungen zum Sozialstaat wie auch spezifische Einstellungen zu den verschiedenen Sicherungssystemen. Hinsichtlich der Teilbereiche der sozialen Sicherung wurden das Gesundheitswesen und die Sozialhilfe (sowie die Grundsicherung für Arbeitsuchende) in der diesjährigen Erhebung vertiefend untersucht. Schließlich wurde analysiert, welche strukturellen und kulturellen Kontexte die Einstellungen zum Sozialstaat beeinflussen und ob sich markante Unterschiede zwischen der Akzeptanz eines „liberal-aktivierenden" oder eines „egalitär-versorgenden Sozialstaats" erkennen lassen.

9.1 Individualistische versus egalitäre Verteilungsgerechtigkeit

Die Wahrnehmung und Deutung sozialer Ungleichheit ist einerseits eine wesentliche Grundlage für die Erwartungen und Deutungen sozialstaatlichen Handelns, zum anderen sind die Vorstellungen über Verteilungsgerechtigkeit selbst Resultat der Erfahrung und Auseinandersetzung mit den jeweils institutionalisierten Verteilungsarrangements. Untersucht wurde deshalb, ob angesichts der wirtschaftlichen und sozialstaatlichen Entwicklungen eine Veränderung sozialer Gerechtigkeitsvorstellungen sowie der Wahrnehmung der eigenen sozialen Position und Lage zu verzeichnen ist. Grundsätzlich kann hierzu festgehalten werden, dass die soziale Ungleichheit, die der Ausgangspunkt sozialpolitischer Eingriffe zur Herstellung einer gerechten Sozialordnung und der Ermöglichung einer selbst bestimmten Lebensführung ist, nach wie vor überwiegend kritisch gesehen wird. Die Bewertung der Einkommensdifferenzen als zu hoch, die Einschätzung einer eher ungerechten Verteilung des Reichtums sowie die von einer Mehrheit vertretene egalitäre und etatistische Verteilungsnorm sprechen dafür, dass die Bevölkerung diesbezüglich einen staatlichen Handlungsbedarf sieht, um die als stark wahrgenommenen „Konflikte zwischen Arm und Reich" zu entschärfen. Dass die Bevölkerung dabei die Konflikte zwischen Armen und Reichen als deutlich stärker wahrnimmt als zu Beginn der 90er Jahre und gleichzeitig einen Rückgang an sozialer Gerechtigkeit konstatiert, verweist auf die gegenwärtig vorherrschende Sensibilisierung hinsichtlich einer gerechten Verteilung von Wohlstand und Teilhabechancen.

Dies beinhaltet jedoch keine grundlegende Absage an die Existenz von Einkommensunterschieden, denn auch individualistische Gerechtigkeitsvorstellungen, die bestehende Ungleichheiten durch die Anreiz- und Motivationsfunktion des Einkommens sowie durch die Bedeutung von Unternehmensgewinnen für die Wohlfahrt der Gesellschaft als legitim erachten, werden von der Hälfte der Bevölkerung vertreten. Zudem ist die überwiegende Mehrheit der Auffassung, dass es gerechtfertigt ist, das zu behalten, was man durch Arbeit verdient hat, auch wenn das bedeutet, dass einige reicher sind als andere.

Ein grundlegender kultureller Wandel der Gerechtigkeitsvorstellungen ist nicht erkennbar. Es finden sich jedoch gewisse Anhaltspunkte für eine solche Entwicklung, die zwei unterschiedliche Richtungen aufweisen. Zum einen verändern sich die Maßstäbe, die egalitären Gerechtigkeitsvorstellungen zugrunde liegen, denn die Erwartungen an weitergehende staatliche Eingriffe in die Wirtschaft (Arbeitsplatz bereitstellen) sind in beiden Landesteilen rückläufig, während die Bedarfsgerechtigkeit, die durch Umverteilung herzustellen ist, größere Zustimmung erfährt. Umgekehrt ist eine leichte Erosion des Glaubens an die Leistungsgerechtigkeit der Markwirtschaft in der abnehmenden Zustimmung zur Anreiz- und Motivationsfunktion der Einkommensdifferenzen erkennbar, die vor allem die unter 35jährigen betrifft.

Im Vergleich dazu fällt die Bewertung der eigenen sozialen Lage und gerechten Beteiligung insgesamt positiver aus. Eine deutliche Zunahme der Unzufriedenheit mit verschiedenen Bereichen des Lebens sowie mit dem Leben überhaupt zeichnet sich nicht ab. Dies trifft jedoch nicht auf die Zufriedenheit mit der sozialen Sicherung zu, die sowohl im Osten als auch im Westen abgenommen hat. Ein Grund dafür liegt in den hohen Erwartungen, die der kompensatorischen und Marktverwerfungen ausgleichenden Funktion des Sozialstaats entgegengebracht werden.

9.2 Hohe Wohlfahrtsansprüche – aber begrenzte Finanzierungsbereitschaft

Angesichts der insbesondere seit den 90er Jahren sich verschärfenden Finanzierungsprobleme und Kürzungen des Sozialstaats stellte sich die Frage, ob die Bürgerinnen und Bürger ihre Erwartungen und Ansprüche an den Sozialstaat reduzieren und ob sie ein höheres Maß an Eigenverantwortung akzeptieren.

Die Ergebnisse zeigen einerseits, dass die Wohlfahrtsansprüche an den Sozialstaat auch weiterhin hoch sind. So lehnen die Bürgerinnen und Bürger die Einkürzung von Sozialausgaben ab und plädieren mehrheitlich für eine weitere Erhöhung staatlicher Aufwendungen insbesondere für Familien mit Kindern, die Pflege im Alter, die gesundheitliche Versorgung und die Grundsicherung für Bedürftige.

Ferner werden alle sozialstaatlichen Zielsetzungen der Herstellung von Gleichheit und Sicherheit von einer überwiegenden Mehrheit der Bevölkerung für wichtig erachtet. Eine besonders hohe Zustimmung erfahren Zielsetzungen, die sich auf die Herstellung von sozialer Sicherheit beziehen sowie die Verbesserung der Teilhabechancen (auf dem Arbeitsmarkt) verfolgen. Geringer fällt die Zustimmung zur Herstellung einer Ergebnisgleichheit aus, was auch in der Vergangenheit bereits der Fall war. Dabei wird nach wie vor der Staat als Hauptakteur für die soziale Sicherung angesehen und ebenfalls von den Arbeitgebern ein Beitrag hierzu erwartet. Die Lohnnebenkosten sind an dieser Stelle nicht der primäre Gesichtspunkt, unter dem die Bürgerinnen und Bürger den Sozialstaat betrachten; sie beziehen sich eher auf die Leistungen, die sie von ihm erwarten.

Zugleich finden sich auch Anhaltspunkte für die Akzeptanz einer stärker aktivierenden Sozialpolitik. Dies zeigt sich daran, dass alles in allem die Vorstellung einer geteilten Zuständigkeit der relevanten Akteure überwiegt. So werden neben dem Staat auch die privaten Haushalte, die Arbeitgeber und – wenn auch in deutlich geringerem Maß – die intermediären Organisationen als Verantwortliche benannt. Zudem wird eine in Zukunft größere – auch finanzielle – Eigenverantwortung von der Hälfte der Bevölkerung akzeptiert.

Hinsichtlich der gewünschten Intensität (Staatsausgaben) des Sozialstaats wurde zudem deutlich, dass für jene Ziele, die sich auf Lebensstandardsicherung beziehen, ein geringerer Anteil der Befragten für höhere Staatsausgaben votiert, was als Indiz für eine gewisse Akzeptanz von Abstrichen im Sicherungsniveau angesehen werden kann. Ferner finden auch Zielsetzungen, die stärker aktivierende Züge tragen und auf die „Zugangs- und Teilhabechancen" bezogen sind, deutliche Zustimmung.

In Widerspruch zu den Erwartungen und Ansprüchen an den Sozialstaat steht in Teilen die Finanzierungsbereitschaft. So werden sowohl die gegenwärtigen Abgaben und Steuern als angemessen oder zu hoch befunden als auch Maßnahmen, die zusätzliche Kosten für die Bürgerinnen und Bürger implizieren, mehrheitlich abgelehnt. Letzteres zeigt sich in der Bewertung von Reformvorschlägen zur Krankenversicherung, denn sowohl höhere Beiträge als auch höhere Zuzahlungen sind unpopulär. Allerdings ist einschränkend zu sagen, dass diese Frage ausschließlich für das Gesundheitswesen erhoben wurde, so dass die Verallgemeinerung mit Vorbehalt zu betrachten ist. Die Ergebnisse der kommenden Erhebung 2006, in der Vorstellungen zur Alterssicherung und Pflege vertiefend erhoben werden, werden hier ein deutlicheres Bild zeichnen.

Grundsätzlich geht die Bevölkerung jedoch von einem großen Reformbedarf der Gesetzlichen Krankenversicherung aus, wobei das Solidarprinzip der Krankenversicherung davon nicht betroffen ist, denn es wird von rund 80% der Bürgerinnen und Bürger für gerecht erachtet. Dabei finden die bisher praktizierten Reformrichtungen überwiegend keine Mehrheit. Sowohl Leistungseinschränkungen, Beitragserhöhungen als auch weitere Zuzahlungen werden eher abgelehnt. Auf Zuspruch stößt jedoch erstens das Prinzip „die Gesundheitsvorsorge nach eigenem Bedarf regeln zu können". Zweitens findet sich eine Mehrheit für eine Reform der Finanzierungsstrukturen, wobei insbesondere das Modell der Bürgerversicherung begrüßt wird.

Zur Ermittlung der Akzeptanz bisheriger Reformrichtungen wurde auch nach verschiedenen Leistungs-Finanzierungsprinzipien gefragt, die die Zusammenlegung von Arbeitslosenhilfe und Sozialhilfe für Erwerbsfähige (Grundsicherung für Arbeitsuchende) betreffen. Dabei wurde ersichtlich, dass ein Teil der Unzufriedenheit in der Bevölkerung mit den Hartz-IV-Reformen der Aufgabe der bisherigen Leistungsorientierung der Arbeitslosenhilfe geschuldet sein dürfte, wodurch allen Leistungsempfängern nach einem Jahr ein identischer Status zugewiesen wird. Diese Regelung wird eher für ungerecht angesehen, denn die meisten halten es für richtig, dass sich die Sozialleistungen auch bei längerfristiger Arbeitslosigkeit an dem vorherigen Lohn orientieren. Allerdings befürworten die Menschen eine Gleichbehandlung von längerfristig Arbeitslosen und Sozialhilfeempfängern, wenn es um den Aspekt des Förderns beziehungsweise der Unterstützung bei der Arbeitssuche geht, und sie erkennen auch die Notwendigkeit von Kontrollen zur Eindämmung des Missbrauchs von Sozialleistungen an.

9.3 Konturen einer Vertrauenskrise?

Ein weiterer Schwerpunkt der Analyse war die in Öffentlichkeit und Wissenschaft diskutierte Gefahr einer aufziehenden Vertrauenskrise des Sozialstaats. Trug der Sozialstaat bislang, aufgrund seines praktischen Versprechens für eine gerechte Sozialordnung zu sorgen, wesentlich zur Legitimität von Staat und Marktwirtschaft bei, könnte nun aufgrund von enttäuschten Erwartungen, verschärfter Verteilungskonflikte und zunehmender Finanzierungsprobleme das Vertrauen und damit auch der sozialintegrative Wert von Sozialpolitik bedroht sein. Anhaltspunkte hierfür finden sich in der sehr weit verbreiteten und zunehmenden Einschätzung, dass die soziale Gerechtigkeit in der Bundesrepublik abgenommen habe. Darüber hinaus ist die Zufriedenheit mit der sozialen Sicherung im Zeitverlauf deutlich gesunken und hat das niedrigste Niveau seit der ersten Erhebung 1978 (West) erreicht. Entsprechend wird auch die Realisierung der sozialen Sicherheit etwas kritischer gesehen. Ferner zeigen sich Konturen einer „Krise" in dem relativ geringen Vertrauen, das den Institutionen der sozialen Sicherung entgegengebracht wird, denn lediglich die Hälfte der Bevölkerung hat Vertrauen in die Einzelsysteme der sozialen Sicherung, wobei das Vertrauen in die Gesetzliche Krankenversicherung und Unfallversicherung mit rund 70% der Menschen noch am größten ist, und das Vertrauen in die Rentenversicherung und die neu geschaffene Grundsicherung für Arbeitsuchende mit rund einem Drittel am geringsten ist. Während das Grundprinzip der Gesetzlichen Krankenversicherung anscheinend als zukunftsfest angesehen wird und die Erwartung existiert, dass die Leistungen auch bei Einschränkungen und Zuzahlungen einen weiterhin hohen Standard haben werden, lässt die weiterhin konstatierte demografische Entwicklung mit ihren Auswirkungen auf die finanzielle Basis der Rentenversicherung das Vertrauen in deren Zukunftsfähigkeit deutlich sinken. Noch stärker ist jedoch der Vertrauensverlust in das politische System, dem eine Mehrheit nicht mehr zutraut, die sozialpolitischen Probleme zu lösen. Wenngleich wir hierfür bislang keinen Vergleichswert aus den Vorjahren haben, die Auffassung sicherlich auch durch die beständigen Reformdiskussionen beeinflusst ist und nicht mit einem grundsätzlichen Misstrauen in das politische System der Bundesrepublik gleichzusetzen ist, kann sich bei länger anhaltender Wahrnehmung eines Scheiterns der politischen Akteure die Gefahr eines nachhaltigen Vertrauensverlusts in demokratische Prozesse und Strukturen ergeben.

9.4 Differenz und Angleichung zwischen Ost- und Westdeutschland

Bislang zeichnete sich in der Forschung das Bild ab, dass die ostdeutsche Bevölkerung zwar grundsätzlich egalitärer eingestellt ist und auch höhere Ansprüche an den Sozialstaat stellt, dass sie andererseits aber eine widersprüchliche Position zur sozialen Ungleichheit einnehme, indem sie eine leistungsfähige Marktwirtschaft bejahe, zugleich aber eine stärkere Rolle des Staates zur Verringerung von Einkommensdifferenzen fordere (vgl. Liebig/Wegener 1995). Zudem zeigte sich, dass die Unterschiede zwischen den Personengruppen in den neuen Bundesländern geringer sind und durch die Wahrnehmung einer kollektiven Benachteiligung gegenüber dem Westen überlagert werden (vgl. Pollack/Pickel 1998; Braun 1998, Bezug nehmend auf Wagner 1997). Ferner wurden aber auch Tendenzen der Angleichung von Einstellungen festgestellt (vgl. Andreß/Heien/Hofäcker 2001: 158ff.). Die Ergebnisse dieser Befragung stützen diese Beobachtungen, weichen teilweise jedoch auch davon ab. Insgesamt bestehen nach wie vor deutliche Unterschiede zwischen der ostdeutschen und der westdeutschen Bevölkerung. Zugleich nehmen diese Differenzen ab, was sowohl auf Veränderungen im Osten als auch im Westen zurückgeführt werden muss.

Zunächst bestätigt sich, dass die ostdeutsche Bevölkerung im Durchschnitt egalitärer eingestellt ist und höhere Erwartungen an den Staat hat. Dies manifestiert sich vor allem in der höheren Zustimmung zu den Forderungen, der Staat solle einen Mindestlebensstandard garantieren und Arbeitsplätze für diejenigen, die arbeiten wollen, zur Verfügung stellen. Ferner fällt die Kritik an den Einkommensunterschieden und der gerechten Verteilung des Wohlstands deutlicher aus. Andererseits unterscheidet sich die Zustimmung zu individualistischen und askriptivistischen Gerechtigkeitsvorstellungen nur in geringem Maß, das heißt der Anteil der Bevölkerung, der die soziale Ungleichheit durch die Motivationsfunktion des Einkommens, den erreichten Status oder durch produktivistische Gerechtigkeitsvorstellungen für legitimiert erachtet, ist annähernd gleich.

Betrachten wir die Einstellungen zum Sozialstaat im engeren Sinn, zeigen sich vergleichbare Unterschiede zwischen Ost und West. So ist die Zufriedenheit mit der sozialen Sicherung im Osten niedriger und die Realisierung sozialer Sicherheit wird negativer beurteilt. Umgekehrt sind die Erwartungen an die staatliche Verantwortung für die soziale Sicherung, der Wunsch nach Ausweitung der Staatsausgaben sowie die wahrgenommene Wichtigkeit sozialpolitischer Ziele – insbesondere die Relevanz der Reduzierung von Einkommensdifferenzen – im Osten höher. Zugleich lehnen die ostdeutschen Bürgerinnen und Bürger deutlicher eine in Zukunft größere Eigenverantwortung für die Absicherung von sozialen Risiken und steigende Zuzahlungen und Eigenbeteiligungen im Gesundheitswesen sowie eine freiheitlichere Gestaltung der eigenen Gesundheitsvorsorge ab. Dies bestätigte sich zusammenfassend darin, dass die Akzeptanz einer liberal-aktivierenden Sozialpolitik im Osten eher abgelehnt und eine egalitär-versorgende eher akzeptiert wird. Diese Unterschiede sind zumindest in Teilen ein Resultat sozialisatorischer Einflüsse des sozialistischen Wohlfahrtsregimes, was sich auch darin zeigt, dass verstärkt die älteren Bürgerinnen und Bürger diese Ansichten vertreten.

Das kann auch als ein Grund für die ebenfalls zu beobachtende Angleichung zwischen Ost und West angesehen werden, da diese kulturelle Prägung der Vergangenheit abnimmt und zugleich unterschiedlich positive Erfahrungen mit der sozialen Marktwirtschaft vorliegen. So ordnet sich die ostdeutsche Bevölkerung erstmalig überwiegend der Mittelschicht zu und die Zufriedenheit mit verschiedenen Lebensbereichen ist zwar noch niedriger als im Westen, aber im Durchschnitt ansteigend. Insgesamt ist die Konvergenz der sozialstaatlichen Einstellungen jedoch auf Veränderungen in beiden Landesteilen zurück zu führen. So hat beispielsweise der Anspruch an eine staatliche „Arbeitsplatzgarantie" gerade im Osten erheblich abgenommen, während die Befürwortung einer Bedarfssicherung durch Umverteilung im Westen stärker gestiegen ist. Zudem erhält die Vorstellung, dass hohe Unternehmensgewinne als Basis des Wohlstands aller gerechtfertigt sind, im Osten eine wachsende Zustimmung, während sie im Westen sinkt. Diese gegenläufige Entwicklung findet sich auch in der Beurteilung der Realisierung einer gerechten Verteilung des Wohlstands und in der Zufriedenheit mit der sozialen Sicherung, die im Westen stärker gesunken ist als im Osten.

Für die These, dass die Einstellungen zur sozialen Ungleichheit auch durch die Wahrnehmung einer kollektiven Benachteiligung der ostdeutschen Bevölkerung getragen werden, finden sich ebenfalls Anhaltspunkte. So liegt der Anteil der Bürgerinnen und Bürger aus dem Osten, die der Auffassung sind, nicht ihren gerechten Anteil im Vergleich zu anderen zu erhalten, mit 20 Prozentpunkten erheblich höher. Zugleich nimmt eine Mehrheit der Befragten starke und oder sehr starke Konflikte zwischen Ost- und Westdeutschen wahr. Auf der anderen Seite variieren die Einstellungen im Osten stärker zwischen den verschiedenen Personengruppen. Insbesondere die Befürwortung einer egalitär-versorgenden Sozialpolitik erklärt sich im Osten vor allem durch das Alter, darüber hinaus durch das Einkommen, den Status der beruflichen Selbständigkeit, den Bildungsgrad und die Zufriedenheit mit dem eigenen Leben.

Die Angleichung der Einstellungen zwischen Ost und West ist somit unter anderem darauf zurückzuführen, dass sozialistische Werte in ihrer Bedeutung abnehmen. Ferner differenzieren sich die Einstellungen zur sozialen Ungleichheit und zum Sozialstaat auch im Osten aufgrund des sozioökonomischen Status aus. Umgekehrt wird die Angleichung aber auch durch eine „Verostung" der Einstellungen in der westdeutschen Bevölkerung getragen. Hierfür dürfte die Erfahrung von steigenden Risiken und bedrohtem Wohlstand maßgeblich sein. Dass Einstellungen sich vor dem Hintergrund bisheriger Erfahrungen bilden, kann auch als Grund dafür angesehen werden, dass der Zukunftsoptimismus im Westen noch deutlicher abgesunken ist als im Osten.

9.5 Befürworter und Kritiker des Sozialstaats

Wer gehört nun zu den Kritikern eines umfassenden und versorgenden Sozialstaats und wer akzeptiert eine insgesamt stärker auf die Förderung und Forderung von Eigenverantwortung und Eigenvorsorge abzielende Sozialpolitik? Und welche Zusammenhänge existieren zur Beurteilung der Leistungen und zum Vertrauen in den Sozialstaat? Zur Beantwortung dieser Frage wurden zum einen einzelne globale Einstellungen zu den Dimensionen Akteure und Ziele, Kosten sowie Erfolge analysiert. Zum anderen wurden zwei zentrale Deutungsmuster eines egalitär-versorgenden und eines individualistisch-aktivierenden Sozialstaats kontrastierend betrachtet. Als erklärende Variablen dienten, basierend auf der Bedeutung kultureller Sozialisationsprozesse und struktureller Erklärungshypothesen Indikatoren aus den Bereichen: sozioökonomischer Status, soziodemografische Faktoren, Faktenwissen und Gerechtigkeitsvorstellungen sowie subjektive Lebensqualität.

Insgesamt zeigte sich, dass sowohl kulturelle als auch strukturelle Einflüsse die Einstellungen zum Sozialstaat beeinflussen, wobei die „Einstellungsvariablen" in der Regel einen größeren Einfluss ausüben als soziodemografische und strukturelle Bestimmungsfaktoren. Dies trifft jedoch nicht auf das Faktenwissen zu, das hier exemplarisch anhand von Regelungen der Gesetzlichen Krankenversicherung und der Sozialhilfe erhoben wurde. Dieses hatte bereits bivariat nur einen schwachen Effekt auf die Einstellungen zum Sozialstaat erkennen lassen.

Ferner ist zunächst hervorzuheben, dass die Akzeptanz einer in Zukunft größeren Eigenverantwortung eine kulturelle Leitidee ist, die nur geringfügig zwischen den Bevölkerungsgruppen variiert. Eigenverantwortung ist konstitutiv mit der Freiheit und Autonomie der Subjekte in demokratischen Marktwirtschaften verbunden, die ihr „Leben gestalten", Entscheidungen aufgrund ihrer Präferenzen und Wertorientierungen treffen und deren Konsequenzen als Resultat ihres Tuns verantworten. Diese findet jedoch Grenzen in der Wahrnehmung und Beurteilung der eigenen Ressourcen sowie der generellen Verteilung von Chancen und Risiken, die die Autonomie und Verantwortung der Subjekte ursächlich einschränken (vgl. hierzu auch Gosepath 2004: 374ff.). Aus diesem Grund sind hinsichtlich der Akzeptanz von Eigenverantwortung und Eigenbeteiligung in stärkerem Maß Einflüsse der sozioökonomischen Lage und ihrer subjektiven Wahrnehmung maßgeblich.

Dennoch haben insgesamt Vorstellungen über die Legitimität sozialer Ungleichheit den stärksten Einfluss auf sozialstaatliche Einstellungen und erwiesen sich somit als basale Grundorientierungen. Vor allem egalitaristische und individualistische Einstellungen wirken sich auf die Erwartungen und Ansprüche an den Sozialstaat aus. Dabei liegt der stärkste Effekt der egalitaristischen Gerechtigkeitsvorstellungen für den Wunsch nach höheren Staatsausgaben vor, da diese Auffassung beinhaltet, dass eine gerechte Verteilung erst durch staatliche Intervention und Umverteilung erzielt werden kann. Ferner lehnen eher egalitaristisch orientierte Menschen eine in Zukunft höhere Eigenverantwortung sowie eine größere Eigenbeteiligung tendenziell ab und sehen die Zielerreichung der sozialen Sicherheit kritischer. Zugleich befürworten sie höhere Steuern und Abgaben, um diese Aufgaben zu erfüllen. Umgekehrt führen individualistische Überzeugungen dazu, Eigenverantwortung und finanzielle Eigenbeteilungen zu akzeptieren, zugleich wird das gegenwärtige Niveau der sozialen Sicherung eher für ausreichend befunden und in schwachem Maß schlägt sich das auch im Vertrauen nieder. Je stärker die Menschen sich somit für ihre Position und soziale Lage verantwortlich halten und der Auffassung sind, dass soziale Unterschiede durch individuelle Leistungen begründet sind, um so eher lehnen sie höhere Staatsausgaben ab und befürworten eine größere Eigenvorsorge.

Vor dem Hintergrund basaler sozialstaatlicher Deutungsmuster, in die auch die Vorstellungen zur Verteilungsgerechtigkeit eingeflossen sind, zeigte sich schließlich, dass eine eher liberal-aktivierende Sozialpolitik vor allem von denjenigen akzeptiert wird, die sich zu den Gewinnern in der Gesellschaft zählen können, mit ihrem Leben zufrieden sind und keine Gerechtigkeitslücke hinsichtlich ihrer eigenen Partizipation am gesellschaftlichen Reichtum sehen. Ferner findet sie eher Zustimmung bei denjenigen, die einen hohen Bildungsabschluss aufweisen sowie bei Männern und Jüngeren und sie findet im Westen mehr Anhänger als im Osten. Umgekehrt optieren die Ostdeutschen sowie Personen aus Haushalten mit niedrigerem Einkommen, Personen, die mit ihren Lebensbedingungen eher unzufrieden sind und sich um den gerechten Anteil gebracht sehen, Frauen und Personen mit niedrigerem Bildungsabschluss verstärkt für eine umfassende Sozialpolitik und lehnen die Individualisierung sozialer Risiken ab.

Ein besonderer Blick ist zudem auf die Erwerbstätigen zu werfen. Diese sind zwar auch geringfügig stärker für einen versorgenden Sozialstaat, sehr viel deutlicher fällt hier jedoch die Abneigung gegen einen aktivierenden Sozialstaat aus. So lehnen Erwerbstätige sowohl eine in Zukunft größere Eigenverantwortung, höhere Zuzahlungen als auch höhere Steuern und Abgaben tendenziell ab, bewerten die Realisierung der sozialen Sicherheit eher negativ und haben ein nur geringes Vertrauen in den Sozialstaat. Insbesondere die erwerbstätige Bevölkerung scheint somit die Kosten des Sozialstaats in den Blick zu nehmen, ohne dass die Sicherheit oder Erwartung vorzuliegen scheint, dass diesen eine adäquate Gegenleistung gegenüber steht. Dies bestätigt sich auch darin, dass der negative Einfluss des Status einer „abhängigen Beschäftigung" auf das globale Vertrauen in die sozialen Sicherungssysteme vergleichsweise hoch ausgefallen ist.

Schließlich zeigt ein Vergleich der gefundenen Erklärungen mit den Bewertungen des gegenwärtigen Leistungsniveaus der sozialen Sicherung und dem Vertrauen in den Sozialstaat, dass diejenigen, die einen egalitär-versorgenden Sozialstaat begrüßen, die Güte der gegenwärtigen Absicherung eher kritisch einschätzen. Dabei dominieren die Gerechtigkeitsvorstellungen jedoch noch vor der sozioökonomischen Lage. Dies trifft nicht im gleichen Maß auf das Vertrauen zu, denn dieses ist nicht von Vorstellungen der Verteilungsgerechtigkeit beeinflusst. Das Vertrauen ist, unabhängig von bestimmten Vorstellungen einer gerechten Verteilung, durch konkrete und „bilanzierende" Nutzenerwartungen bestimmt. Zum einen sind es vor allem die Personen aus Haushalten mit niedrigem Einkommen, stärker aber noch Erwerbstätige und Selbstständige, die kein Vertrauen haben. Damit dominiert hier der Blick auf die zukünftigen Kosten, die von den Erwerbstätigen zu tragen sind. Zum anderen bringen diejenigen, die mit ihrem Leben und dem Erreichten im Vergleich zu anderen unzufrieden sind, weniger Vertrauen auf. Vertrauen speist sich somit eher aus der individuellen Lebenssituation und der grundlegenden und bilanzierenden Bewertung von Umwelt- und Lebensbedingungen im Verhältnis zu den eigenen Erwartungen, Werten und auch Ressourcen.

9.6 Fazit

Abschließend möchten wir einige Folgerungen aus den vorliegenden Ergebnissen ansprechen, die für die Frage der Unterstützung beziehungsweise Ablehnung von Reformen der sozialen Sicherung eine entscheidende Rolle spielen dürften. Zunächst deutet die hohe Bedeutung, die der Sozialstaat in den Augen der Bevölkerung nach wie vor hat, darauf hin, dass die meisten Menschen nicht primär an die Finanzierungsprobleme und die negativen Effekte für die wirtschaftliche Wettbewerbsfähigkeit denken; das sogenannte „Standortrisiko" Sozialstaat steht folglich nicht im Vordergrund der Wahrnehmung. Vielmehr beziehen sich die Bundesbürger auf die Leistungen des Sozialstaats, die überwiegend nicht eingeschränkt, sondern beibehalten oder sogar ausgeweitet werden sollen. Für die Akzeptanz von Reformen ist es somit entscheidend, Sozialpolitik nicht überwiegend mit Bezug auf die „Probleme zweiter Ordnung" anzusprechen, die sich um die Koordinierung, Finanzierung und Effizienz von Maßnahmen drehen, sondern die gestalterische Komponente der Lösung sozialer Probleme stärker ins Zentrum zu rücken (ebd. Kaufmann 2003: 178). Reformbereitschaft und -unterstützung sind vor allem dann zu erwarten, wenn den gesellschaftlichen Problemlagen, sozialstaatlichen Lösungsvorschlägen und angestrebten sozialen Zielzuständen wieder ein größeres Gewicht beigemessen wird, zu denen alle relevanten Akteure ihren Beitrag leisten. Dies könnte auch einen Ansatz darstellen, die Diskrepanz zwischen

9.6 Fazit

hohen Wohlfahrtsansprüchen und einer eher begrenzten Finanzierungsbereitschaft zu minimieren.

Eine fundamentale Sorge hinsichtlich des Umbaus des Sozialstaats gilt der Erosion des sozialstaatlichen Konsenses, da eine Polarisierung in den Einstellungen zum Sozialstaat zwischen denjenigen, die ihn eher finanzieren und denjenigen, die primär profitieren, erwartet wurde. Insgesamt kann von einer weit reichenden Erosion des sozialstaatlichen Konsenses nicht die Rede sein. Dennoch differenziert sich die Akzeptanz der Art und des Umfangs sozialstaatlicher Interventionen einerseits zwischen „egalitaristisch" und „individualistisch" orientierten Menschen, andererseits nach dem Einkommen, der Bildung und dem beruflichen Status aus. Insbesondere diejenigen, die zu den unteren Schichten gehören, lehnen Privatisierungen der sozialen Risiken ab und befürworten eine umfassendere, auch Einkommensunterschiede ausgleichende, Sozialpolitik. Somit hängt die Unterstützung von sozialstaatlichen Reformen auch davon ab, dass es gelingt, einer Exklusion bedürftiger Bevölkerungsgruppen entgegenzuwirken und eine akzeptable Mischung von Leistungs- und Bedarfsgerechtigkeit für die Gesellschaft zu entwickeln.

Des Weiteren zeigte sich, dass die erwartete staatliche Zuständigkeit für die soziale Sicherung nicht in grundsätzlichem Widerspruch zur Betonung von Eigenverantwortung steht. Das Sicherheitsbedürfnis hinsichtlich der sozialen Risiken von Arbeitslosigkeit, Alter, Krankheit und Notlagen ist nicht als Gegensatz, sondern als Basis für eine eigenverantwortliche Gestaltung des eigenen Lebens zu sehen (vgl. Zapf et al 1987: 138f.). Ein Umbau des Sozialstaats kann somit eher auf Unterstützung in der Bevölkerung treffen, wenn Eigenverantwortung und sozialstaatliche Sicherung weniger als substitutive, sondern vielmehr als komplementäre Bereiche der sozialen Sicherung behandelt werden. Die Förderung von Eigenverantwortung stellt nur dann einen sinnvollen Beitrag zur Absicherung sozialer Risiken dar, wenn die Menschen sowohl über ausreichende Ressourcen und Kompetenzen als auch über eine gewisse Planungssicherheit verfügen, mit denen für die Bedarfssituationen und Notfälle des Lebens Vorsorge getroffen werden kann.

10 Literatur

Alber, Jens (1989): Der Sozialstaat in der Bundesrepublik 1950-1983, Frankfurt am Main.
Alber, Jens (2001): Hat sich der Wohlfahrtsstaat als soziale Ordnung bewährt?, in: Mayer, Karl-Ulrich (Hg.), Die beste aller Welten? Marktliberalismus versus Wohlfahrtsstaat, Frankfurt am Main, S. 59-111.
Alber, Jens (2002): Die Modernisierung des Wohlfahrtsstaats: Eine Neumischung moderner und traditionaler Elemente?, in: Glatzer, Wolfgang / Habich, Roland / Mayer, Karl-Ulrich (Hg.), Sozialer Wandel und gesellschaftliche Dauerbeobachtung, Opladen, S. 15-30.
Allmendinger, Jutta / Leibfried, Stephan (2003): Education and the welfare state: the four worlds of competence production, in: Journal of European Social Policy, Jg. 13, S. 63-81.
Altvater, Elmar / Mahnkopf, Birgit (2002): Grenzen der Globalisierung. Ökonomie, Ökologie und Politik in der Weltgesellschaft, Münster.
Andreß, Hans-Jürgen / Heien, Thorsten / Höfäcker, Dirk (2001): Wozu brauchen wir noch den Sozialstaat? Der deutsche Sozialstaat im Urteil seiner Bürger, Wiesbaden.
Arbeitsgruppe SubArO (Hg.) (2005): Ökonomie der Subjektivität – Subjektivität der Ökonomie, Berlin.
Arzheimer, Kai (2002): Politikverdrossenheit. Bedeutung, Verwendung und empirische Relevanz eines politikwissenschaftlichen Begriffs, Wiesbaden.
Bacher, Johann / Stelzer-Orthofer, Christine (1997): Das Ende des wohlfahrtsstaatlichen Konsenses? Eine theoretische und empirische Annäherung, in: Österreichische Zeitschrift für Politikwissenschaften, Jg. 26, Heft 2, S. 165-178.
Bäcker, Gerhard / Bispinck, Reinhard / Hofemann, Klaus / Naegele, Gerhard (2000): Sozialpolitik und soziale Lage in Deutschland. Band 1: Ökonomische Grundlagen, Einkommen, Arbeit und Arbeitsmarkt, Arbeit und Gesundheitsschutz, Wiesbaden.
Backhaus, Klaus / Erichson, Bernd / Plinke, Wulff / Weiber, Rolf (2003): Multivariate Analysemethoden, Berlin, Heidelberg, New York.
Becker, Irene / Hauser, Richard (2004): Soziale Gerechtigkeit – eine Standortbestimmung. Zieldimensionen und empirische Befunde, Berlin.
Becker, Jens / Hartmann, Dorothea / Huth, Susanne / Möhle, Marion (2001): Diffusion und Globalisierung. Migration, Klimawandel und Aids – Empirische Befunde, Opladen.
Berger, Peter A. (2005): Deutsche Ungleichheiten – eine Skizze, in: APuZ, Aus Politik und Zeitgeschichte, Jg. 37, S. 17-15.
Berger, Peter A. / Schmidt, Volker H. (Hg.) (2004): Welche Gleichheit, welche Ungleichheit? Grundlagen der Ungleichheitsforschung, Wiesbaden.
Berger, Peter / Luckmann, Thomas (1982): Die gesellschaftliche Konstruktion der Wirklichkeit, Frankfurt am Main.
Blanke, Bernhard / Plaß, Stefan (2005): Vom schlanken zum aktivierenden Staat. Leitbilder der Staats- und Verwaltungsmodernisierung, in: Behrens, Fritz / Heinze, Rolf G. / Hilbert, Josef / Stöbe-Blossey, Sybille (Hg.), Ausblicke auf den aktivierenden Staat. Von der Idee zur Strategie, Berlin.

BMGS (Bundesministerium für Gesundheit und soziale Sicherung) (2005): Lebenslagen in Deutschland, 2. Armuts- und Reichtumsbericht, www.bmgs.bund.de.
BMGS (Bundesministerium für Gesundheit und soziale Sicherung) (2005): Sozialbericht 2005, www.bmgs.bund.de
Böhnke, Petra (2004): Risiken sozialer Ausgrenzung. Empirische Analysen zu prekären Lebenslagen und sozialen Teilhabechancen: Eine Auseinandersetzung mit dem Ausgrenzungsdiskurs, (Diss.), Berlin.
Braun, Michael (1998): Soziale Ungleichheit und Wohlfahrtsstaat: Einstellungswandel in Ost- und Westdeutschland, in: Braun, Michael / Mohler, Peter, Ph. (Hg.), Blickpunkt Gesellschaft 4. Soziale Ungleichheit in Deutschland, Wiesbaden.
Breyer, Friedrich / Franz, Wolfgang / Homburg, Stefan / Schnabel, Reinhold / Wille, Eberhard (2004): Reform der sozialen Sicherung, Berlin / Heidelberg.
Bulmahn, Thomas (2002): Lebenswerte Gesellschaft. Freiheit, Sicherheit und Gerechtigkeit im Urteil der Bürger, Wiesbaden.
Burzan, Nicole (2004): Soziale Ungleichheit. Eine Einführung in die zentralen Theorien, Wiesbaden.
Butterwegge, Christoph (2001): Wohlfahrtsstaat im Wandel. Probleme und Perspektiven der Sozialpolitik, 3. Aufl., Opladen.
Cerny, Philip (1990): The Changing Architecture Of Politics, London.
Dallinger, Ursula / Liebig, Stefan (2004): Gerechtigkeit zwischen den Generationen in der wohlfahrtsstaatlichen Alterssicherung, in: Liebig, Stefan /Lengfeld, Holger / Mau, Streffen (Hg.), Verteilungsprobleme und Gerechtigkeit in modernen Gesellschaften, Frankfurt am Main / New York, S. 97 – 132.
Deutsche Shell (Hg.) (2002): Jugend 2002 – Zwischen pragmatischem Idealismus und robustem Materialismus, Frankfurt am Main.
Döring, Diether (Hg.) (1999): Sozialstaat in der Globalisierung, Frankfurt am Main.
Döring, Herbert (1990): Aspekte des Vertrauens in Institutionen. Westeuropa im Querschnitt der internationalen Wertestudie 1981, in: Zeitschrift für Soziologie, Jg. 19, S. 73-89.
Easton, David (1975): Reassessment of the concept of political support, in: British Journal of Political Science, Jg. 5, S. 435-457.
Ebsen, Ingwer (2004) Antrag für ein DFG-Schwerpunktprogramm: Investive Sozialpolitik.
Endress, Martin (2002): Vertrauen, Bielefeld.
Esping-Andersen, Gösta (1990): The Three Worlds of Welfare Capitalism, Princeton / New York / Cambridge.
Esping-Andersen, Gösta (1998): Die drei Welten des Wohlfahrtskapitalismus. Zur Politischen Ökonomie des Wohlfahrtsstaates, in: Lessenich, Stephan / Ostner, Ilona (Hg.), Welten des Wohlfahrtskapitalismus, Frankfurt am Main, S. 19-56.
Esping-Andersen, Gösta / Gallie, Duncan / Hemerijck, Anton / Myles John (2002): Why we need a New Welfare State, New York.
Flora, Peter / Alber, Jens / Kohl, Jürgen (1977): Zur Entwicklung der westeuropäischen Wohlfahrtsstaaten, in: PVS, Jg. 18, S. 705-772.
Foray, Dominique / Lundvall, Bengt-Ake (1996): The Knowledge-based Economy: From the Economics of Knowledge to the Learning Exonomy, in: OECD Documents, Employment and the Growth in the Knowledge-based Economy, Paris, S. 11-32.
Gerhard, Ute (2003): Geschlecht: Frauen im Wohlfahrtsstaat, in: Lessenich, Stephan

(Hg.), Wohlfahrtsstaatliche Grundbegriffe. Historische und aktuelle Diskurse, Frankfurt am Main / New York.
Giddens, Anthony (1999): Der dritte Weg: die Erneuerung der sozialen Demokratie, Frankfurt am Main.
Glatzer, Wolfgang (1984): Lebenszufriedenheit und alternative Maße subjektiven Wohlbefindens, in: Glatzer, Wolfgang / Zapf, Wolfgang (Hg.), Lebensqualität in der Bundesrepublik. Objektive Lebensbedingungen und subjektives Wohlbefinden, Frankfurt / New York, S. 177-191.
Glatzer, Wolfgang (2005): Einstellungen zu Gerechtigkeit und sozialer Ungleichheit, Arbeitspapier.
Glatzer, Wolfgang / Habich, Roland / Mayer, Karl, Ulrich (Hg.) (2002): Sozialer Wandel und gesellschaftliche Dauerbeobachtung, Opladen.
Glatzer, Wolfgang / Mohr, Hans-Michael (1985): Objektive Lebensbedingungen und subjektives Wohlbefinden – Einleitung, in: Statistisches Bundesamt (Hg.), Datenreport 1985. Zahlen und Fakten über die Bundesrepublik Deutschland, Bonn, S. 361-369.
Glatzer, Wolfgang / Zapf, Wolfgang (1984): Lebensqualität in der Bundesrepublik. Objektive Lebensbedingungen und subjektives Wohlbefinden, Frankfurt am Main / New York.
Gosepath, Stefan (2004): Gleiche Gerechtigkeit. Grundlagen eines liberalen Egalitarismus, Frankfurt am Main.
Gräf, Lorenz / Jagodzinski, Wolfgang (1998): Wer vertraut welcher Institution: Sozialstrukturell und politisch bedingte Unterschiede im Institutionenvertrauen, in: Braun, Michael (Hg.), Blickpunkt Gesellschaft. Soziale Ungleichheit in Deutschland, Opladen.
Häder, Sabine / Gabler, Siegfried (1998): „Ein neues Stichprobendesign für telefonische Umfragen in Deutschland". In: Gabler, S. /Häder, S. /Hoffmeyer-Zlotnik, J.: Telefonstichproben in Deutschland. Opladen:, S. 69-88.
Hartmann, Hans Albrecht / Wakenhut, Roland (1995): Gesellschaftlich-politische Einstellungen, Hamburg.
Hauser, Richard (1996): Zur Messung individueller Wohlfahrt und ihrer Verteilung, in: Statistisches Bundesamt (Hg.), Wohlfahrtsmessung – Aufgabe der Statistik im gesellschaftlichen Wandel. Beiträge zum wissenschaftlichen Kolloquium am 16./17. November 1995 in Wiesbaden, Stuttgart, S. 13-38.
Hauser, Richard (2004): Generationengerechtigkeit, Volksvermögen und Vererbung, in: Verband Deutscher Rentenversicherungsträger (Hg.), Generationengerechtigkeit – Inhalt, Bedeutung und Konsequenzen für die Alterssicherung, DRV-Schriften, Band 51, Frankfurt am Main.
Hauser, Richard / Stein, Holger (2001): Die Vermögensverteilung im vereinten Deutschland, Frankfurt am Main.
Heien, Thorsten (1998): Zur Deskription und Determination von Einstellungen zum bundesdeutschen Wohlfahrtsstaat – Theoretische Konzepte und empirische Ergebnisse, WME Arbeitspapier 2, Bielefeld.
Heinz, Walter. R. (1995): Arbeit, Beruf, Lebenslauf: eine Einführung in die berufliche Sozialisation, Weinheim / München.
Heinze, Rolf G. / Hilbert, Josef / Spalink, Dieter / Stöbe – Blossey, Sybille (2005): Einführung: Der aktivierende Staat. Hintergründe und Merkmale eines Leitbildes für öffentliches Handeln, in: Behrens, Fritz. / Heinze, Rolf G. / Hilbert, Josef /

Stöbe-Blossey, Sybille (Hg.), Ausblicke auf den aktivierenden Staat. Von der Idee zur Strategie, Berlin, S. 9-26.

Hinz, Thomas / Gartner, Hermann (2005): Lohnunterschiede zwischen Frauen und Männern in Branchen, Berufen und Betrieben, IAB-Discussion Paper, 4/2005.

Hirsch, Joachim (1995): Der nationale Wettbewerbsstaat. Staat, Demokratie und Politik im globalen Kapitalismus, Berlin.

Hradil, Stefan (2001): Soziale Ungleichheit in Deutschland, Opladen.

Hurrelmann, Klaus (2001): Einführung in die Sozialisationstheorien, Weinheim / Basel.

Jessop, Bob (2002): The Future of the Capitalist State, Oxford.

Kaufmann, Franz-Xaver (1997): Herausforderungen des Sozialstaates, Frankfurt am Main.

Kaufmann, Franz-Xaver (2003): Sozialpolitisches Denken, Frankfurt am Main.

Kaufmann, Franz-Xaver (2005): Sozialpolitik und Sozialstaat: Soziologische Analyse, Wiesbaden.

Koch, Achim (1998): Wenn ‚mehr' nicht gleichbedeutend mit ‚besser' ist: Ausschöpfungsquoten und Stichprobenverzerrungen in allgemeinen Bevölkerungsumfragen, in: ZUMA-Nachrichten 42, Jg. 22 (1998), S. 66-93.

Koch, Achim / Gabler, Siegfried / Braun, Michael (1994): Konzeption und Durchführung der „Allgemeinen Bevölkerungsumfrage der Sozialwissenschaften" ALLBUS, in: ZUMA-Arbeitsbericht, 94/11, S. 11-21.

Köcher, Renate (2003): Die Schimäre Generationengerechtigkeit. Im Reformprozess sieht die Mehrheit Ältere und Jüngere gleichermaßen als Leidtragende, Frankfurter Allgemeine Zeitung, Nr. 239, 15. Oktober 2003.

Krömmelbein, Silvia (1996): Krise der Arbeit – Krise der Identität. Institutionelle Umbrüche und subjektive Erfahrungsprozesse in den neuen Bundesländern, Berlin.

Krömmelbein, Silvia (2004): Zusammenhänge von Arbeit, Interaktion und Identität, Berlin.

Krömmelbein, Silvia / Schmid, Alfons (2004): Informationstechnologischer Wandel und Zukunft der Arbeit, in: Karafyllis, Nicole C. / Haar, Tilmann (Hg.), Technikphilosophie im Aufbruch. Festschrift für Günter Ropohl, Berlin, S. 211-228.

Lampert, Heinz / Althammer, Jörg (2004): Lehrbuch der Sozialpolitik, Berlin / Heidelberg / New York.

Leisering, Lutz (2004): Paradigmen sozialer Gerechtigkeit. Normative Diskurse im Umbau des Sozialstaats, in: Liebig, Stefan / Lengfeld, Holger / Mau, Steffen (Hg.), Verteilungsprobleme und Gerechtigkeit in modernen Gesellschaften, Frankfurt am Main / New York, S. 29-68.

Lessenich, Stephan (1994): „Three Worlds of Welfare Capitalism" – oder vier? Strukturwandel arbeits- und sozialpolitischer Regulierungsmuster in Spanien, in: PVS, Jg. 35, Heft 2, S. 224-244.

Lessenich, Stephan (2000): Soziologische Erklärungsansätze zu Entstehung und Funktion des Sozialstaats, in: Allmendinger, Jutta / Ludwig-Mayerhofer, Wolfgang (Hg.), Soziologie des Sozialstaats. Gesellschaftliche Grundlagen, historische Zusammenhänge und aktuelle Entwicklungstendenzen, Weinheim / München, S. 39-78.

Liebig, Stefan / Lengfeld, Holger (Hg.) (2002): Interdisziplinäre Gerechtigkeitsforschung. Zur Verknüpfung empirischer und normativer Perspektiven, Frankfurt am Main.

10 Literatur

Liebig, Stefan / Lengfeld, Holger / Mau, Streffen (Hg.) (2004): Verteilungsprobleme und Gerechtigkeit in modernen Gesellschaften, Frankfurt am Main / New York.

Liebig, Stefan / Wegener, Bernd (1995): Primäre und sekundäre Ideologien: Ein Vergleich von Gerechtigkeitsvorstellungen in Deutschland und den USA, in: Müller, Hans-Peter / Wegener, Bernd (Hg.), Soziale Ungleichheit und soziale Gerechtigkeit, Opladen, S. 265-293.

Lutz, Burkhart (1984): Der kurze Traum immerwährender Prosperität, Frankfurt am Main / New York.

Maier, Jürgen (2000): Politikverdrossenheit in der Bundesrepublik Deutschland. Dimensionen, Determinanten, Konsequenzen, Opladen.

Mau, Steffen (1997): Ideologischer Konsens und Dissens im Wohlfahrtsstaat. Zur Binnenvariation von Einstellungen zu sozialer Ungleichheit in Schweden, Großbritannien und der Bundesrepublik Deutschland, in: Soziale Welt, Jg. 48, S. 17- 38.

Mau, Steffen (2002): Solidarität und Gerechtigkeit. Zur Erkundung eines Verhältnisses, in: Liebig, Stefan / Lengfeld, Holger (Hg.), Interdisziplinäre Gerechtigkeitsforschung. Zur Verknüpfung empirischer und normativer Perspektiven, S. 129-154.

Mau, Steffen (2004): Wohlfahrtsstaat, Verteilung und Gerechtigkeit in Europa. Modelle nationaler Wohlfahrtspolitik und die soziale Dimension der europäischen Integration, in: Sowi – Journal für Geschichte, Politik, Wirtschaft und Kultur, Jg. 33, Heft 3, S. 45-54.

Merkel, Wolfgang (2001): Soziale Gerechtigkeit und die drei Welten des Wohlfahrtskapitalismus, in: Berliner Journal für Soziologie, Jg. 11, S. 135-157.

Meulemann, Heiner (1996): Werte und Wertewandel. Zur Identität einer geteilten und wieder vereinten Nation. Grundlagentexte Soziologie, Weinheim / München.

Meulemann, Heiner (Hg.) (1998): Werte und nationale Identität im vereinten Deutschland, Opladen.

Mika, Tatjana (2003): „Recht auf Arbeit" – Eine internationale Forderung?, in: Allmendinger, Jutta (Hg.), Entstaatlichung und soziale Sicherheit. Verhandlungen des 31. Kongresses der Deutschen Gesellschaft für Soziologie in Leipzig 2002.

Möhle, Marion (2001): Vom Wert der Wohlfahrt: normative Grundlagen des deutschen Sozialstaats, Wiesbaden.

Mühleck, Kai (2003a): Tut der Staat genug für soziale Gerechtigkeit? Ursachen von Einstellungen, in: Allmendinger, Jutta (Hg.), Entstaatlichung und soziale Sicherheit. Verhandlungen des 31. Kongresses der Deutschen Gesellschaft für Soziologie in Leipzig 2002.

Mühleck, Kai (2003b): ISJP International Social Justice Project. Arbeitsgruppe für die Bundesrepublik Deutschland, Arbeitsbericht Nr. 97, Humboldt-Universität, Berlin, www.isjp.de.

Noll, Heinz-Herbert / Christoph, Bernhard (2004): Akzeptanz und Legitimität sozialer Ungleichheit – Zum Wandel von Einstellungen in West- und Ostdeutschland, in: Schmitt-Beck, Rüdiger / Wasmer, Martina / Koch, Achim (Hg.), Sozialer und politischer Wandel in Deutschland. Analysen mit ALLBUS-Daten aus zwei Jahrzehnten, Wiesbaden, S. 97-125.

Noll, Heinz-Herbert / Roberts, Lance W. (2003): The Legitimacy of Inequality on Both Sides of the Atlantic. A Comparative Analysis of Attitudes in Canada and Germany, in: The Tocqueville Review, Vol. XXIV, No. 2-2003, S. 153-189.

Nolte, Paul (2005): Soziale Gerechtigkeit in neuen Spannungslinien, in: ApuZ, Aus Politik und Zeitgeschichte, Jg. 37, S. 16-23.

OECD (2004): OECD Health Data 2004, Paris.
Opielka, Michael (2004): Sozialpolitik. Grundlagen und vergleichende Perspektiven, Hamburg.
Pollack, Detlef (1990): Das Ende der Organisationsgesellschaft. Systemtheoretische Überlegungen zum gesellschaftlichen Umbruch der DDR, in: Zeitschrift für Soziologie, Jg. 19, S. 292-307.
Pollack, Detlef / Pickel, Gert (1998): Die ostdeutsche Identität – Erbe der DDR – Sozialismus oder Produkt der Wiedervereinigung, in: Aus Politik und Zeitgeschichte, Jg. 41/42, S. 9-23.
Pierson, Paul (1994): Dismanteling the Welfare State? Reagan, Thatcher and the Politics of Retrenchment, Cambridge.
Pierson, Paul (2001): Post-Industrial Pressures on Mature Welfare Sates, in: Pierson, Paul (Hg.), The New Politics of the Welfare State, Oxford, S. 80-104.
Prisching, Manfred (2001): Der sorgende Staat: Das kontinentale Modell der Sozialstaatsentstehung, in: Theurl, Engelbert (Hg.), Der Sozialstaat an der Jahrtausendwende: Analysen und Perspektiven, Heidelberg, S. 1-29.
Roller, Edeltraud (1992): Einstellungen der Bürger zum Wohlfahrtsstaat der Bundesrepublik Deutschland, Opladen.
Roller, Edeltraud (2002): Erosion des sozialstaatlichen Konsenses und die Entstehung einer neuen Konfliktlinie in Deutschland, in: Aus Politik und Zeitgeschichte. Beilage zur Wochenzeitung „Das Parlament", B28-29, S. 13-19.
Rosar, Ulrich (1998): Policy-Orientierung und Systemlegitimität 1991 – 1995. Die Bedeutung der politischen Agenda für das Vertrauen in rechtsstaatliche und politische Institutionen, in: Meulemann, Heiner (Hg.), Werte und nationale Identität im vereinten Deutschland, Opladen, S. 129-154.
Schmid, Josef (2002): Wohlfahrtsstaaten im Vergleich, Opladen.
Schmidt, Volker H. (1994): Bounded Justice, in: Social Science Information, Jg. 33, S. 305-333.
Schnell, Rainer (1997): Nonresponse in Bevölkerungsumfragen. Ausmaß, Entwicklung und Ursachen. Opladen.
Simonson, Julia (2003): Entwicklung und Struktur des Institutionenvertrauens. Empirische Analysen auf der Basis der ALLBUS-Daten, online Dokument, 11.10.2005, http://www.sozialforschung.uni-bremen.de/vertrauen.pdf
Statistisches Bundesamt (2004): Datenreport 2004, Bonn.
Streeck, Wolfgang (1998): Einleitung: Internationale Wirtschaft, nationale Demokratie?, in: Streeck, Wolfgang. (Hg.), Internationale Wirtschaft, nationale Demokratie. Herausforderungen für die Demokratietheorie, Frankfurt am Main, S.11-58.
Turner, Jonathan H. (1991): The Structure of Sociological Theory, 5. Auflage, Belmont.
Vortmann, Heinz (1989): Die soziale Sicherheit in der DDR, in: Weidenfeld, Werner / Zimmermann, Hartmut (Hg.), Deutschland-Handbuch. Eine doppelte Bilanz 1949-1989, Schriftenreihe der Bundeszentrale für politische Bildung, Band 275, Bonn, S. 326-344.
Wagner, Eva (1997): Ist soziale Ungleichheit gerecht? Wahrnehmungen und Bewertungen im Ost-West Vergleich, in: Müller, Walter (Hg.), Soziale Ungleichheit. Neue Befunde zu Strukturen, Bewusstsein und Politik, Opladen.
Walster, Elaine / Walster, G.Willian (1975): Equity and Social Justice, in: Journal Social Issues, Jg. 31, S. 21-43.

10 Literatur

Weede, Erich / Jagodzinski (1977): Einführung in die konfirmatorische Faktorenanalyse, in: Zeitschrift für Soziologie, 3/1977, S. 315-333.

Wegener, Bernd (1995): Gerechtigkeitstheorie und empirische Gerechtigkeitsforschung , in: Müller, Hans-Peter / Wegener, Bernd (Hg.), Soziale Ungleichheit und soziale Gerechtigkeit, Opladen, S. 195-218.

Wegener, Bernd / Liebig, Stefan (1993): Eine Grid-Group-Analyse Sozialer Gerechtigkeit. Die neuen und alten Bundesländer im Vergleich, in: Kölner Zeitschrift für Soziologie und Sozialpsychologie, Jg. 45, S. 668-690.

Wegener, Bernd / Liebig Stefan (1998): Gerechtigkeitsideologien 1991 – 1996, in: Meulemann, Heiner (Hg.), Werte und nationale Identität im vereinten Deutschland. Erklärungsansätze der Umfrageforschung, Opladen, S. 25-60.

Wegener, Bernd / Liebig, Stefan (2000): Is the „Inner Wall" Here to Stay? Justice Ideologies, in Unified Germany, Social Justice Research, Jg. 13, Heft 2, S. 177-197.

Wersig, Gernot (1996): Die Komplexität der Informationsgesellschaft, Konstanz.

Wirth, Werner (1997): Von der Information zum Wissen: die Rolle der Rezeption für die Entstehung von Wissensunterschieden; ein Beitrag zur Wissenskulturforschung, Opladen.

Zapf, Wolfgang (2001): Die Wohlfahrtssurveys 1978-1998 und danach, in: Becker, Irene / Ott, Notburga / Rolf, Gabriele (Hg.), Soziale Sicherung in einer dynamischen Gesellschaft, Frankfurt am Main /New York.

Zapf, Wolfgang / Breuer, Sigrid / Hampel, Jürgen / Krause, Peter / Mohr, Hans-Michael / Wiegand, Erich (1987): Individualisierung und Sicherheit. Untersuchungen zur Lebensqualität in der Bundesrepublik Deutschland, München.

Zapf, Wolfgang / Habich, Roland (1996): Wohlfahrtsentwicklung im vereinten Deutschland. Sozialstruktur, sozialer Wandel und Lebensqualität, Berlin.

11 Anhang

a) Tabellen zu Alter / Herkunft

1. Einkommensunterschiede in Deutschland
2. Sozialstaatsziel: Verringerung der Einkommensunterschiede
3. Staatsausgaben: gesundheitliche Versorgung
4. Staatsausgaben: Lebensstandard im Alter
5. Staatsausgaben: Lebensstandard bei Arbeitslosigkeit
6. Staatsausgaben: Grundsicherung für alle Bedürftigen
7. Angemessenheit der Steuerhöhe
8. Angemessenheit der Abgabenhöhe
9. Akzeptanz höherer Steuern und Beiträge
10. Höhere Eigenbeteiligung erwünscht
11. Realisierung: Solidarität mit Hilfsbedürftigen
12. Realisierung: Leben, wie man will
13. Realisierung: Chancengleichheit unabhängig der Herkunft
14. Realisierung: Soziale Sicherheit
15. Zufriedenheit mit sozialer Sicherung (Index)
16. Vertrauen in Systeme sozialer Sicherung (Index)

b) Faktorenanalysen

1a. Gerechtigkeitsvorstellung: Egalitarismus
1b. Gerechtigkeitsvorstellung: Individualismus
1c. Gerechtigkeitsvorstellung: Askriptivismus
1d. Gerechtigkeitsvorstellung: Fatalismus
2. Eigenverantwortung
3. Staatsausgaben
4. Höhere Steuern und Abgaben
5. Höhere Eigenbeteiligung
6. Vertrauen
7a. Deutungsmuster: egalitär-versorgender Sozialstaat
7b. Deutungsmuster: liberal-aktivierender Sozialstaat

c) Fragebogen der Untersuchung

a) Tabellen zu Alter/Region

1. Einkommensunterschiede in Deutschland

	Viel zu gering	Eher zu gering	Gerade richtig	Eher zu groß	Viel zu groß
Jüngere Westdeutsche	0,9	5,1	13,6	54,2	26,3
Jüngere Ostdeutsche	1,4	2,2	8,4	45,0	43,0
Ältere Westdeutsche	1,3	3,8	8,7	39,7	46,4
Ältere Ostdeutsche	1,6	2,7	4,3	27,5	63,9
Gesamt	**1,4**	**3,3**	**7,5**	**37,2**	**50,5**

Zeilenprozente
Altersklassen: Jüngere: bis einschließlich 34 Jahre; Ältere: 35 Jahre und älter

2. Sozialstaatsziel: Verringerung der Einkommensunterschiede

	Unwichtig	Weniger wichtig	Wichtig	Sehr wichtig
Jüngere Westdeutsche	6,4	26,8	42,3	24,5
Jüngere Ostdeutsche	3,2	22,9	44,0	29,9
Ältere Westdeutsche	5,5	22,4	43,4	28,7
Ältere Ostdeutsche	2,6	14,1	39,6	43,8
Gesamt	**4,2**	**19,8**	**41,9**	**34,2**

Zeilenprozente
Altersklassen: Jüngere: bis einschließlich 34 Jahre; Ältere: 35 Jahre und älter

3. Staatsausgaben: gesundheitliche Versorgung

	Viel weniger	Etwas weniger	Gleich viel	Etwas mehr	Viel mehr
Jüngere Westdeutsche	0,2	5,9	37,1	42,1	14,8
Jüngere Ostdeutsche	0,7	5,5	30,3	47,6	15,9
Ältere Westdeutsche	1,3	6,1	37,1	39,3	16,3
Ältere Ostdeutsche	0,6	3,2	26,7	45,7	23,8
Gesamt	**0,8**	**4,9**	**32,3**	**43,0**	**19,0**

Zeilenprozente
Altersklassen: Jüngere: bis einschließlich 34 Jahre; Ältere: 35 Jahre und älter

4. Staatsausgaben: Lebensstandard im Alter

	Viel weniger	Etwas weniger	Gleich viel	Etwas mehr	Viel mehr
Jüngere Westdeutsche	0,7	9,4	36,5	42,2	11,1
Jüngere Ostdeutsche	0,9	9,3	40,4	39,2	10,2
Ältere Westdeutsche	1,4	8,4	42,8	37,9	9,5
Ältere Ostdeutsche	0,6	4,6	38,3	44,1	12,4
Gesamt	**1,0**	**7,1**	**40,1**	**40,9**	**10,9**

Zeilenprozente
Altersklassen: Jüngere: bis einschließlich 34 Jahre; Ältere: 35 Jahre und älter

5. Staatsausgaben: Lebensstandard bei Arbeitslosigkeit

	Viel weniger	Etwas weniger	Gleich viel	Etwas mehr	Viel mehr
Jüngere Westdeutsche	3,8	19,2	44,9	28,4	3,8
Jüngere Ostdeutsche	1,6	12,2	47,1	33,2	5,8
Ältere Westdeutsche	2,1	10,6	44,2	36,5	6,6
Ältere Ostdeutsche	1,0	8,7	38,0	42,3	9,9
Gesamt	**1,8**	**11,0**	**42,2**	**37,4**	**7,5**

Zeilenprozente
Altersklassen: Jüngere: bis einschließlich 34 Jahre; Ältere: 35 Jahre und älter

6. Staatsausgaben: Grundsicherung für alle Bedürftigen

	Viel weniger	Etwas weniger	Gleich viel	Etwas mehr	Viel mehr
Jüngere Westdeutsche	1,4	7,5	39,1	40,3	11,6
Jüngere Ostdeutsche	0,5	4,8	37,6	44,1	12,9
Ältere Westdeutsche	0,8	5,2	40,2	39,6	14,1
Ältere Ostdeutsche	0,2	3,3	30,4	46,4	19,7
Gesamt	**0,6**	**4,7**	**36,0**	**42,8**	**15,9**

Zeilenprozente
Altersklassen: Jüngere: bis einschließlich 34 Jahre; Ältere: 35 Jahre und älter

7. Angemessenheit der Steuerhöhe

	Viel zu niedrig	Eher zu niedrig	Ange-Messen	Eher zu hoch	Viel zu hoch
Jüngere Westdeutsche	0,4	1,5	38,8	38,0	21,3
Jüngere Ostdeutsche	0,0	1,3	36,8	41,1	20,8
Ältere Westdeutsche	0,3	0,8	42,6	35,2	21,1
Ältere Ostdeutsche	0,2	0,8	38,7	37,3	23,1
Gesamt	0,2	0,9	40,1	37,0	21,8

Zeilenprozente
Altersklassen: Jüngere: bis einschließlich 34 Jahre; Ältere: 35 Jahre und älter

8. Angemessenheit der Abgabenhöhe

	Viel zu niedrig	Eher zu niedrig	Ange-messen	Eher zu hoch	Viel zu Hoch
Jüngere Westdeutsche	0,0	2,9	46,0	37,2	13,9
Jüngere Ostdeutsche	0,2	1,2	46,4	39,1	13,1
Ältere Westdeutsche	0,2	1,0	47,3	35,2	16,3
Ältere Ostdeutsche	0,3	0,5	50,2	33,4	15,6
Gesamt	0,2	1,0	48,2	35,1	15,4

Zeilenprozente
Altersklassen: Jüngere: bis einschließlich 34 Jahre; Ältere: 35 Jahre und älter

9. Akzeptanz höherer Steuern und Beiträge

	Nein	Ja
Jüngere Westdeutsche	65,9	34,1
Jüngere Ostdeutsche	70,6	29,4
Ältere Westdeutsche	66,9	33,1
Ältere Ostdeutsche	68,0	32,0
Gesamt	67,6	32,4

Zeilenprozente
Altersklassen: Jüngere: bis einschließlich 34 Jahre; Ältere: 35 Jahre und älter

11 Anhang

10. Höhere Eigenbeteiligung erwünscht

	Nein	Ja
Jüngere Westdeutsche	71,8	28,2
Jüngere Ostdeutsche	73,3	26,7
Ältere Westdeutsche	73,9	26,1
Ältere Ostdeutsche	84,8	15,2
Gesamt	**77,8**	**22,2**

Zeilenprozente
Altersklassen: Jüngere: bis einschließlich 34 Jahre; Ältere: 35 Jahre und älter

11. Realisierung: Solidarität mit Hilfsbedürftigen

	Überhaupt nicht realisiert	Eher nicht realisiert	Eher realisiert	Vollkommen realisiert
Jüngere Westdeutsche	2,2	43,2	48,5	6,0
Jüngere Ostdeutsche	2,3	42,9	50,1	4,7
Ältere Westdeutsche	6,8	47,1	40,4	5,8
Ältere Ostdeutsche	7,4	48,5	37,8	6,3
Gesamt	6,0	46,7	41,4	5,9

Zeilenprozente
Altersklassen: Jüngere: bis einschließlich 34 Jahre; Ältere: 35 Jahre und älter

12. Realisierung: Leben, wie man will

	Überhaupt nicht realisiert	Eher nicht realisiert	Eher realisiert	Vollkommen realisiert
Jüngere Westdeutsche	7,5	39,0	43,5	10,0
Jüngere Ostdeutsche	6,6	51,5	34,5	7,4
Ältere Westdeutsche	7,5	39,3	40,4	12,8
Ältere Ostdeutsche	12,1	48,9	29,4	9,6
Gesamt	9,2	44,3	35,8	10,7

Zeilenprozente
Altersklassen: Jüngere: bis einschließlich 34 Jahre; Ältere: 35 Jahre und älter

13. Realisierung: Chancengleichheit unabhängig der Herkunft

	Überhaupt nicht realisiert	Eher nicht realisiert	Eher realisiert	Vollkommen realisiert
Jüngere Westdeutsche	10,1	57,5	26,1	6,3
Jüngere Ostdeutsche	8,5	61,2	23,0	7,4
Ältere Westdeutsche	12,7	54,5	23,4	9,4
Ältere Ostdeutsche	15,1	55,5	21,3	8,1
Gesamt	12,8	56,0	22,8	8,3

Zeilenprozente
Altersklassen: Jüngere: bis einschließlich 34 Jahre; Ältere: 35 Jahre und älter

14. Realisierung: Soziale Sicherheit

	Überhaupt nicht realisiert	Eher nicht realisiert	Eher realisiert	Vollkommen realisiert
Jüngere Westdeutsche	3,6	32,5	51,6	12,3
Jüngere Ostdeutsche	6,6	41,3	43,0	9,1
Ältere Westdeutsche	7,5	42,2	39,0	11,3
Ältere Ostdeutsche	15,1	51,0	27,6	6,3
Gesamt	9,9	44,4	36,5	9,2

Zeilenprozente
Altersklassen: Jüngere: bis einschließlich 34 Jahre; Ältere: 35 Jahre und älter

15. Zufriedenheit mit sozialer Sicherung (Index)

	Eher gering	Eher durchschnittlich	Eher hoch
Jüngere Westdeutsche	47,5	33,4	19,1
Jüngere Ostdeutsche	56,2	30,1	13,8
Ältere Westdeutsche	49,7	28,8	21,5
Ältere Ostdeutsche	64,7	21,7	13,6
Gesamt	56,0	26,7	17,3

Zeilenprozente
Altersklassen: Jüngere: bis einschließlich 34 Jahre; Ältere: 35 Jahre und älter

11 Anhang

16. Vertrauen in Systeme sozialer Sicherung (Index)

	Kein Vertrauen	Weniger Vertrauen	Etwas Vertrauen	Hohes Vertrauen
Jüngere Westdeutsche	7,3	42,8	44,9	5,0
Jüngere Ostdeutsche	7,0	40,2	45,9	7,0
Ältere Westdeutsche	9,6	45,3	36,4	8,7
Ältere Ostdeutsche	10,6	43,2	38,7	7,5
Gesamt	9,4	43,7	39,3	7,6

Zeilenprozente
Altersklassen: Jüngere: bis einschließlich 34 Jahre; Ältere: 35 Jahre und älter

b) Faktorenanalysen

1a. Gerechtigkeitsvorstellung: Egalitarismus

Erklärte Gesamtvarianz

	Anfängliche Eigenwerte	
Komponente	Gesamt	Kumulierte %
1	1,604	53,457
2	,797	80,037
3	,599	100,000

Extraktionsmethode: Hauptkomponentenanalyse.

Komponentenmatrix

	Komponente
	1
Staatsaufgabe: Arbeitsplatz für alle	,694
Bedarfssicherung durch Umverteilung	,694
Staatsaufgabe: Mindestlebensstandard für alle	,800

Extraktionsmethode: Hauptkomponentenanalyse.
1 Komponente extrahiert

1b. Gerechtigkeitsvorstellung: Individualismus

Erklärte Gesamtvarianz

	Anfängliche Eigenwerte	
Komponente	Gesamt	Kumulierte %
1	1,217	60,848
2	,783	100,000

Extraktionsmethode: Hauptkomponentenanalyse.

Komponentenmatrix

	Komponente
	1
Einkommensunterschied als Leistungsanreiz	,780
Große Unternehmensgewinne helfen allen	,780

Extraktionsmethode: Hauptkomponentenanalyse.
1 Komponente extrahiert

1c. Gerechtigkeitsvorstellung: Askriptivismus

Erklärte Gesamtvarianz

	Anfängliche Eigenwerte	
Komponente	Gesamt	Kumulierte %
1	1,228	61,383
2	,772	100,000

Extraktionsmethode: Hauptkomponentenanalyse.

Komponentenmatrix

	Komponente
	1
Ungleicher Verdienst gerecht	,783
Vermögensweitergabe gerecht	,783

Extraktionsmethode: Hauptkomponentenanalyse.
1 Komponente extrahiert

11 Anhang

1d. Gerechtigkeitsvorstellung: Fatalismus

Erklärte Gesamtvarianz

Komponente	Anfängliche Eigenwerte	
	Gesamt	Kumulierte %
1	1,266	63,276
2	,734	100,000

Extraktionsmethode: Hauptkomponentenanalyse.

Komponentenmatrix

	Komponente
	1
Man weiß nicht, was gerecht ist	,795
Verhältnisse lassen sich nicht ändern	,795

Extraktionsmethode: Hauptkomponentenanalyse.
1 Komponente extrahiert

2. Eigenverantwortung

Erklärte Gesamtvarianz

Komponente	Anfängliche Eigenwerte	
	Gesamt	Kumulierte %
1	2,600	52,005
2	,681	65,627
3	,631	78,244
4	,557	89,376
5	,531	100,000

Extraktionsmethode: Hauptkomponentenanalyse.

Komponentenmatrix

	Komponente
	1
Eigenverantwortung: gesundheitliche Versorgung	,721
Eigenverantwortung: Lebensstandard im Alter	,723
Eigenverantwortung: Lebensstandard bei Arbeitslosigkeit	,680
Eigenverantwortung: Pflege im Alter und bei Krankheit	,759
Eigenverantwortung: Lebensstandard bei Erwerbsunfähigkeit	,721

Extraktionsmethode: Hauptkomponentenanalyse.
1 Komponente extrahiert

3. Staatsausgaben

Erklärte Gesamtvarianz

	Anfängliche Eigenwerte	
Komponente	Gesamt	Kumulierte %
1	3,039	43,414
2	,949	56,972
3	,757	67,780
4	,663	77,257
5	,584	85,605
6	,533	93,215
7	,475	100,000

Extraktionsmethode: Hauptkomponentenanalyse.

Komponentenmatrix

	Komponente
	1
Staatsausgaben: gesundheitliche Versorgung	,709
Staatsausgaben: Lebensstandard im Alter	,692
Staatsausgaben: Lebensstandard bei Arbeitslosigkeit	,663
Staatsausgaben: Pflege im Alter und bei Krankheit	,696
Staatsausgaben: Lebensstandard bei Erwerbsunfähigkeit	,700
Staatsausgaben: Unterstützung von Familien und Kindern	,424
Staatsausgaben: Grundsicherung für alle Bedürftigen	,680

Extraktionsmethode: Hauptkomponentenanalyse.
1 Komponente extrahiert

4. Höhere Steuern und Abgaben

Erklärte Gesamtvarianz

	Anfängliche Eigenwerte	
Komponente	Gesamt	Kumulierte %
1	1,135	56,760
2	,865	100,000

Extraktionsmethode: Hauptkomponentenanalyse.

Komponentenmatrix

	Komponente
	1
KV: Höhere Beiträge, gleiche Leistungen	,753
ALG II angemessene Grundsicherung auch bei höheren Steuern	,753

Extraktionsmethode: Hauptkomponentenanalyse.
1 Komponente extrahiert

5. Höhere Eigenbeteiligung

Erklärte Gesamtvarianz

Komponente	Anfängliche Eigenwerte	
	Gesamt	Kumulierte %
1	1,282	64,084
2	,718	100,000

Extraktionsmethode: Hauptkomponentenanalyse.

Komponentenmatrix

	Komponente
	1
Veränderungen KV: höhere Zuzahlungen und Eigenleistungen	,801
Regelung KV: Teil der Vorsorge selbst regeln	,801

Extraktionsmethode: Hauptkomponentenanalyse.
1 Komponente extrahiert

6. Vertrauen

Erklärte Gesamtvarianz

Komponente	Anfängliche Eigenwerte	
	Gesamt	Kumulierte %
1	2,911	41,590
2	1,065	56,809
3	,786	68,032
4	,680	77,752
5	,632	86,785
6	,515	94,148
7	,410	100,000

Extraktionsmethode: Hauptkomponentenanalyse.

Komponentenmatrix

	Komponente	
	1	2
Vertrauen: Krankenversicherung	,573	,513
Vertrauen: Rentenversicherung	,653	,270
Vertrauen: Arbeitslosenversicherung	,720	-,162
Vertrauen: Grundsicherung für Arbeitsuchende	,684	-,537
Vertrauen: Sozialhilfe	,669	-,474
Vertrauen: Pflegeversicherung	,627	,153
Vertrauen: gesetzliche Unfallversicherung	,574	,409

Extraktionsmethode: Hauptkomponentenanalyse.

7a. Deutungsmuster: egalitär-versorgender Sozialstaat

Erklärte Gesamtvarianz

	Anfängliche Eigenwerte	
Komponente	Gesamt	Kumulierte %
1	2,113	42,266
2	,949	61,239
3	,703	75,300
4	,643	88,168
5	,592	100,000

Extraktionsmethode: Hauptkomponentenanalyse.

Komponentenmatrix

	Komponente
	1
Egalitarismus	,733
Erwünschte Staatsausgaben in Zukunft	,720
Sozialstaatsziel: Verringerung der Einkommensunterschiede	,719
Sozialstaatsziel: Sicherung des Lebens- und Versorgungsstandards	,638
KV: auch Beamte und Selbstständige sollen einzahlen	,366

Extraktionsmethode: Hauptkomponentenanalyse.

7b. Deutungsmuster: liberal-aktivierender Sozialstaat

Erklärte Gesamtvarianz

	Anfängliche Eigenwerte	
Komponente	Gesamt	Kumulierte %
1	1,798	35,962
2	,924	54,447
3	,881	72,060
4	,717	86,393
5	,680	100,000

Extraktionsmethode: Hauptkomponentenanalyse.

Komponentenmatrix

	Komponente
	1
Individualismus	,471
Eigenverantwortung in Zukunft (Index)	,680
Sozialstaatsziel: Förderung von mehr Eigenverantwortung	,555
KV: Höhere Zuzahlungen und Eigenleistungen	,621
KV: Teil der Vorsorge selbst regeln	,647

Extraktionsmethode: Hauptkomponentenanalyse.
1 Komponente extrahiert

Die Autorinnen und Autoren

Roland Bieräugel: wissenschaftlicher Mitarbeiter im Projekt „Einstellungen zum Sozialstaat" an der Johann Wolfgang Goethe-Universität Frankfurt am Main.

Wolfgang Glatzer: Universitätsprofessor für Soziologie am Institut für Gesellschafts- und Politikanalyse des Fachbereichs Gesellschaftswissenschaften an der Johann Wolfgang Goethe-Universität Frankfurt am Main. Autor/Hrsg. von „Ungleichheit und Sozialpolitik", „Ansichten der Gesellschaft" und „Rich and Poor".

Silvia Krömmelbein: akademische Rätin mit dem Schwerpunkt Wirtschaft am Fachbereich Gesellschaftswissenschaften der Johann Wolfgang Goethe-Universität Frankfurt am Main. Letzte Publikation: „Ökonomie der Subjektivität – Subjektivität der Ökonomie" (Hg.).

Oliver Nüchter: wissenschaftlicher Mitarbeiter im Projekt „Einstellungen zum Sozialstaat" an der Johann Wolfgang Goethe Universität Frankfurt am Main.

Alfons Schmid: Universitätsprofessor für Wirtschaft am Institut für Gesellschafts- und Politikanalyse des Fachbereichs Gesellschaftswissenschaften an der Johann Wolfgang Goethe-Universität Frankfurt am Main. Zahlreiche Publikationen zum Thema, u.a. „Globalisierung und regionaler Arbeitsmarkt".

Frankfurter Reihe „Sozialpolitik und Sozialstruktur"

Herausgebergremium:

Wolfgang Glatzer, Gesellschafts- und Politikanalyse/Fachbereich Gesellschaftswissenschaften

Irene Becker, Empirische Verteilungsforschung/Goethe-Universität

Diether Döring, Akademie der Arbeit und Fachbereich Wirtschaftswissenschaften

Ingwer Ebsen, Europäische Gesundheitspolitik und Sozialrecht/Fachbereich Jura

Roland Eisen, Wirtschafts- und Arbeitsmarktpolitik/Fachbereich Wirtschaftswissenschaften

Josef Esser, Staats- und Planungstheorie/Fachbereich Gesellschaftswissenschaften

Rainer Forst, Politische Theorie und Ideengeschichte/ Fachbereich Gesellschaftswissenschaften

Thomas Gerlinger, Medizinische Soziologie/Fachbereich Medizin

Richard Hauser, Prof. em., Sozial- und Verteilungspolitik/Fachbereich Wirtschaftswissenschaften

Silvia Krömmelbein, Gesellschafts- und Politikanalyse/Fachbereich Gesellschaftswissenschaften

Hans-Jürgen Puhle, Politikwissenschaft/Fachbereich Gesellschaftswissenschaften

Die Frankfurter Reihe „Sozialpolitik und Sozialstruktur" stellt ein Forum für Veröffentlichungen dar, die sich mit Problemen der Sozialpolitik und der sozialstrukturellen Entwicklung sowie deren Zusammenhang befassen. Mithilfe von Sozialpolitik nimmt der Sozialstaat signifikanten Einfluss auf die Sozialstruktur, insbesondere die soziale Ungleichheit; aus den Entwicklungstendenzen der Sozialstruktur ergeben sich Rückwirkungen auf die Anforderungen an die Sozialpolitik. Dabei sind die Einstellungen der Bürger zum Sozialstaat ein bedeutsamer Einflussfaktor für die Gestaltung der Sozialpolitik. Der im Grundgesetz vorgesehene Sozialstaat stellt einen wesentlichen Teil der sozialen Qualität der Gesellschaft dar.